Linux
POUR LES NULS
7e édition

Linux POUR LES NULS

7e édition

Dee-Ann LeBlanc

FIRST
Interactive

Linux pour les Nuls

Titre de l'édition originale : Linux For Dummies
Publié par Wiley Publishing, Inc.
111 River Street
Hoboken, NJ 07030-5774
USA

Edition française publiée en accord avec Wiley Publishing, Inc.
© 2008 Éditions First
2 ter rue des Chantiers
75005 Paris - France
Tél. 01 45 49 60 00
Fax 01 45 49 60 01
E-mail : firstinfo@efirst.com
Web : www.efirst.com
ISBN : 978-2-7540-0940-9
Dépôt légal : 3e trimestre 2008

Collection dirigée par Jean-Pierre Cano
Edition : Pierre Chauvot
Mise en page : Edouard Chauvot
Traduction : Jean-Louis Gréco

Imprimé en France

Sommaire

Introduction

Bienvenue dans le monde de Linux et du logiciel libre ! Dans cet ouvrage, vous découvrirez le fascinant système d'exploitation Linux, créé par Linus Torvalds au début des années quatre-vingt-dix, et vous apprendrez à en tirer profit.

Sachez que si vous êtes capable de faire bouillir de l'eau ou de régler la sonnerie de votre réveil, vous n'aurez aucune difficulté à devenir un utilisateur de Linux ! Et croyez-moi, ce n'est pas qu'une simple vue de l'esprit !

Dans la première édition de ce livre (c'était il y a bien longtemps !), Linux était présenté comme un phénomène nouveau ; il commençait à être connu et apprécié. Dans cette édition, qui s'adresse à une nouvelle génération d'utilisateurs de Linux, nous allons essayer de faire comprendre ce qu'est Linux et ce qu'il apporte ; nous vous aiderons à collecter des outils, comme les ressources en ligne, et nous vous donnerons des conseils et des astuces pour mieux l'appréhender.

Nous avons réduit la quantité de termes techniques en utilisant autant que possible un langage simple et naturel. Outre les explications relatives à l'installation de Linux, son démarrage, sa configuration et sa personnalisation, une grande variété d'exemples et une multitude d'instructions très détaillées vont vous aider à construire et à gérer votre machine Linux, sans anxiété et sans confusion.

À propos du livre

Depuis novembre 2003, Red Hat propose deux lignes de produit différentes : le premier produit est grand public, il s'agit de la distribution Fedora Core (la dernière distribution stable est la Fedora Core 9 appelée aussi Sulphur ; elle est disponible depuis le 29 avril 2008), le successeur au niveau philosophie de la distribution Red Hat 9 ; le second produit est une version commerciale, la Red Hat Enterprise Linux appelée aussi RHEL (la dernière version est la Red Hat Enterprise Linux 5 Update 2, appelée aussi Tikanga, mise en production le 21 mai 2008), disponible par le biais d'une souscription auprès de Red Hat. Ce livre se réfère plus particulièrement à la distribution grand public Fedora Core 9, à la version commerciale Linux Red Hat Entreprise et aux distributions basées sur la RHEL : CentOS, Scientific Linux, StartCom Enterprise Linux, Pie Box Enterprise Linux, etc.

Faites de ce livre votre guide pour apprendre la terminologie et installer dans les meilleures conditions le système d'exploitation Linux, avec toute sa panoplie d'outils, d'utilitaires et de gadgets. Vous pourrez ainsi construire vous-même un système Linux, puissant et performant. Linux, bien que facile à comprendre, regorge de finesses, de paramètres et d'*administrativia* (détails administratifs, dans le langage UNIX) que vous devez connaître pour installer, configurer, gérer et dépanner un ordinateur.

Comment utiliser ce livre ?

Cet ouvrage vous enseigne comment installer, configurer, construire et mettre au point un système Linux. Nous vous indiquerons ce que réserve l'utilisation de ce système d'exploitation, puissant et performant, une fois qu'il est installé et opérationnel. En supposant, bien sûr, qu'il s'agisse de la raison première pour laquelle vous avez acheté ce livre. Vous rencontrerez peut-être aussi des pages de haute technologie au cours de votre lecture, mais ce n'est pas un problème ; vous verrez, vous les surmonterez facilement.

La plupart des commandes Linux étant entrées à partir de l'invite de commandes (c'est le *prompt* à partir duquel vous tapez des instructions détaillées pour charger ou configurer des logiciels, accéder à des fichiers, etc.), elles se présentent sous la forme suivante :

```
rmdir /etc/bin/devone
```

Lorsque vous saisissez ces commandes ou d'autres informations, copiez bien ce qui est indiqué dans le livre, car si vous omettiez des paramètres ou si vous altériez les commandes, leur sens risquerait d'en être modifié.

ATTENTION !

Pourquoi faut-il suivre à la lettre les instructions ? La réponse devrait vous rassurer : pour éviter les effets secondaires inattendus, malheureux, voire regrettables. Si vous n'êtes pas sûr de ce que vous faites à l'invite, mieux vaut ne rien taper plutôt que de partir à l'aventure. Vous pourriez rapidement regretter votre geste inconsidéré qui vous écarterait du chemin que nous vous avons tracé !

En parcourant ce livre, vous allez découvrir comment assembler et administrer les différents programmes, ainsi que les commandes et utilitaires qui ont fait de Linux un système puissant qui intègre l'environnement informatique d'aujourd'hui.

Vous remarquerez que la justification du livre n'est pas la même que celle de l'écran. Il en résulte que les commandes d'une certaine longueur ou les désignations pour les sites Web (les adresses *URL* ou *Uniform Resource Locators*) peuvent "courir" sur plusieurs lignes. Il ne faut pas oublier que votre ordinateur considère ces lignes comme *un seul ensemble d'instructions* ou comme une seule URL. Si vous saisissez une partie d'un texte, tapez-la sur une seule ligne, sans saut de ligne. Cependant, voici une astuce pour qu'elle reste sur une seule ligne : coupez le texte avec une barre oblique (/), ou *slash*, qui signifie : "Mais attendez, il y en a encore !" et entrez la suite, légèrement en retrait, comme indiqué dans l'exemple ci-dessous :

```
http://www.infocadabra.transylvania.com/nexus/plexus/lexus/
   praxis/okay/this/is/a/make-believe/URL/but/some/real/ones/
   are/SERIOUSLY/long.html
```

TRUC

Dans presque tous les cas, Linux ou les logiciels exigent que tout soit écrit en lettres minuscules ou majuscules. Ne vous compliquez pas la vie ; entrez tous les textes sans aucune modification (si vous voyez des minuscules, tapez des minuscules ; si vous voyez des majuscules, tapez des majuscules), sauf dans le cas où nous vous indiquons explicitement que vous avez la liberté de les utiliser indifféremment. Vous devez respecter cette règle pour les noms de comptes, les mots de passe, les noms de fichiers, les commandes ; les majuscules ou les minuscules y prennent toute leur importance.

Au cours de la lecture de ce livre, vous constaterez que certains termes et notions sont assez proches. Par exemple, une instruction pourra être appelée *programme*, *commande*, *utilitaire*, *script*, *application* ou encore *outil*, selon le contexte. Vous comprendrez que ces termes sont interchangeables et si une distinction importante doit être faite, soyez sûr qu'elle sera signalée. De la même manière, lorsque vous travaillerez avec des commandes complexes, vous rencontrerez les termes de *drapeau* (*flag*), *commutateur* (*switch*), *option* ou *paramètre* qui sont plus ou moins équivalents ; si une distinction ou une clarification quelle qu'elle soit est nécessaire, nous vous la fournirons !

Trois suppositions présomptueuses

Il paraît que les suppositions rendent tout aussi idiots leurs auteurs que ceux à propos desquels elles ont été faites. Cependant, pour des aspects pratiques, nous supposerons, ami lecteur, que :

- Vous êtes capable de démarrer et d'arrêter votre ordinateur.
- Vous savez comment manipuler une souris (qui n'est pas un mulot) et un clavier.
- Vous souhaitez installer, configurer et utiliser un système Linux parce que vous êtes curieux, imaginatif et parce que c'est aussi votre travail.

Vous n'avez pas besoin d'être un expert en logiciel, ni d'avoir un doctorat en sciences de l'informatique, et encore moins de posséder des connaissances approfondies sur les entrailles de votre ordinateur pour appréhender cet ouvrage.

Soyons simples : si vous pouvez démarrer un PC et installer une application sur votre machine, vous devez être déjà parmi les meilleurs. Et si vous aspirez à installer, configurer et gérer un système Linux élémentaire, avec une imagination créative et une capacité à résoudre les problèmes simples, vous êtes au top ! Croyez-le, vous n'avez besoin de maîtriser que les techniques-clés pour faire fonctionner Linux. Le reste n'est que détails et nous sommes là pour vous aider.

Comment ce livre est-il structuré ?

Ce livre est organisé en cinq parties, à commencer par l'installation de Linux et sa configuration, en passant par les tâches et les problèmes relatifs à la maintenance du système, afin que celui-ci reste en parfait état de marche. La plupart des parties contiennent trois chapitres, chacun d'entre eux comportant des sections qui traitent d'un module particulier. Pour obtenir de l'aide ou des informations, consultez la table des matières ainsi que l'index qui permettent d'accéder aux thèmes spécifiques ou aux mots-clés. Parcourons rapidement le contenu de ces différentes parties.

Première partie : On se jette à l'eau !

Cette partie comprend une vue d'ensemble et une introduction aux termes techniques et aux éléments qui font de Linux un logiciel puissant et un système d'exploitation performant. Bien sûr, c'est aussi une incursion dans la communauté du logiciel libre. Pour être plus spécifique, il faut d'abord avoir une vue d'ensemble de Linux et répondre à ces questions : qu'est-il exactement ? D'où vient-il et comment fonctionne-t-il ?

Ensuite, les diverses tâches et les procédures de préparation et d'installation de Linux sur un PC seront passées en revue. Si vous n'êtes pas un émule de Fedora Core et de Red Hat, n'ayez aucune crainte, les distributions telles que Mandriva Linux et SuSE seront également abordées. Puis les techniques de configuration du système Linux vous seront présentées, afin que vous arriviez à le faire fonctionner correctement. L'expérience se terminera par le démarrage de Linux, première étape vers des sommets insoupçonnés de l'extase informatique ! Nous espérons que votre plaisir sera au moins égal au nôtre !

Deuxième partie : Bienvenue sur Internet !

Cette partie sera consacrée à la connexion d'un système Linux à Internet. Elle concernera notamment le choix et la configuration d'un modem, la gestion de la numérotation pour atteindre un fournisseur d'accès Internet (FAI ou ISP), et la configuration des protocoles Internet exigés pour que votre connexion à Internet puisse fonctionner. Vous allez entrer dans les détails du téléchargement, de l'installation et de la configuration d'un navigateur Web, de l'installation et de l'utilisation d'un courrier électronique (e-mail), et des forums de discussion (groupes de news).

Troisième partie : Passez à la vitesse supérieure avec Linux

Linux vous offre de nombreux avantages techniques et met à votre disposition ses grandes performances. Une fois installé et configuré, vous voudrez probablement utiliser votre système pour *faire* autre chose. Ici commence le véritable travail ! Cette troisième partie vous permettra d'en savoir plus sur le système de fichiers de Linux, la manière de travailler avec les fichiers, les répertoires, les droits d'accès (appelés *permissions* dans le langage Linux). Vous découvrirez comment se déplacer dans, en dehors et autour de GNOME, notre interface utilisateur graphique (GUI) préférée ; nous évoquerons aussi l'autre GUI, KDE. De plus, nous explorerons en profondeur des environnements de commandes Linux connus sous le nom de *shell*. La troisième partie s'achèvera par une vue d'ensemble des éditeurs de texte disponibles sous Linux et de la suite bureautique libre OpenOffice.

Quatrième partie : Mordez à pleines dents dans Linux

L'antépénultième partie du livre vous conduira dans le système de fichiers Linux, pour aller à la rencontre du répertoire racine (/), de ses sous-répertoires et de leur administration. Vous découvrirez ensuite comment utiliser les médias amovibles, ajouter sans effort un disque dur, aller au-delà des ressources intégrées à Linux et examiner certaines facilités associées aux environnements hautement évolués ou *personnalisés*. Vous apprendrez à ajouter de nouveaux logiciels à Linux et pour cela, vous découvrirez le *Red Hat Package Manager* (RPM). Enfin, nous aborderons la sécurité, qui est très importante sur tout système connecté sur un réseau, et Linux ne fait pas exception à cette règle. C'est la raison pour laquelle cette quatrième partie posera certaines questions, telles que : qui est en train de manipuler les fichiers et les ressources de ma machine ? Comment combler les brèches et boucher les fuites ?...

Cinquième partie : Les dix commandements et plus !

Dans la pénultième partie de ce livre, vous allez découvrir des astuces de dépannage des systèmes Linux.

Et enfin dans l'Annexe vous trouverez une présentation des principales commandes Linux, par ordre alphabétique.

Les icônes de ce livre

Dans chaque chapitre, vous rencontrerez des icônes qui sont destinées à accentuer les informations particulièrement importantes ou utiles pour le lecteur.

Cette icône vous donne des informations utiles pour vous rendre la vie avec Linux beaucoup moins compliquée que vous ne le craigniez.

Cette icône indique des informations que vous ne devez pas prendre à la légère. Surtout, ne négligez pas ces petits rappels !

Soyez prudent lorsque vous rencontrez cette icône ; elle vous prévient de ce qu'il ne faut pas faire. La bombe est là pour vous signaler que les conséquences du non-respect de ces conseils peuvent être fatales.

Quelle direction prendre à présent ?

Il n'est plus temps d'hésiter. Choisissez une direction (la bonne de préférence) et partez sans vous retourner ! Ne vous inquiétez pas : vous pouvez y arriver. Si vous commettez une ou deux petites erreurs, ce n'est pas bien grave, et puis nous sommes certains que vous allez bien vous amuser !

À vous de jouer !

Première partie

On se jette à l'eau !

"Pensez à notre relation comme à une version Linux Red Hat ; cependant, dans l'arbre de votre vie, je ne partagerai pas le répertoire de l'amour."

Dans cette partie...

Cette partie présente le système d'exploitation Linux, ses origines, son développement, ses caractéristiques, ses outils et les étapes à suivre pour l'installer sur votre ordinateur. Vous y apprendrez comment configurer ce merveilleux système d'exploitation qui va satisfaire tous vos désirs et comment le mettre en œuvre pour qu'il fasse de vous un véritable colosse de l'informatique. Enfin, vous apprendrez les méthodes pour ajouter un nouveau matériel ou un nouveau logiciel sur un système Linux et ce qu'il faut faire au cas où la machine se bloquerait.

Chapitre 1

Familiarisez-vous avec Linux

Dans ce chapitre :

- Description de Linux.
- Linux par rapport aux autres systèmes d'exploitation.
- GNU et GPL.
- Le bijou Linux !
- Les distributions populaires de Linux.

Peut-être l'ignorez-vous, mais lorsque vous achetez un logiciel, celui-ci ne vous appartient pas ; vous avez seulement l'autorisation de l'exploiter dans les limites de la licence d'utilisation.

Linux aussi est soumis à licence, mais les autorisations et les restrictions d'exploitation n'ont rien à voir avec celles imposées aux logiciels commerciaux. Plutôt que protéger la propriété du logiciel, la *General Public License* (GPL) s'assure que le logiciel sera toujours libre et ouvert à tous ; aucune entreprise ne pourra jamais s'approprier Linux ou dicter à l'utilisateur la manière de l'utiliser ou de le faire évoluer.

Linux, une révolution ou seulement un système d'exploitation parmi tant d'autres ?

Avant d'aller plus loin, décryptons quelques termes :

Tux est le nom du petit manchot, mascotte de Linux. Une rumeur court selon laquelle le créateur de Linux a une préférence pour ces habitants bien habillés de l'Antarctique !

Un *système d'exploitation* est un logiciel (un ensemble d'instructions) qui pilote le matériel (l'ordinateur) pour réaliser des tâches particulières. Si vous écrivez une lettre, calculez un budget ou gérez vos recettes sur votre ordinateur, le système d'exploitation fournit l'oxygène qui permet à votre ordinateur de respirer. En outre, un système d'exploitation n'est pas simplement un programme; il est constitué de centaines de petits programmes et d'utilitaires qui vous permettent d'utiliser l'ordinateur pour réaliser des tâches particulières.

Linux est accusé de n'être qu'*un vulgaire système d'exploitation parmi tant d'autres*. En apparence, Linux peut paraître comme tel, mais si on y regarde de plus près, c'est vraiment autre chose. Le projet Linux est un vaisseau qui mène vers l'apocalypse de nombreuses industries du logiciel. Quelle vision, me direz-vous ! Compte tenu du modèle dont il est issu, ce système d'exploitation est solide comme le roc. Il ne cesse d'évoluer, et représente ce qui est à la fois "pur" et "noble" dans le développement d'un logiciel.

Deux distinctions fondamentales séparent Linux des autres systèmes d'exploitation :

1. Linux est placé sous la licence de l'unique et pure *General Public License* ; elle sera présentée dans la section suivante.

2. Linux est développé et maintenu par une équipe internationale de programmeurs bénévoles, travaillant main dans la main et en liaison constante grâce à Internet.

Alors, d'où vient Linux ?

Pour comprendre Linux, jetons un coup d'œil sur son riche patrimoine. La programmation du noyau de Linux a débuté en 1991, mais son architecture repose sur le système d'exploitation UNIX vieux de plus de trente ans.

UNIX a été développé dans les laboratoires Bell au début des années soixante-dix par des programmeurs et pour des programmeurs. Les concepteurs d'UNIX l'ont créé pour satisfaire les besoins d'une catégorie spéciale de logiciels connus sous le nom de *systèmes d'exploitation*. Ce système devait fournir les outils qui permettraient de soustraire du contrôle humain les tâches communes en matière informatique ; il devait aussi améliorer sa portabilité, c'est-à-dire simplifier son installation sur tout nouveau matériel informatique. En d'autres termes, quelques ingénieurs ont eu besoin d'un outil encore inexistant à cette époque et ils ont contribué à le créer.

En 1991, Linus Torvalds, étudiant en informatique à l'université d'Helsinki en Finlande, eut besoin pour son PC 386 d'un système d'exploitation ressemblant à UNIX, dont il avait pu apprécier la puissance à l'université. Expert en informatique, il voulait également comprendre comment un tel logiciel était conçu et comment il fonctionnait.

Impossible, hélas, de le faire avec le système d'exploitation propriétaire installé en standard sur son PC !

Torvalds conçut alors un système d'exploitation et six mois plus tard, il publiait son travail sur Internet à l'intention de ceux qui pouvaient s'y intéresser. Concevoir un système d'exploitation n'est pas une tâche facile et, après six mois de dur labeur, Torvalds n'avait que très peu progressé dans la création du noyau de base. Cependant, un nombre important de programmeurs commença à partager son intérêt et sa curiosité. Peu de temps après, quelques esprits intelligents, disséminés à travers le monde, contribuèrent au projet de Linus en y apportant des améliorations ou des corrections.

Pour de nombreuses raisons, Linux est révolutionnaire ; il a été conçu avec les caractéristiques suivantes :

- **Multi-utilisateur :** Plusieurs utilisateurs peuvent accéder simultanément à un seul ordinateur.
- **Multitraitement :** Un véritable multitâche préemptif qui permet au noyau du système d'exploitation de jongler et

d'exécuter simultanément plusieurs programmes. Cette caractéristique est importante pour fournir des services multiples sur votre ordinateur.

- **Multiplate-forme :** Actuellement, Linux fonctionne sur des ordinateurs personnels basés sur Intel, Digital/ Compaq Alpha, PowerPC (Apple Macintosh), Sun Sparc, Amiga et StrongARM.
- **Interopérable :** Linux convient à la plupart des protocoles réseau et à la plupart des systèmes d'exploitation, dont Windows, UNIX, Novell et Apple.
- **Extensible :** Plus les besoins de votre ordinateur augmentent, plus vous pouvez compter sur Linux pour le faire évoluer avec vous. Actuellement, le noyau de Linux est extensible à quatre processeurs, et le développement actuel des activités de recherche tend à augmenter ce nombre.
- **Portable :** Linux est pour l'essentiel du code, écrit dans le langage de programmation C. C'est un langage de niveau moyen créé spécialement pour fournir un code immédiatement implémentable sur tout matériel informatique.
- **Flexible :** Le système d'exploitation Linux peut être configuré comme un hôte de réseau, un routeur, une station de travail graphique, une machine de bureautique, un ordinateur destiné aux jeux, un serveur de fichiers, un serveur Web, un cluster de calcul, une décoration ou tout simplement n'importe lequel des appareils informatiques qui vous vient à l'esprit.
- **Stable :** Le noyau de Linux a atteint un niveau de maturité faisant des jaloux chez la plupart des développeurs de logiciels. Il est courant d'entendre des rapports sur les serveurs Linux qui remplissent "consciencieusement" leur tâche depuis des années, sans aucune période de dysfonctionnement.
- **Efficace :** La conception modulaire de Linux permet de configurer les éléments nécessaires pour faire fonctionner les services que vous désirez. Même de vieux ordinateurs Pentium peuvent utiliser Linux.

- **Gratuit ! :** L'aspect le plus surprenant de Linux est le fait qu'il soit gratuit. Les capitalistes sont intrigués : comment une bonne souricière peut-elle être conçue sans aucun retour financier direct ?

Dans ce chapitre, nous apportons une réponse à cette question, et nous espérons que le modèle de développement de ce *logiciel libre* qui a engendré Linux vous séduira.

Anatomie du projet de logiciel libre

Pour le simple observateur et pour la plupart des décideurs des technologies de l'information, Linux est apparu comme une mutation farfelue, une créature solitaire générée par hasard, au gré de l'anarchie. Après tout, comment un système d'exploitation aussi complexe et rigoureux pouvait-il être développé par des informaticiens bénévoles dispersés à travers le monde et dont le seul lien était le fil d'une toile d'araignée ?

Comme la science a toujours tenté de classifier et d'identifier le monde, les observateurs et les commentateurs de cette technologie ont essayé de comprendre comment ce modèle de logiciel libre pouvait engendrer un logiciel supérieur. Nous sommes sûrs d'une chose : la raison tient à notre volonté de donner à chaque nécessité une solution appropriée. La raison pour laquelle le logiciel libre a une telle ampleur est encore à identifier, bien que la structure ait été reconnue.

GNU, qu'est-ce que c'est ?

Imaginez un logiciel créé pour satisfaire un besoin plutôt que pour générer des bénéfices. UNIX, quelle qu'ait été son origine, est devenu un logiciel de marque déposée qui coûte toujours relativement cher. Le système d'exploitation Linux, quant à lui, est une collection d'outils logiciels créés pour résoudre des problèmes spécifiques en informatique et distribué gratuitement.

Linux n'existerait pas sans la vision d'un homme que Steven Levy considère comme le *dernier des grands pirates informatiques*. Ce pionnier et avocat du logiciel libre qui a rendu Linux possible se nomme Richard Stallman.

L'Institut technologique du Massachusetts (MIT) a eu pendant longtemps la réputation d'abriter les plus grands cerveaux dans toutes les disciplines technologiques. En 1984, l'un d'eux, qui était à la fois un étudiant doué et un brillant programmeur, se trouva face à un dilemme : vendre son talent à une société pour une coquette somme d'argent ou en faire don au monde entier.

Confronté à ce choix, Richard Stallman, car c'était lui, décida de concevoir un système d'exploitation totalement libre qu'il pourrait offrir au monde entier. Il n'a cessé, depuis, d'appliquer l'éthique du parfait pirate informatique, en déclarant que les informations devaient être échangées gratuitement et accessibles à tous.

Stallman avait choisi comme nom pour son projet de logiciel libre l'acronyme récursif *GNU*, pour *Gnu's Not UNIX*. Bien que ce système d'exploitation ait été conçu autour de la structure conceptuelle d'UNIX, Stallman voulait ainsi montrer qu'il n'en était pas un simple démarquage.

Pour gérer le projet GNU, Stallman créa la Free Software Foundation (FSF). Cette société vendait des logiciels libres afin de payer les programmeurs qui travaillaient sur le développement du projet GNU. Étant donné la nécessité, l'importance et l'objectif de cette organisation, il fallut protéger ce nouveau système du piratage du monde des affaires.

La *General Public License* (GPL) est une licence de logiciel unique qui utilise les droits de copyright pour protéger la liberté de l'utilisateur du logiciel. Elle est contraire à notre conception habituelle du copyright, qui est un droit exécutoire du propriétaire et qui stipule que seul ce dernier a le droit de faire des duplications. Pour le logiciel sous licence GPL, les destinataires sont liés à la loi du copyright afin de respecter la liberté de celui ou de celle qui utilise le logiciel. Le logiciel sous licence GPL est également connu sous le nom de logiciel *copyleft*. GPL signifie en réalité *Guaranteed Public for Life* (garanti de rester public à vie).

En fin de compte, qui s'occupe de Linux ?

L'évolution du projet de code source a entraîné l'émergence de leaders. Ces leaders sont devenus malgré eux des *dictateurs bénévoles*. Ils ont consacré beaucoup de temps à des problèmes particuliers et ils possèdent une perspicacité qui leur est propre. Un dirigeant est une personne capable de prendre des décisions prudentes à propos du projet. Normalement, les mots *démocratique* et *dictateur* ne qualifient pas simultanément le même sujet. Cependant, on ne peut que constater que le modèle de logiciel libre est un processus très démocratique sous le règne d'un dictateur bénévole.

Linus Torvalds est encore considéré comme le dictateur bénévole du noyau de Linux. C'est lui qui décide au final des caractéristiques à ajouter ou non au noyau. La communauté a cru et croit à sa vision et à sa compétence. Lorsque viendra le moment où il ne s'intéressera plus au projet ou lorsque la communauté décidera qu'il n'est plus apte à prendre des décisions, un nouveau leader sera appelé à régner (*à régner*, quel drôle de terme !).

La distribution de Linux : le conditionnement

En fait, nous entendons par *distribution Linux* l'apogée du projet GNU ; c'est le noyau de Linux qui est associé avec d'autres logiciels libres qui sont apparus au fil des années.

Toutes les distributions possèdent le même noyau et le même esprit que Linux/GNU. Pour rappeler l'analogie avec le ketchup, le choix d'une distribution peut être lié aux épices, à la douceur, à la consistance, à la couleur, etc.

Voici, par ordre alphabétique, quelques distributions majeures de Linux suivies d'un petit commentaire :

- **CentOS GNU/Linux**

  `http://www.centos.org`

CentOS est une distribution GNU/Linux dont tous les paquets, à l'exception du logo, sont des paquets compilés à partir des sources de la distribution Linux Red Hat Enterprise Linux. Elle est donc 100% identique et compatible (plus proche des 99.999%). On peut donc considérer la CentOS comme une version gratuite de la Red Hat. Le support se fait alors gratuitement et ouvertement via les mailing-lists et les forums de la communauté CentOS, y compris les recompilations de noyaux.

- **Debian GNU/Linux**

```
http://www.debian.org
```

Debian est une distribution GNU/Linux non commerciale ; elle a pour principal but de fournir un système d'exploitation composé uniquement de logiciels libres. Debian se prononce "Débiane" (ce nom trouve son origine dans la contraction de deux prénoms : Debra et Ian, le créateur du projet et sa femme). L'actuelle version stable de Debian GNU/Linux est disponible pour onze architectures ; Debian est réputé pour sa fiabilité et son gestionnaire de paquets original (APT), au format de fichier .deb, permettant les mises à jour et garantissant un système homogène.

- **Mandriva Linux :**

```
http://www.mandriva.com/fr
```

Mandriva Linux (anciennement Mandrakelinux) est l'une des distributions les plus simples à installer et à utiliser. Faisant usage de nombreux assistants, elle requiert peu de connaissance technique particulière et est prête à l'emploi dès la fin de l'installation. Comme la plupart des distributions Linux, elle offre également des alternatives compatibles avec les logiciels les plus connus du marché, par exemple : la suite bureautique Open Office (concurrent libre du pack Microsoft Office qui contient Word, Excel, Powerpoint, etc.) ou The Gimp (concurrent libre de Adobe Photoshop).

- **Red Hat** et **Fedora :**

```
http://www.redhat.fr
http://www.fedora-fr.org
```

Fedora est une distribution GNU/Linux basée sur le système RPM (développé par le projet Fedora et sponsorisé par Red Hat) ; cette distribution se veut un système d'exploitation complet et général et composé uniquement de logiciels libres et open source. Fedora dérive de la distribution Red Hat Linux et est destiné a remplacer la version cliente de Red Hat Linux qui était destinée aux utilisateurs finaux. Les nouvelles versions de Fedora sortent à intervalle d'environ 6 à 8 mois. La plupart des exemples de ce livre ont été élaborés à partir de la distribution Fedora Core 9, une version gratuite ! L'installation de cette distribution sera abordée dans le Chapitre 3 ; cependant, ce livre concerne Linux en général !

- **Slackware :**

```
http://www.slackware.com
```

La Slackware est une distribution légère, rapide et sans fioritures ; c'est la plus vieille distribution encore en activité, ayant été pendant bien longtemps l'œuvre d'un seul homme, Patrick J. Volkerding. La dernière version stable est la 12.1 ; elle est disponible depuis le 3 mai 2008.

- **SuSE**

```
http://www.suse.com/fr
```

SuSE est une distribution Linux majeure, d'origine allemande et éditée par la société Novell. La première version de cette distribution est apparue au début de l'année 1994, faisant de SUSE la distribution Linux commerciale la plus ancienne encore existante. Le nom "S.u.S.E" était originellement un acronyme allemand pour "Software und System-Entwicklung", signifiant "Développement de logiciels et de systèmes" ; cependant, le nom complet n'a jamais été employé et la compagnie a depuis toujours été connue comme étant "S.u.S.E.", raccourci plus tard en "SuSE". La dernière version stable est la 11.0 ; elle est disponible depuis le 19 juin 2008.

Comme vous pouvez le constater, les chemins qui mènent à Linux sont nombreux. Il est important de noter que, quelle que soit la distribution choisie, vous emploierez les mêmes ingrédients de base : les outils GNU et le noyau Linux.

Il est impossible de traiter l'installation de chaque distribution de Linux ; en conséquence, nous avons essayé de synthétiser les concepts requis pour installer n'importe quelle distribution de Linux et nous avons choisi de prendre comme exemple la version Fedora Core 9 issue de la distribution Red Hat. Cette distribution, qui est la plus célèbre en France, permet d'installer aussi bien un simple client qu'un serveur complexe.

Chapitre 2

Préparation de l'ordinateur pour accueillir Linux

Dans ce chapitre :

- Les étapes de la préinstallation de base.
- Coexistence de Linux et de Windows sur le même ordinateur.
- Personnalisation des partitions du disque, avant et au cours de l'installation.
- Recherche et connaissance des informations sur votre matériel.
- Préparation pour l'installation à partir d'un CD ou d'une disquette.

Dans ce chapitre, nous vous présentons des suggestions de préparation. Par ailleurs, nous allons vous montrer comment organiser votre système pour installer directement Linux à partir d'un CD ou d'une disquette.

Considérations relatives à l'installation

Si vous possédez une machine disponible qui pourra être dédiée à Linux, vous avez de la chance ! Dans ce cas, vous pouvez ignorer la section "Préparation pour l'hébergement de Linux et Microsoft Windows sur la même machine" et, si vous êtes assez expérimenté, vous pouvez même ne pas lire le Chapitre 3 et commencer directement l'installation.

Si vous envisagez de faire fonctionner Linux et Microsoft Windows sur le même ordinateur, ce scénario vous conduira au *dual boot* ; NE PASSEZ PAS AU CHAPITRE 3 sans avoir lu la section, "Préparation pour l'hébergement de Linux et Microsoft Windows sur la même machine". Celle-ci est très importante parce que si vous ne prenez pas quelques précautions, une fausse manipulation peut détruire votre installation Windows !

Préparation pour l'hébergement de Linux et Microsoft Windows sur la même machine

Si Windows n'est pas encore installé sur votre ordinateur, il est important de procéder en premier lieu à sa mise en place. En effet, l'installation de Windows écrit dans la zone d'amorce du disque et les données de démarrage qui se rapportent à Linux sont alors détruites ; cela aura pour conséquence de vous empêcher d'accéder ensuite à Linux (pour plus d'informations, consultez la section relative au travail avec des partitions de disque).

La plupart des utilisateurs ont déjà installé Windows sur leur machine et souhaitent la configurer en dual boot. Si vous possédez un nouveau disque dur sur lequel il n'y a aucune information, vous pouvez passer directement à la partie relative au partitionnement des disques ; vous n'aurez pas de manipulations particulières à appliquer au disque de Windows. Cependant, si vous devez faire cohabiter Linux et Windows sur le même disque dur et que Windows est déjà installé sur le système, vous aurez un peu de travail supplémentaire ; la suite de cette section est consacrée à ce sujet.

Gestion de l'espace disque sous Windows

Si l'ordinateur sur lequel vous projetez d'installer Linux est actuellement utilisé pour Windows et que vous souhaitez conserver Windows, vous devez tout d'abord déterminer si l'espace disque disponible est suffisant. Sous Windows XP et Windows Vista l'administration et le contrôle des fichiers et des dossiers nécessitent un compte particulier. Pour obtenir

Disques durs amovibles

Pour manipuler des systèmes d'exploitation multiples, vous pouvez faire appel aux disques durs sur support amovible. Il est alors possible d'utiliser des disques durs individuels comme on le fait avec de simples CD-ROM. Cela impose la mise en place d'un chariot spécial dans un des logements de disque dur de l'ordinateur par une personne expérimentée ou un technicien qualifié.

Cette solution permet d'avoir un disque dédié à Windows et un disque dédié à Linux. Pour passer d'un système d'exploitation à l'autre, il suffit de mettre l'ordinateur hors tension, de placer le disque correspondant au système d'exploitation choisi dans le chariot et de redémarrer l'ordinateur.

Si vous êtes d'un naturel anxieux, si la gestion de systèmes d'exploitation multiples vous effraie et si vous n'avez pas de place pour un deuxième disque dur dans votre machine, les disques durs amovibles représentent une solution très intéressante. Vous devrez vous assurer que votre disque dur existant peut être installé dans le support, et éventuellement vous procurer un autre châssis pour le disque affecté à Linux. Si vous débutez en informatique, faites-vous aider par un collègue expérimenté ou bien par le technicien qui vous aura vendu le matériel complémentaire. La manipulation incorrecte des composants informatiques peut endommager votre ordinateur.

des informations sur l'utilisation de l'espace disque, vous devez vous être *loggé* (connecté) sous un compte administrateur et utiliser l'outil de gestion de disques. Procédez ensuite de la manière suivante :

1. **Exécutez la commande Démarrer/Paramètres/Panneau de configuration.**

2. **Cliquez sur l'applet Outils d'administration, puis double-cliquez sur l'icône Gestion de l'ordinateur.**

3. **Dans la partie gauche de la fenêtre Gestion de l'ordinateur, cliquez sur l'icône Gestion des disques.**

   Après quelques secondes, la partie droite de la fenêtre affiche des informations relatives aux périphériques de stockage : disques durs, lecteur de CD-ROM, lecteur Zip, etc. La Figure 2.1 montre la fenêtre Gestion de l'ordinateur de Windows XP.

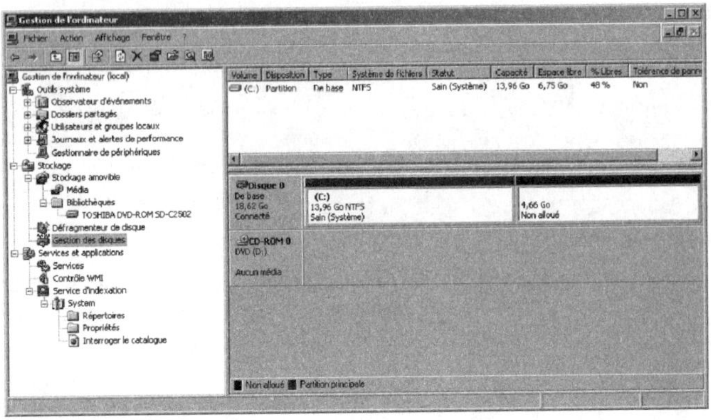

Figure 2.1 : La fenêtre Gestion de l'ordinateur de Windows XP.

TRUC

Si tout l'espace disque a été affecté à Windows et qu'il ne reste plus de place disponible, il est impossible d'installer Linux et Windows sur des partitions séparées. Si tout l'espace disque a été affecté à Windows mais qu'il reste de la place disponible, il est possible de diminuer la taille de la partition Windows et de créer une nouvelle partition pour Linux.

Personnalisation des partitions de votre disque

Au début de ce chapitre, nous avons parlé de l'installation de Linux sur un ordinateur qui utilisait déjà Windows. Les techniques abordées ici supposent que vous disposez sur votre disque dur d'un espace disponible et non affecté à Windows. Cependant, nous allons également considérer des options d'installation de Linux pour les systèmes pour lesquels tout l'espace disque a été attribué à Windows. Si tel est votre cas, vous pouvez acheter un nouveau disque dur qui sera destiné à Linux.

Choix d'un outil de partitionnement

Si votre ordinateur tourne sous Windows XP ou Windows Vista, vous pourrez créer de nouvelles partitions avec l'outil Gestion des disques ; vous devrez vraisemblablement réorganiser les partitions avant d'entamer l'installation de Linux.

Vous devrez veiller à ce que le disque sur lequel vous souhaitez installer Linux dispose d'au moins une dizaine de gigaoctets d'espace libre. Si ce n'est pas le cas, il vous faudra envisager l'achat d'un disque dur supplémentaire.

Windows ne propose pas de programmes destinés à modifier la taille de partitions existantes ; cependant, vous trouverez sur le marché des programmes, tels que Partition Magic (`http://www.symantec.com/fr/fr/norton/products/`), qui permettent de réorganiser, déplacer et ajouter des partitions pour une large gamme de systèmes d'exploitation. Des programmes gratuits ou sharewares sont disponibles sur Internet ; vous pourrez les utiliser pour modifier l'architecture de votre disque. Nous détaillons un peu plus loin la mise en œuvre d'un des programmes les plus populaires, `fips`.

Partitionnement à partir de zéro pour un démarrage en dual boot

Si vous envisagez de commencer à partir d'un système vierge et d'y installer Windows et Linux, commencez par l'installation de Windows. Au cours de celle-ci, vous devrez partitionner les disques durs ; chacun peut être divisé en trois partitions primaires et une partition étendue, à l'intérieur de laquelle il est possible de définir douze partitions logiques.

Au moment de l'installation de Windows, assurez-vous qu'il reste au moins une partition étendue de 5 Go pour Linux, ou au moins dans la partition étendue restante, un minimum de deux partitions logiques disponibles et une taille d'au moins 5 Go.

N'oubliez pas de noter sur un papier les caractéristiques des partitions que vous aurez définies ainsi que ce qui est encore disponible. Vous aurez besoin de cette information plus tard.

Partitionnement sûr avec fips

Le programme de modification d'une partition de disque gratuit le plus connu est `fips` (*First nondestructive Interactive Partition Splitting program*). La plupart des CD ou DVD d'installation Linux contiennent ce programme ; si vous ne le trouvez pas, vous pouvez le télécharger sur Internet. Il est disponible sur le site du Laboratoire d'Informatique de l'Université Paris 6 (LIP6) et du Centre de Calcul Recherche et Enseignement (CCRE) du campus de Jussieu à l'adresse suivante :

```
ftp://ftp.lip6.fr/pub/linux/distributions/mandrake/2008.1/i586/
dosutils/
```

`fips` ne gère pas les partitions NTFS ; relisez sa documentation avant de le mettre en œuvre.

Si possible, placez devant vous la documentation `fips` avant de commencer, puis procédez comme suit :

1. **Insérez une disquette vierge dans le lecteur de disquettes.**

2. **Sur un système sous DOS ou dans une fenêtre MS-DOS sous Windows 9*x*/ME, tapez format a: /s à l'invite de commandes et appuyez sur Entrée.**

   Le `a:` se réfère à la lettre de votre lecteur de disquettes et le paramètre `/s` copie les fichiers système sur la disquette pour la rendre amorçable.

3. **Copiez les fichiers qui suivent à partir du répertoire /**`fips20` **sur la disquette :**

   - `retorrb.exe`
   - `fips.exe`
   - `errors.txt`

   Si vous utilisez Windows, vous pouvez les copier avec l'Explorateur Windows ; sous DOS ou à partir d'une fenêtre DOS, vous pouvez utiliser la commande `xcopy` ou `copy`.

4. **Défragmentez votre disque dur.**

Avant d'utiliser `fips`, vous devez défragmenter votre disque dur ; la défragmentation restructure les fichiers afin qu'ils soient placés au début de la zone de stockage de votre disque. Elle déplace l'espace inutilisé à la fin du disque ; cela vous permettra de réduire la taille de votre partition.

Exécutez les étapes suivantes pour défragmenter vos partitions :

a. **Activez la commande Démarrer/Exécuter.**

b. **Tapez** defrag **dans le champ Ouvrir et cliquez sur OK.**

   La boîte de dialogue de l'utilitaire de défragmentation s'ouvre.

c. **Sélectionnez votre ou vos disques et cliquez sur OK.**

   Selon la taille de votre disque dur, le nombre de fichiers et le degré de fragmentation, la défragmentation peut requérir un temps plus ou moins long pouvant atteindre *plusieurs heures*. Nous vous recommandons de commencer le processus dans la soirée si la défragmentation risque de durer toute la nuit !

5. **Redémarrez votre ordinateur avec la disquette d'amorçage `fips` que vous avez créée.**

   Assurez-vous que le démarrage et l'exécution sont réalisés à partir de la disquette. Il ne faut pas utiliser `fips` à partir d'une fenêtre MS-DOS sous Windows.

6. **Après le redémarrage du système sous DOS, tapez `fips` à l'invite de commandes et appuyez sur Entrée.**

   L'écran initial qui est affiché comporte quelques avertissements ; après les avoir lus, appuyez sur n'importe quelle touche pour continuer.

   Si votre système comporte plus d'une unité, l'utilitaire présente les unités et vous demande d'en sélectionner une.

7. **Tapez le numéro correspondant à l'unité avec laquelle vous désirez travailler.**

L'écran affiche la table de partition pour l'unité que vous avez sélectionnée, comme le montre la Figure 2.2.

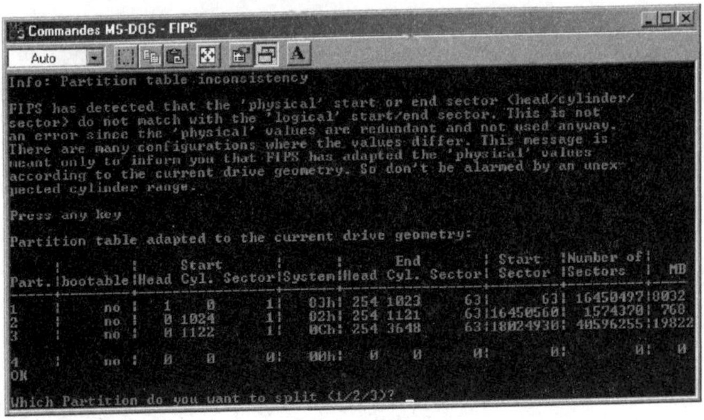

Figure 2.2 : Exemple d'exécution de l'utilitaire fips.

8. **En bas de l'écran, indiquez le numéro correspondant à la partition que vous souhaitez fractionner.**

   L'écran affiche des informations concernant la partition que vous venez de sélectionner. En bas de l'écran, l'application demande si vous voulez sauvegarder une copie de votre répertoire racine et du secteur de démarrage avant de procéder. Si vous optez pour la sauvegarde, vous aurez la possibilité d'annuler le fractionnement de la partition. La sauvegarde permet également de restaurer l'architecture de la partition si l'utilisation de `fips` vous cause un problème.

9. **Insérez une disquette formatée vierge dans le lecteur de disquettes et tapez *y*.**

10. **Utilisez les touches de direction du clavier pour ajuster la taille des partitions aux valeurs que vous voulez et appuyez sur Entrée.**

    `fips` vous demande si vous désirez continuer ou modifier la table de partition.

11. **Si vous êtes satisfait du changement, tapez c.**

En bas de l'écran, un message vous demande si vous voulez écrire l'information concernant la nouvelle partition sur le disque.

12. **Pour appliquer les changements puis quitter l'application, tapez y ; pour ignorer les changements et sortir de l'application, tapez n.**

N'oubliez pas de noter les caractéristiques des partitions que vous aurez définies ; vous aurez besoin de ces informations plus tard.

Exécution simultanée de Windows et de Linux

Lorsque Linux est installé sur un ordinateur dont le système d'exploitation est Windows, il n'est possible d'exécuter qu'un seul système d'exploitation à la fois. En d'autres termes, si une session est ouverte sous Windows et si vous souhaitez accéder à Linux, vous devez arrêter Windows, redémarrer l'ordinateur et booter sous Linux, comme le montre l'environnement de démarrage de la Figure 2.3.

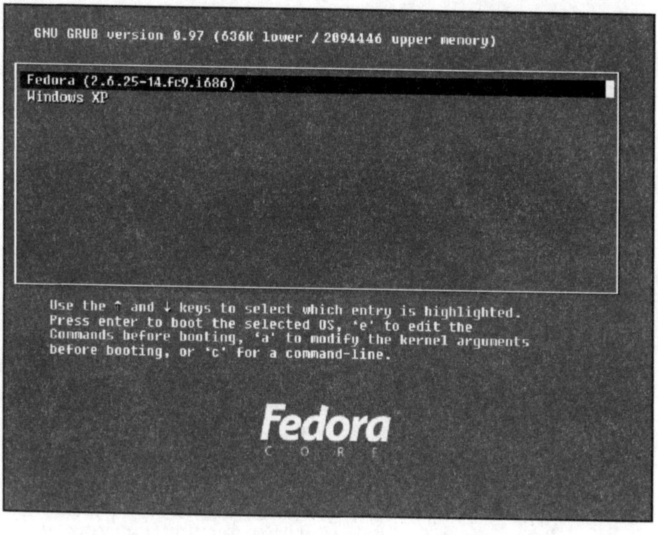

Figure 2.3 : Démarrage en dual boot sur un système équipé de Windows et de Linux.

Si un logiciel particulier, comme VMware (`http://www.vmware.com/fr/`), a été ajouté à Windows, parallèlement à l'installation de Linux, il est possible de faire tourner simultanément les deux systèmes d'exploitation.

Identification des constituants de votre ordinateur

La plupart des matériels actuels travaillent sans problèmes avec Linux. Cependant, si vous possédez une carte vidéo très récente ou tout autre matériel un peu "exotique", il se peut que vous rencontriez quelques problèmes. Pour éviter toute déconvenue, consultez le site Web de votre distribution et vérifiez que votre matériel est compatible.

Si votre matériel n'est pas mentionné, ne vous affolez pas. Tout au plus, vous risquez de ne pas pouvoir utiliser les récentes fonctions de votre carte vidéo de toute dernière génération, mais vous serez capable de l'utiliser comme une carte SVGA générique. Tout n'est pas perdu !

Parfois, vous constaterez que les pilotes ont été mis à disposition après la sortie de la version de Linux que vous avez choisie. Assurez-vous d'avoir récupéré ces pilotes avant d'installer Linux. Si vous les téléchargez, sauvegardez-les sur une disquette ou un CD, et s'ils accompagnent votre matériel, ils seront fournis sur une disquette ou sur un CD.

Essayez donc d'avoir à portée de main la documentation relative à votre matériel, particulièrement celle concernant votre carte vidéo et votre moniteur. Vous pourrez ainsi répondre sans problème aux questions qui vous seront posées lors de l'installation. Assurez-vous de savoir exactement le type de carte vidéo que vous possédez dans votre ordinateur. Vous pourrez trouver cette information sur la facture qui vous aura été remise lors de l'achat de la carte en question ou retrouver cette information dans votre installation Windows. Nous vous montrerons comment faire ultérieurement.

À présent, vous avez une idée des informations que vous devez collecter ; comment allez-vous vous y prendre ? Allez-vous démonter tout le matériel pour identifier chacun des éléments, puis les remonter ? Probablement pas ! Heureusement, vous pouvez identifier les composants de votre ordinateur de plusieurs manières :

TRUC

- **Utilisez le système d'exploitation installé pour identifier le matériel.** Si votre ordinateur utilise Windows comme système d'exploitation, vous avez à votre disposition des outils qui vous donneront toutes les informations sur votre environnement :
  - Sous Windows XP, activez la commande Démarrer/Paramètres/Panneau de configuration, cliquez sur l'applet Outils d'administration, puis Gestion de l'ordinateur et sélectionnez Gestionnaire de périphériques ; la Figure 2.4 montre l'outil Gestion de l'ordinateur de Windows XP et la rubrique Gestionnaire de périphériques.

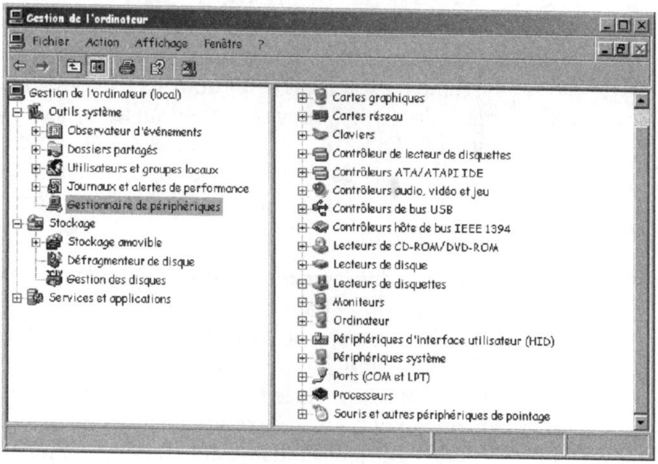

Figure 2.4 : L'outil Gestion de l'ordinateur de Windows XP.

Si vous ne souhaitez pas connaître maintenant les éléments qui constituent votre ordinateur, vous pouvez passer directement à la partie suivante qui traite de la préparation de votre ordinateur. Lorsque vous aurez besoin d'informations complémentaires au moment de l'installation, vous pourrez les rechercher sur le Web ou revenir à une session Windows.

Chaque rubrique de l'outil Gestion de l'ordinateur peut être développée grâce à un double-clic.

- **Téléchargez des outils de détection du matériel.** Si vous n'avez pas d'outils de diagnostic, vous pouvez en télécharger à partir d'Internet. SIW est l'un d'entre eux, vous pouvez le télécharger à partir d'Internet à l'adresse `http://www.gtopala.com/siw-download.html`. SIW permet de consulter différentes informations sur votre système ; il est possible d'obtenir des informations sur le matériel et les logiciels installés. Cet outil est très utile pour déterminer la référence d'un composant sans avoir à ouvrir le boîtier de l'ordinateur. Il est par exemple possible de se renseigner sur la carte mère et son BIOS, le processeur, la mémoire, les cartes PCI, les périphériques USB, etc.
- **Collectez les informations à partir de l'écran lorsque l'ordinateur démarre.** Si votre système ne contient aucun système d'exploitation et que vous n'avez pas de documentation, vous pouvez lire l'écran lorsque l'ordinateur démarre. La lecture à l'écran vous oblige à redémarrer plusieurs fois votre ordinateur, notamment pour l'information vidéo, les composants PCI et les divers paramétrages.
- **Accédez à l'information du BIOS (*Basic Input/Output System*).** Stocké dans une petite zone de mémoire et conservé grâce à une batterie, il se nomme CMOS (*Complimentary Metal Oxide Semiconductor*). Les informations stockées dans le BIOS peuvent être très nombreuses ou, au contraire, se réduire à une peau de chagrin. Certains systèmes plus récents peuvent afficher plusieurs écrans d'information sur la configuration du matériel.

  L'accès au BIOS se fait avant le chargement du système d'exploitation ; la plupart des constructeurs indiquent au démarrage, sur l'écran, la touche du clavier ou la séquence de touches pour entrer dans le BIOS ou *Setup*. Si vous ne trouvez pas la séquence du clavier, consultez le site Web du constructeur. Après l'entrée dans le BIOS, vous naviguez en général avec les touches de direction, la touche Tab ou la touche Entrée ; dans certains environnements BIOS, les touches de fonction sont également utilisées. Le BIOS fournit des informations sur les éléments de l'ordinateur, le lecteur de disquettes, le disque dur, le lecteur de CD-ROM et la quantité de mémoire disponible. En général, les écrans BIOS incluent les caractéristiques de la souris et les paramètres IDE. Votre système peut comporter plusieurs écrans de paramétrage BIOS ; consultez-les pour voir si vous pouvez recueillir plus d'informations sur la configuration.

Travail préparatoire avant l'installation

Le travail préparatoire est important et indispensable. Il vous faut tout d'abord décider de la méthode que vous allez utiliser pour installer Linux, vous avez le choix entre trois méthodes :

- **DVD ou CD :** Si votre ordinateur peut démarrer à partir d'un DVD ou d'un CD et si votre DVD ou CD d'installation de la distribution Linux est amorçable (*bootable*), vous pouvez commencer l'installation directement à partir de celui-ci.
- **Disquette :** Vous pouvez également commencer l'installation à partir d'une disquette. Cette méthode déclenche le processus à partir d'une disquette, puis utilise les fichiers du DVD ou du CD pour installer le système.
- **Source réseau :** Cette méthode permet d'installer Linux à partir du réseau. Dans cette procédure, vous démarrez votre ordinateur, vous établissez une connexion réseau, puis vous complétez l'installation en accédant aux fichiers à travers le réseau. Les informations sur l'installation de Linux à partir d'un réseau peuvent être trouvées dans le fichier `README`.

Vous devez réaliser certaines tâches de base avant de commencer l'installation de Linux. La première est la documentation. Si vous rencontrez un paramétrage de configuration ou un problème pendant l'installation, la documentation pourra vous aider à surmonter le blocage. Par ailleurs, la documentation

Considérations sur les portables

Les principales distributions de Linux ont fait beaucoup d'efforts pour supporter les ordinateurs portables et si le vôtre a moins de deux ans et qu'il est d'une marque connue, vous ne devriez rencontrer aucune difficulté (consultez le site `http://www.linux-laptop.net` pour plus d'informations sur la compatibilité de Linux avec les portables ; la Figure 2.5 montre l'accès à ce site). Par ailleurs, comme nous l'avons mentionné dans ce chapitre, n'oubliez pas que le matériel estampillé Windows n'est pas forcément adapté à Linux et les portables qui sont équipés de modems intégrés de type Winmodem risquent de vous poser quelques problèmes.

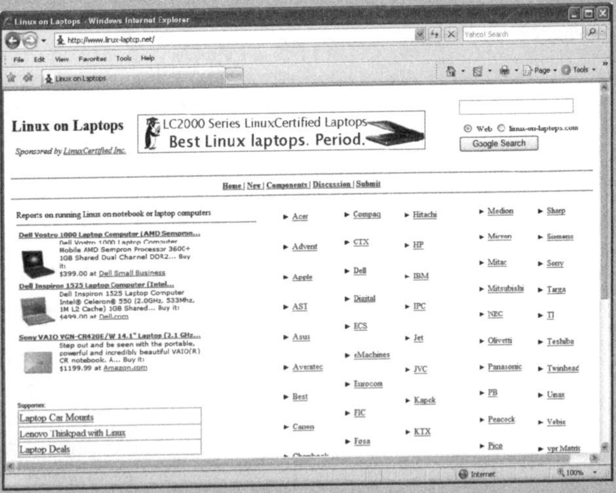

Figure 2.5 : Le site Linux on Laptops.

Si vous projetez l'achat d'un ordinateur portable pour Linux, vérifiez que tous ces éléments, modem, carte réseau, etc., sont compatibles. Si les éléments intégrés sont susceptibles de ne pas fonctionner, vous pourrez ajouter une carte PCMCIA, telle qu'une carte combo modem-réseau, qui sera supportée par Linux.

Linux vous permettra de tirer au maximum profit de votre système après l'installation.

Suivant votre distribution de Linux et la manière dont vous l'avez acquise, la documentation peut exister sous différentes formes :

- Si elle accompagne une version "en boîte", elle peut être imprimée ou stockée sur DVD ou sur CD.
- S'il s'agit d'une distribution téléchargée, la documentation sera associée au téléchargement.

Vous pouvez aussi obtenir de l'aide sur le site Web de la distribution ou encore en achetant des livres qui traitent de votre distribution.

En ce qui concerne les situations où la documentation ne couvre pas votre problème, il ne vous reste plus qu'à effectuer des recherches sur les sites Web consacrés à Linux, particulièrement :

- **Sites généraux et publications** : `http://www.linux.com`, `http://lea-linux.org`, `http://www.linuxgazette.com`, `http://www.linuxjournal.com`, `http://www.linuxtoday.com`, `http://www.linuxworld.com`, `http://www.lwn.net`, `http://www.linux-france.org`, `http://www.slashdot.org`, `http://www.freshmeat.net` et `http://www.linuxdoc.org`.
- **Site consacré à la sécurité** : `http://www.linuxsecurity.com`, `http://security.ucdavis.edu`.
- **Sites traitant des logiciels et du noyau** : `http://www.linuxhq.com` et `http://products.enterpriseitplanet.com/linux.html`.

Démarrage à partir d'un CD ou d'un DVD-ROM

L'installation de Linux à partir d'un CD-ROM est l'option idéale. Vous n'êtes pas obligé d'avoir un système d'exploitation sur votre disque dur pour installer Linux. Avant de décider d'une installation à partir d'un DVD ou d'un CD, vous devez réaliser ces deux étapes :

1. **Déterminez si le DVD ou le CD d'installation de Linux est bootable (ou amorçable).**
2. **Vérifiez si votre système est capable de démarrer à partir d'un CD.**

Si vous l'avez déjà fait, vous n'aurez pas de problème à démarrer l'installation de Linux à partir du CD. Votre système doit d'abord être configuré pour démarrer à partir d'un CD. La plupart des ordinateurs démarrent à partir du disque dur ou d'une disquette, les autres à partir d'un CD ou de supports amovibles, tels que le lecteur Zip. Votre système de configuration BIOS permet de sélectionner les périphériques de stockage, de les vérifier au moment du démarrage, puis de démarrer à partir de l'un d'eux.

Dans la configuration BIOS, assurez-vous que le démarrage à partir du CD est placé en premier dans la séquence. Faites en sorte que les changements effectués soient sauvegardés avant de quitter le BIOS, sous peine que ce que vous avez établi soit sans effet.

Installation pour un démarrage à partir d'une disquette d'installation

Si votre système ne démarre pas à partir d'un DVD ou d'un CD, si celui-ci n'est pas amorçable, ou encore si vous ne voulez pas démarrer à partir d'un DVD ou d'un CD, vous pouvez commencer l'installation à partir d'une disquette. Certaines distributions comprennent une disquette de démarrage ; quelle que soit la situation, vous pouvez toujours générer une disquette d'installation sur un autre système qui intègre MS-DOS, Windows ou Linux.

Le DVD ou le CD d'installation Linux contient en général un répertoire d'utilitaires DOS. Le nom de l'utilitaire qui crée la disquette d'amorçage d'installation s'appelle `rawrite.exe`. La documentation de rawrite se trouve dans le même répertoire que l'utilitaire.

Vous pouvez utiliser l'Explorateur Windows ou la commande DOS `dir` pour visualiser le contenu du répertoire `dosutils`. En général, le DVD ou le CD contient des fichiers d'image disque pour construire la disquette de démarrage. Pour la distribution Mandriva Linux 2008, les fichiers image se trouvent dans le répertoire `/i586/install/images`.

Pour créer une disquette d'amorçage à partir d'un système Windows avec la distribution Mandriva Linux 2008, procédez comme suit :

1. **Insérez le DVD ou le CD 1 dans le lecteur et notez la lettre de lecteur qui correspond à votre lecteur de CD/ DVD.**

2. **Ouvrez une fenêtre MS-DOS :**

   Sous Windows 2000 ou Windows XP, activez la commande Démarrer/Programmes/Accessoires/Invite de commandes.

3. **Accédez au lecteur correspondant à votre lecteur de CD en tapant la lettre du lecteur suivie de deux points à l'invite de commandes, et appuyez sur Entrée.**

   L'invite dans la fenêtre MS-DOS change pour indiquer la lettre correspondant au lecteur de CD.

4. **Pour passer au répertoire** `dosutils`**, tapez cd i586\dosutils à l'invite de commandes et appuyez sur Entrée.**

5. **Pour créer un disque d'amorçage dans le lecteur de disquettes A, tapez :**

   ```
   rawrite -f ..\install\images\cdrom.img -d a.
   ```

   Le message suivant s'affiche dans la fenêtre MS-DOS :

   ```
   Veuillez insérer une disquette formatée dans le lecteur et
   appuyer sur Entrée :
   ```

6. **Insérez une disquette vierge et formatée de 1,44 Mo dans le lecteur de disquettes et appuyez sur Entrée.**

   Lorsque le processus est terminé, l'invite MS-DOS revient au répertoire `dosutils` et le curseur du caractère de soulignement apparaît en clignotant.

Après avoir créé la disquette de démarrage, vous pouvez configurer ou vérifier que votre ordinateur est paramétré pour démarrer à partir de celle-ci. Le moyen le plus simple consiste à insérer la disquette dans votre lecteur principal ; assurez-vous qu'il n'existe aucun disque amovible dans les autres lecteurs (tels qu'un DVD ou un CD dans votre lecteur de DVD-ROM). Redémarrez ensuite votre ordinateur ; s'il démarre sur la disquette, alors vous êtes prêt.

Chapitre 3

Installation de la distribution Fedora 9

Dans ce chapitre :

- Installation de Linux en tant que Poste de travail avec l'interface graphique.
- Premier démarrage.

Linux a beaucoup évolué depuis les premières versions et l'utilisateur moyen peut à présent s'y intéresser sans risquer des maux de tête insoutenables ; les glyphes mystérieux ont disparu et il est possible de l'aborder sans requérir l'assistance d'un chaman. L'installation graphique de Linux, devenue extrêmement simple et conviviale, ne déroutera pas les utilisateurs venant d'un autre système d'exploitation graphique, tel que Microsoft Windows.

L'abandon de Red Hat Linux en faveur de Fedora a semé la discorde au sein de la communauté Linux. Beaucoup ont pensé que Red Hat s'était simplement tourné vers ce nouveau projet pour ce débarrasser des anciens utilisateurs et se tourner vers un marché uniquement professionnel, laissant ainsi les utilisateurs existants sans mise à jour disponible. La situation s'est par la suite clarifiée petit à petit, bien qu'une mauvaise opinion soit encore présente chez certains.

Les principales nouveautés de la distribution Fedora 9

- La version 3 du navigateur Firefox qui apporte de nombreuses améliorations majeures dont un design intégré à l'environnement.
- OpenOffice.org 2.4, le pack bureautique qui offre pléthore de nouveautés plus intéressantes les unes que les autres.
- Amélioration des performances de démarrage et d'arrêt.
- L'environnement Java complètement libre et gratuit OpenJDK 6.
- Gestion des codecs : détecter les codecs non fournis et orienter l'utilisateur.
- Amélioration de la personnalisation des différentes distributions (desktop, serveur...).
- Homogénéisation des dictionnaires utilisés sur un système.
- Support du cryptage des fichiers.
- Gestion du multi-utilisateurs dans la même session (éviter connexion/déconnexion).
- Gestion de différentes versions de FC : desktop (Gnome, Kde...), serveur...
- Amélioration du support Firewire.
- Amélioration de la gestion de l'énergie (notamment par une optimisation kernel-kernel tickless-).
- Support de KVM (nouvelle technologie de virtualisation).
- Remplacement de la gestion IDE par libata.
- Amélioration du support Wifi.
- Mise en œuvre de Smolt : outil de reporting des configurations hardware.
- Un noyau basé sur le noyau 2.6.25.

Procédure d'installation

Ce chapitre décrit l'installation de Linux en mode graphique. Si pour quelque raison que ce soit vous ne pouvez pas réaliser l'installation en mode graphique (par exemple si Linux ne supporte pas votre carte vidéo), exécutez l'installation en mode texte. Les étapes sont semblables, vous trouverez des informations détaillées dans les manuels Fedora qui sont disponibles sur le site Web (`http://docs.fedoraproject.org/install-guide/f9/en_US/`).

Pour installer la distribution Fedora Core 9, exécutez les étapes suivantes :

1. **Si vous souhaitez procéder à l'installation à partir du DVD, placez celui-ci dans votre lecteur et redémarrez l'ordinateur.**

   Sinon, insérez la disquette d'installation dans le lecteur de disquettes et le DVD dans le lecteur de DVD/CD-ROM et redémarrez le système.

   TRUC

   Si vous utilisez les CD d'installation, rebootez l'ordinateur après avoir placé le CD 1 dans le lecteur.

   Que vous démarriez l'installation à partir d'une disquette, d'un CD ou d'un DVD, le premier écran d'installation affiche les mêmes options, comme le montre la Figure 3.1.

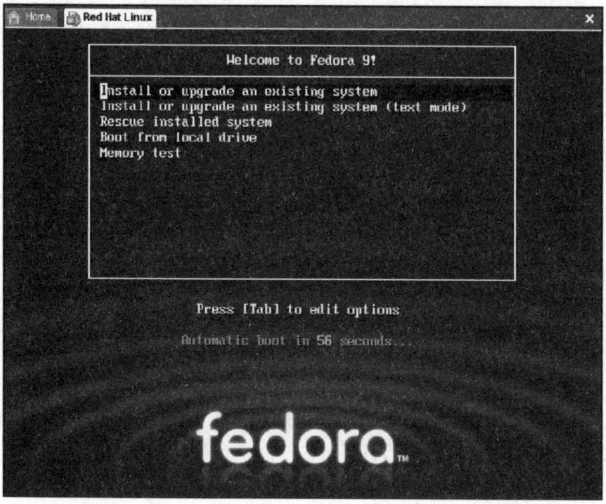

Figure 3.1 : L'écran initial de la distribution Fedora 9.

   - **Install or upgrade an existing system** : La première option propose soit une installation de Fedora Core, soit la mise à niveau d'une version existante en mode graphique. Cette installation détecte le matériel de votre système et l'interface graphique est conçue pour fonctionner avec la souris pour la sélection des options. Si vous n'avez pas de souris, vous pouvez utiliser le clavier afin de naviguer d'un écran à l'autre : dans la plupart des cas, la touche Tab et/ou les touches de direction vous font avancer vers l'option suivante ; la barre d'espace active ou désactive les options ; la touche Entrée valide les choix et permet d'accéder à l'écran suivant. Si vous voulez changer un paramètre de l'écran précédent, cliquez sur le bouton Précédent. Les écrans d'installation graphique incluent aussi une aide dans le panneau de gauche ; celle-ci change en fonction de l'écran.

- **Install or upgrade an existing system (text mode)** : La deuxième option permet d'installer ou de mettre à niveau Fedora en utilisant une *interface de menu texte*. Cette interface affiche les options en menu texte ; utilisez les touches de direction et/ou la touche Tab pour vous déplacer dans la zone choisie. Dans certaines zones, la barre d'espace permet d'activer ou de désactiver des options. Pour démarrer l'installation avec l'interface texte, tapez **linux text** à partir de l'invite `boot` et appuyez sur la touche Entrée.
- **Rescue installed system** : Ce choix permet d'accéder au mode de secours, vous devez l'utiliser si le système Linux ne démarre pas correctement. Ce mode contient plusieurs utilitaires pour restaurer votre système.
- **Boot from local drive** : L'avant dernier choix permet de démarrer à partir d'un disque interne à la machine sur lequel la distribution aurait été copiée.
- **Memory test** : Le dernier choix teste le processeur, la mémoire cache, la mémoire RAM et la carte mère du système.

2. **Appuyez sur la touche Entrée pour démarrer l'installation en mode graphique.**

DVD ou CD endommagé

Si le DVD ou les CD sont endommagés, contactez le revendeur de votre distribution pour le faire remplacer (si la distribution a été achetée). S'il s'agit d'un DVD ou d'un CD que vous avez gravé, il se peut que le problème soit dû à la manière dont la copie a été réalisée ; recommencez la gravure du disque à une vitesse plus lente. Si l'erreur persiste, recommencez le téléchargement du fichier ISO ; il se peut que l'erreur soit apparue au cours du transfert.

Plusieurs lignes d'information défilent sur l'écran lorsque l'installation commence. Pendant ce temps, une *mini* version de Linux est chargée en mémoire et les dernières lignes commentent le démarrage de l'interface graphique. Un premier menu vous propose de vérifier l'intégrité des médias ; s'il s'agit du DVD ou des CD d'installation que vous avez téléchargés et gravés, procédez à cette vérification.

3. **Si vous souhaitez tester le DVD (ou les CD), sélectionnez le bouton OK avec la touche Tab et tapez sur la touche Entrée ; sinon, sélectionnez le bouton Skip et activez la touche Entrée.**

   Ensuite, le logiciel d'installation anaconda (11.4.0.82) démarre puis l'écran d'accueil de Fedora s'affiche.

4. **Une fois les tests terminés, sélectionnez le bouton Next et appuyez sur la touche Entrée ; l'écran de bienvenue s'affiche comme le montre la Figure 3.2.**

   Puis, l'écran de sélection de la langue apparaît, comme le montre la Figure 3.3.

5. **Utilisez la souris ou les touches de direction haut/bas pour sélectionner votre langue. Choisissez French (Français) et cliquez sur Next.**

   L'écran de sélection du clavier s'affiche, comme le montre la Figure 3.4.

6. **Choisissez votre clavier, Français (latin9), puis cliquez sur Suivant.**

Figure 3.2 : L'écran de bienvenue de Fedora 9.

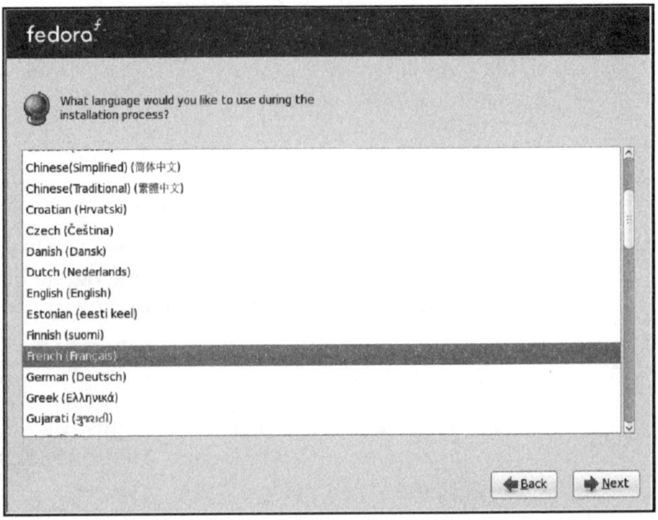

Figure 3.3 : L'écran de sélection de la langue.

L'écran de configuration réseau s'affiche, comme le montre la Figure 3.5.

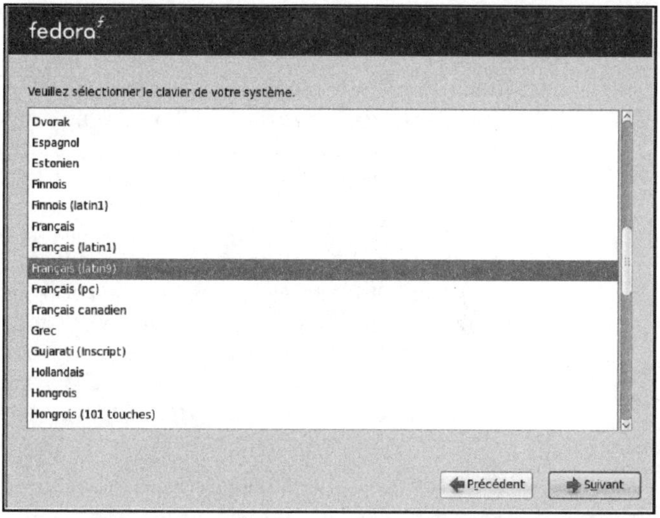

Figure 3.4 : L'écran de sélection du clavier.

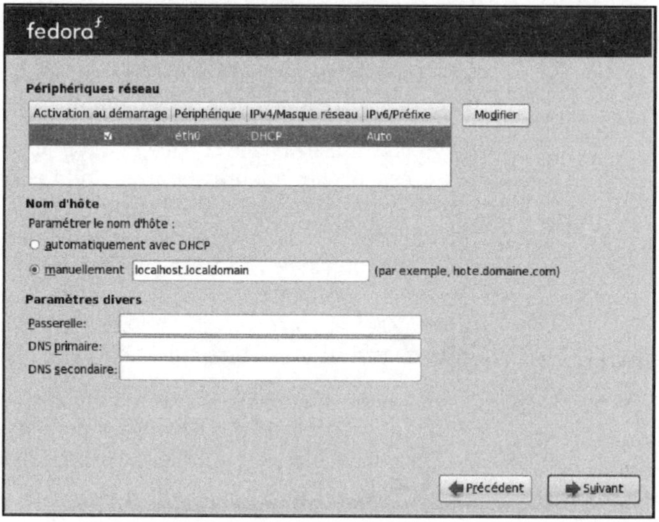

Figure 3.5 : L'écran de configuration réseau.

7. **Si vous utilisez un serveur DHCP pour définir le nom d'hôte, choisissez l'option Automatiquement avec**

DHCP ; sinon, cochez Manuellement et entrez un nom d'hôte.

Dans un premier temps, assurez-vous que la case eth0 est cochée ; la gestion réseau de votre machine sera activée au démarrage. Le protocole DHCP affecte automatiquement tous les paramètres réseau à votre ordinateur et lui permet de communiquer correctement sur un réseau et/ou Internet. Si vous êtes relié à un service tel que l'ADSL, votre ordinateur est probablement configuré pour le protocole DHCP à l'exception du nom d'hôte, `hostname`, qui donne une identité à votre machine. Si votre ordinateur fait partie d'un réseau privé, les services DHCP peuvent fournir le nom d'hôte en plus des autres paramètres ; vous pouvez consulter votre administrateur réseau pour de plus amples informations.

Pour définir le nom d'hôte de votre machine, cliquez sur la case Manuellement, puis :

- Entrez le nom de votre machine dans le champ placé à droite de l'option Manuellement. L'utilisation de caractères alphanumériques, de signes de ponctuation ou autre risque de perturber certaines applications et l'accès à votre machine à travers un réseau.
- Si vous n'utilisez pas le service DHCP pour les paramètres réseau, cliquez sur le bouton Modifier dans la partie supérieure gauche de la fenêtre. Dans la boîte de dialogue Modifier l'interface eth0, décochez la case Configuration avec DHCP, entrez l'adresse IP et le Masque réseau, puis cliquez sur Valider. Si vous ne connaissez ni votre adresse IP, ni le masque de réseau, posez la question à votre administrateur réseau.
- Dans la zone Paramètres divers, indiquez les adresses IP de la passerelle et des DNS. Vous pouvez indiquer jusqu'à deux adresses pour les serveurs DNS.

8. **Cliquez sur Suivant pour continuer l'installation.**

L'écran de sélection du fuseau horaire s'affiche, comme le montre la Figure 3.6. Si vous ne trouvez pas le nom de votre localité, choisissez une autre ville située dans le même fuseau horaire.

Figure 3.6 : L'écran Sélection du fuseau horaire.

9. **Sélectionnez la ville dans laquelle vous vous trouvez, puis cliquez sur Suivant.**

   L'écran de définition du mot de passe root s'affiche, comme le montre la Figure 3.7.

10. **Entrez le mot de passe "root" dans le champ Mot de passe root, puis dans le champ Confirmation.**

    TRUC

    Vous ne voyez pas le mot de passe quand vous l'entrez ? C'est normal, les caractères sont remplacés par des points, afin d'empêcher les personnes non autorisées de le visualiser.

    Si les valeurs dans les deux champs ne concordent pas, la boîte de dialogue Erreur avec le mot de passe vous invite a entrer à nouveau le mot de passe deux fois.

    ATTENTION !

    N'oubliez pas le mot de passe root ! Vous en avez besoin pour toute tâche d'administration sous Linux.

11. **Une fois le mot de passe de root saisi pour la deuxième fois, cliquez sur Suivant.**

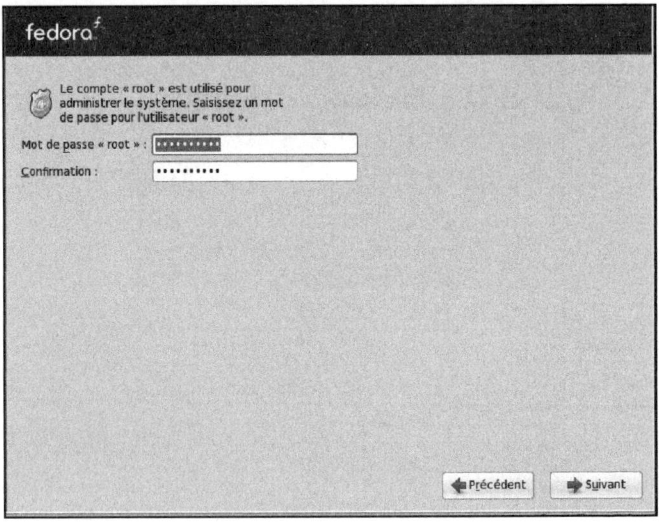

Figure 3.7 : L'écran de définition du mot de passe root.

L'écran de partitionnement du disque dur s'affiche, comme le montre la Figure 3.8 ; il propose d'accepter la stratégie de partitionnement automatique par défaut ou de choisir votre type de partitionnement manuellement si vous cochez la case Examiner et modifier la structure de partitionnement. Votre disque dur doit contenir au moins une partition Linux pour pouvoir continuer l'installation.

12. **Choisissez l'option par défaut, cochez la case Examiner et modifier la structure de partitionnement, puis cliquez sur Suivant.**

L'écran de partitionnement automatique s'affiche, comme le montre la Figure 3.9. Vous pouvez supprimer toutes les partitions Linux de votre système, ou bien toutes les partitions du système, quelles qu'elles soient, ou encore conserver les partitions existantes et utiliser l'espace libre ; vous avez aussi la possibilité de sélectionner le disque dur avec lequel vous souhaitez travailler. Comme cela est suggéré dans le Chapitre 2, identifiez bien le disque dur que vous voulez utiliser ! Le premier disque dur IDE porte le nom `hda`, le deuxième `hdb` et le troisième hdc. Si vous avez des disques SCSI ou Serial ATA, ils seront identifiés par sda, sdb et sdc.

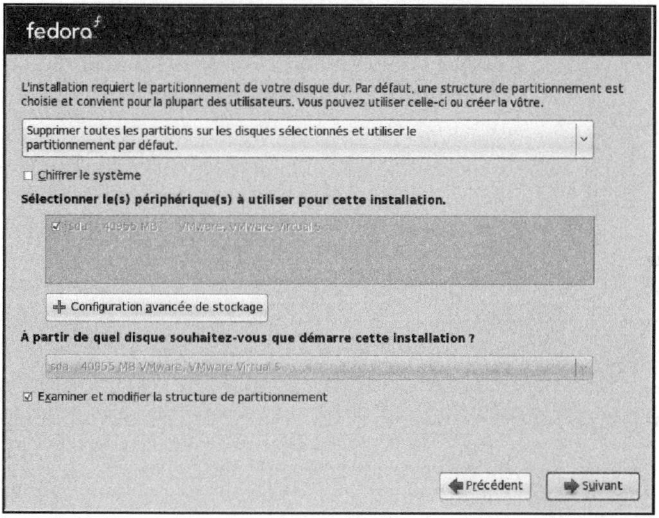

Figure 3.8 : L'écran de partitionnement du disque dur.

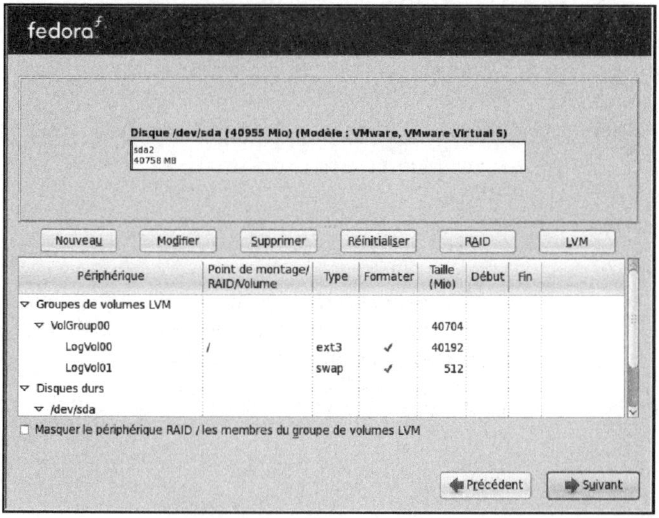

Figure 3.9 : L'écran de configuration du disque.

Attention ! Avec le partitionnement automatique, vous perdrez *toutes* les données dans *toutes* vos partitions Linux existantes.

13. **Choisissez Supprimer les partitions Linux sur les disques sélectionnés et utiliser le partitionnement par défaut, puis cliquez sur Suivant.**

    Une boîte de dialogue vous demande de confirmer votre choix ; cliquez sur Oui. Les modifications sont écrites sur le disque puis l'écran de configuration du chargeur de démarrage est affiché comme le montre la Figure 3.10 ; elle propose GRUB par défaut.

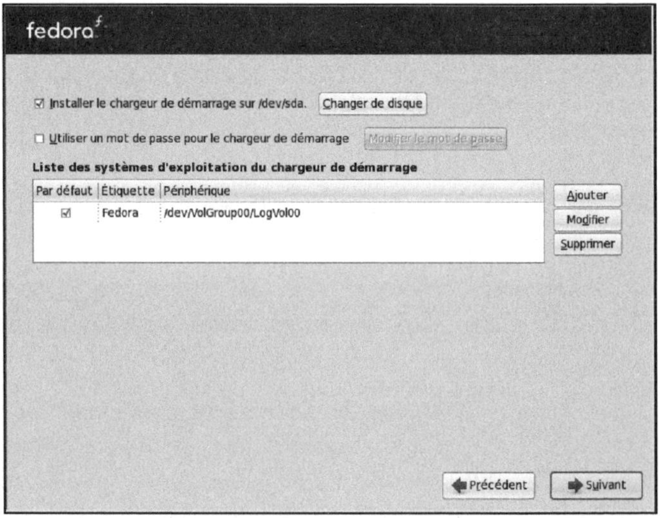

Figure 3.10 : L'écran de configuration du chargeur de démarrage.

L'option Utiliser un mot de passe pour le chargeur de démarrage impose, pour augmenter la sécurité, la saisie d'un mot de passe au démarrage.

La zone Liste des systèmes d'exploitation du chargeur de démarrage permet de démarrer le système à partir de plusieurs système d'exploitation et de définir un système d'exploitation par défaut.

14. **Cliquez sur Suivant après avoir configuré le chargeur de démarrage.**

    Un système de base est transféré sur le disque puis un écran apparaît, destiné à préciser les tâches supplémentaires qui seront affectées au système, comme le montre la Figure 3.11.

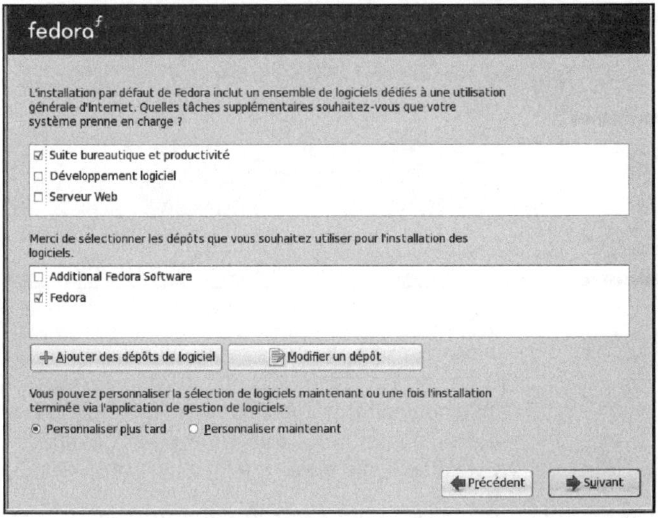

Figure 3.11 : L'écran de spécification des tâches supplémentaires.

Trois types de tâches sont proposés : Suite bureautique et productivité, Développement logiciel et Serveur Web.

15. **Cochez les tâches qui vous intéressent ainsi que la case Personnaliser maintenant, puis cliquez sur Suivant.**

    Le système d'installation marque une pause et affiche une boîte de dialogue indiquant qu'il vérifie les dépendances des paquetages à installer. À la fin, vous pouvez accepter la liste de paquetages en cours ou personnaliser le jeu de paquetages à installer (voir la Figure 3.12).

16. **Choisissez les groupes de paquetages de logiciels à installer à partir des rubriques Environnement de bureau, Applications, Développement, Serveurs, Système de base et Langues.**

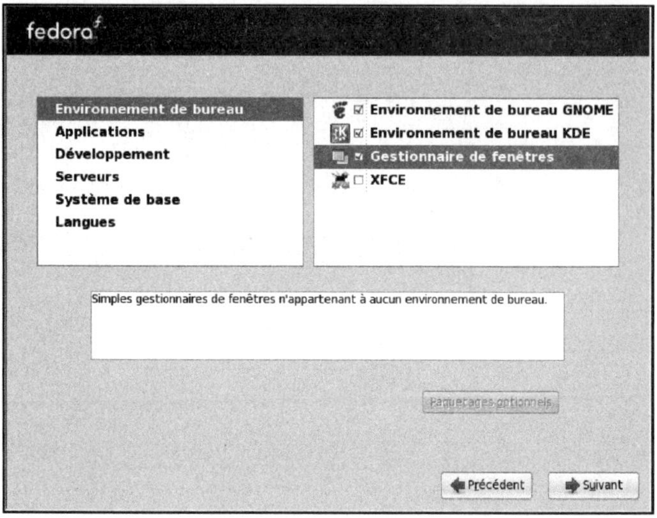

Figure 3.12 : L'écran de paramétrage des paquetages.

Dans cet exemple, nous avons ajouté l'environnement KDE (voir la Figure 3.12) en plus du paquetage GNOME, environnement graphique par défaut. KDE est une autre interface graphique utilisateur pour le système X Window ; elle inclut quelques programmes et outils.

17. **Si vous souhaitez sélectionner des paquetages optionnels dans un groupe, cliquez sur Paquetages optionnels ; dans cette boîte de dialogue, cochez les paquetages optionnels que vous souhaitez installer (voir la Figure 3.13).**

    Ne vous sentez pas obligé de le faire tout de suite ; il s'agit d'une tâche que vous pourrez réaliser plus tard, lorsque vous vous sentirez plus à l'aise avec Linux.

18. **Une fois les sélections terminées, cliquez sur le bouton Fermer.**

19. **Lorsque vous êtes prêt à commencer l'installation, cliquez sur Suivant.**

    La dépendance des paquetages est à nouveau vérifiée puis une boîte de dialogue s'affiche, indiquant que l'installation va commencer et en spécifiant, éventuellement, les médias nécessaires à l'installation (Figure 3.14).

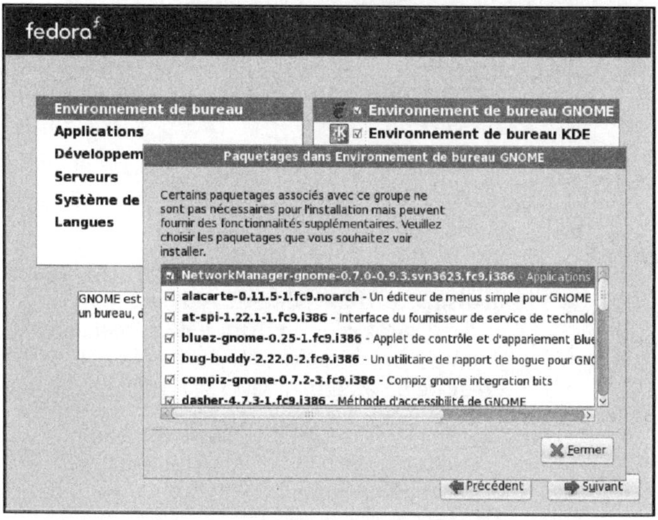

Figure 3.13 : Sélection de paquetages optionnels.

Figure 3.14 : Installation de Linux.

Si vous voulez arrêter l'installation de Linux, c'est ici le *dernier* endroit où vous pouvez le faire. Pour tout interrompre, appuyez simultanément sur les touches Ctrl+Alt+Suppr, afin de redémarrer votre système.

20. **Une fois que vous avez pris connaissance des CD requis (si vous utilisez un DVD, il n'y en aura qu'un), cliquez sur Suivant.**

    L'écran Installation des paquetages est affiché et deux barres de progression indiquent l'état d'avancement de l'installation.

21. **Si vous avez démarré l'installation de Linux à partir de la disquette d'installation, enlevez celle-ci du lecteur et cliquez sur Créer un disque de démarrage. Si vous *ne voulez pas* en créer, cliquez sur Non, je ne veux pas créer de disque de démarrage, puis sur Suivant.**

    Une fois la disquette de démarrage créée, vous atteignez le dernier écran d'installation. Le système est installé et la machine va rebooter.

Le premier démarrage

La première fois que votre machine démarre avec le système Fedora 9, un menu de bienvenue apparaît et vous propose de terminer l'installation (voir la Figure 3.15).

1. **Cliquez sur Suivant pour accéder aux informations relatives à la licence.**
2. **Cliquez sur Suivant pour continuer.**

   L'écran de création d'utilisateur s'affiche, comme le montre la Figure 3.16.

3. **Entrez un nom dans le champ Nom d'utilisateur.**

   Par exemple, **RadisNoir**.

4. **Saisissez le nom complet dans le champ Nom complet.**

   Par exemple, **Gilbert Lingot dit RadisNoir**.

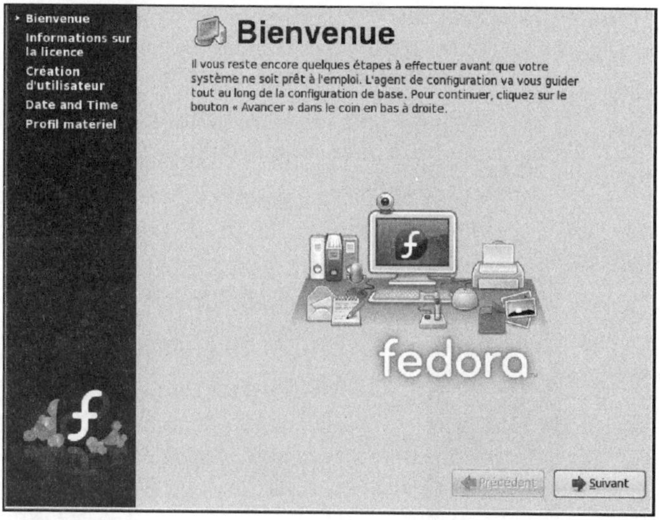

Figure 3.15 : L'écran de bienvenue du premier démarrage.

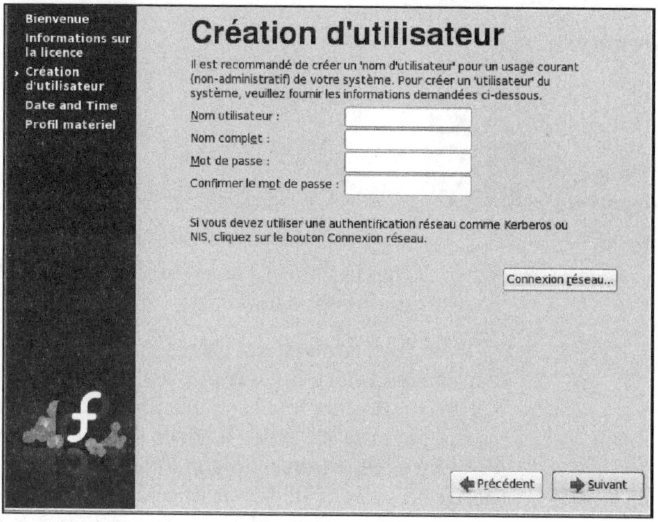

Figure 3.16 : L'écran de création d'un nouvel utilisateur.

5. Entrez un mot de passe dans les champs Mot de passe et Confirmer le mot de passe.

C'est le mot de passe pour un compte personnel et il n'a aucun rapport avec le compte root. N'hésitez pas à utiliser un mot de passe différent.

6. **Lorsque vous avez entré toutes les caractéristiques du compte, cliquez sur Suivant.**

   L'écran d'initialisation de la date et de l'heure s'affiche, comme le montre la Figure 3.17.

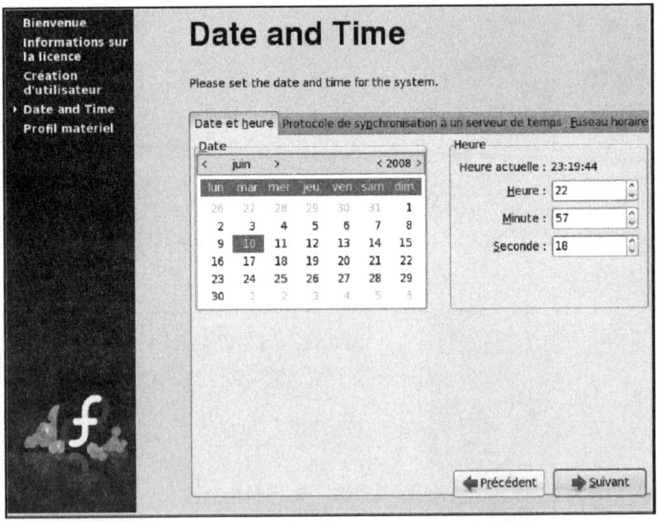

Figure 3.17 : L'écran d'initialisation de la date et de l'heure.

7. **Vérifiez que la date et l'heure sont correctes et corrigez les éventuelles erreurs.**

8. **Si vous vous trouvez sur un réseau informatique connecté à Internet, vous pouvez cocher la case d'activation du protocole de synchronisation réseau qui permet la mise à l'heure à partir d'un serveur de temps. Pour ce faire, cliquez l'onglet Protocole de synchronisation à un serveur de temps et cochez la case Activer le protocole de synchronisation de temps par le réseau (NTP) puis sélectionnez un serveur de temps dans la liste déroulante qui apparaît (voir la Figure 3.18).**

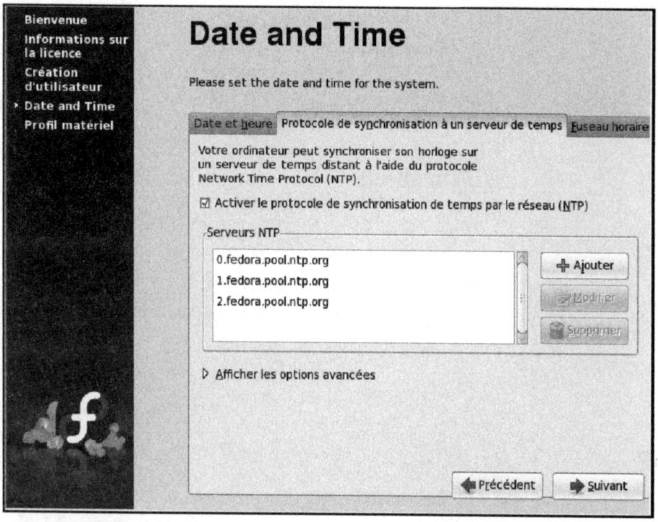

Figure 3.18 : Synchronisation de l'heure avec un serveur NTP.

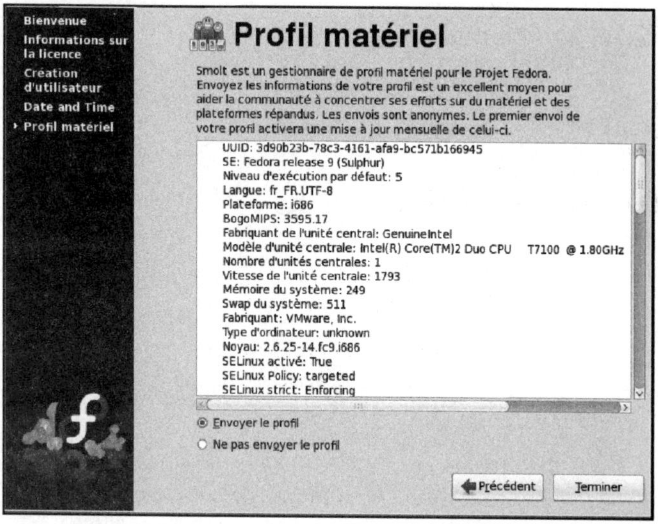

Figure 3.19 : L'écran Profil matériel.

9. **Lorsque la date et l'heure sont correctes, cliquez sur Suivant.**

L'écran d'affichage du profil matériel apparaît ; il permet, si vous le souhaitez, d'envoyer les informations relatives à votre système à la communauté Fedora afin de lui permettre d'améliorer la distribution (voir la Figure 3.19).

10. **Cliquez sur Terminer pour mettre fin à la procédure d'installation.**

    Voilà ! Vous avez survécu à la deuxième étape de la mise en service de Linux ! Votre ordinateur affiche à présent une mire de connexion graphique ; vous pouvez passer au chapitre suivant pour continuer.

Chapitre 4

Démarrage et arrêt de Linux

Dans ce chapitre :

- Que se passe-t-il lorsque vous mettez en route votre machine Linux ?
- Identification et résolution de problèmes de démarrage.
- Arrêt du système en toute sécurité.

Vous pouvez rencontrer toutes sortes de problèmes lors du démarrage, et l'identification du coupable est souvent essentielle pour trouver une solution. Lorsque vous recherchez une solution à la source d'une erreur de démarrage, c'est un peu comme si vous résolviez un crime. La découverte du premier indice, même si ceux-ci sont nombreux, a toujours conduit Sherlock Holmes à une solution élémentaire.

Démarrage de Linux

Placez-vous devant votre ordinateur et mettez-le sous tension ; les barrières s'ouvrent, les électrons commencent à traverser la carte mère et le test des premiers éléments débute. Cette vérification du matériel précède le moment où le phosphore est activé sur l'écran pour vous inviter à vous connecter. Si vous écoutez et observez votre machine, vous percevrez les signes du processus de démarrage : bips, bourdonnements, mises en route de moteurs, déclics, messages affichés sur l'écran et lumières clignotantes. Dans cette section, nous allons identifier chaque étape du processus de démarrage.

Étape 1 : Power-On Self Test (POST)

Le POST (autotest à "l'allumage") n'est pas lié au système d'exploitation, il débute dès la mise sous tension du système. Il s'agit d'un programme intégré qui prend en charge les tâches suivantes :

- Vérification fonctionnelle des éléments qui composent l'ordinateur.
- Comptage et vérification de la mémoire RAM.
- Recherche de conflits éventuels entre les ressources.
- Exécution du test de base pour vérifier si chaque composant du système fonctionne correctement ; l'ensemble des règles qui régissent la manière de communiquer de ces composants constituent le BIOS (*Basic Input/Output System*, système d'entrée-sortie de base).

Voici quelques symptômes d'un POST défaillant :

- Une série de bips longs et courts est émise.
- L'écran n'affiche rien.
- Il n'y a aucune activité apparente, à part celle des ventilateurs et de l'alimentation.
- Un nuage de fumée et/ou une odeur de composant électronique brûlé se dégage du boîtier de votre ordinateur.
- Un message d'erreur affiché sur l'écran indique une défaillance matérielle.

Si vous rencontrez un de ces problèmes, vous ne pourrez pas continuer tant qu'il n'aura pas été résolu. Si votre ordinateur fonctionnait correctement avant l'installation de Linux, il n'y a aucune raison pour qu'il soit défaillant maintenant.

Étape 2 : Le BIOS passe le relais au chargeur de démarrage

Lorsque le BIOS a terminé ses tests et que le POST a réussi, l'ordinateur consulte le MBR (ou *Master Boot Record*) situé sur le premier secteur du premier disque dur ; il y recueille les instructions relatives au démarrage du système d'exploitation. Le chargeur de démarrage a pour rôle de vous aider à démarrer un système d'exploitation.

Deux chargeurs de démarrage sont à votre disposition, LILO (*LInux LOader*) et GRUB (*GRand Unified Bootloader*). LILO est le chargeur des débuts de Linux. GRUB est un produit récent et beaucoup plus sophistiqué. La plupart des distributions de Linux vous permettent de choisir l'un ou l'autre.

Nous vous recommandons d'opter pour GRUB à chaque fois que vous aurez le choix lors de l'installation de Linux. La raison est simple : préféreriez-vous une voiture avec un démarreur à manivelle plutôt qu'une voiture moderne équipée d'un démarreur électrique ? Dans les deux cas, vous pourrez démarrer votre voiture, mais une manière est plus confortable que l'autre ! GRUB sera abordé un peu plus tard ; pour l'instant, nous allons continuer de détailler la procédure de démarrage.

Un message qui indique que le système d'exploitation est introuvable est un des symptômes de chargeur disparu ou défectueux. Vous devrez alors le réinstaller dans le MBR du premier disque ; la procédure est détaillée un peu plus loin dans ce chapitre. Un tel message peut aussi apparaître si la géométrie du disque a changé dans le BIOS depuis l'installation du système d'exploitation ; il ne peut pas alors trouver le premier secteur du premier disque.

Étape 3 : Le chargeur de démarrage (GRUB ou LILO) charge le noyau système en mémoire

Un chargeur de démarrage est un programme qui sait comment charger le noyau dans la mémoire. Le noyau est au cœur de tout système d'exploitation, il communique directement avec le matériel ; par exemple, lorsque vous décidez d'enregistrer un document de votre logiciel de traitement de texte, le logiciel transmet sa requête au noyau qui se charge d'exécuter la sauvegarde sur le disque. Le noyau agit comme un chef d'orchestre vis-à-vis de tous les composants de votre ordinateur en déléguant des ressources d'une façon logique et coopérative.

Voici quelques symptômes d'un noyau absent ou défectueux :

- Le chargeur de démarrage accède au système d'exploitation et l'ordinateur se bloque.
- Une succession de points est affichée sur l'écran et le système se bloque.
- Quelques messages sont affichés sur l'écran puis kernel panic apparaît.
- L'ordinateur reboote dès que le noyau commence à être chargé.

Au cours du chargement du noyau, des messages défilent sur l'écran ; Linux est confronté à votre matériel et les symptômes pouvant aboutir à une erreur de chargement sont nombreux. La combinaison des éléments constituant un ordinateur est quasiment infinie et il peut arriver que certains éléments, trop anciens ou trop récents, soient incompatibles, parce que le noyau ne les supporte pas.

Pour remédier à un noyau apparemment absent, vous pouvez indiquer au chargeur l'endroit où il se trouve. Cela est assez simple avec GRUB mais avec LILO, vous devez faire appel à une disquette de secours et certaines manipulations sont indispensables. Cette tâche dépasse l'objet de ce livre.

La configuration du chargeur de démarrage constitue l'une des étapes principales de l'installation de Linux sur votre ordinateur. Si votre installation est réussie, vous n'aurez jamais à intervenir sur le chargeur ; il s'acquittera consciencieusement et en silence de sa tâche, à chaque fois que vous mettrez votre machine en marche. Cependant, certaines situations exigent que vous interveniez sur le chargeur de démarrage ; par exemple, pour démarrer Linux dans un mode différent, ou bien pour mettre en service un élément matériel qui vient d'être installé.

La manière d'accéder au chargeur de démarrage dépend de votre distribution de Linux. Typiquement, le texte affiché sur l'écran vous indique comment faire ; si vous utilisez GRUB, tapez sur la touche A pour passer en mode interactif.

TRUC

Le manuel de GRUB est disponible en ligne à l'adresse `http://www.gnu.org/software/grub/manual` pour la dernière version ou bien `http://www.linux-france.org/article/sys/chargeurs/ix86/grub/grub-manual-fr.html` (Figure 4.1) pour une version française moins récente.

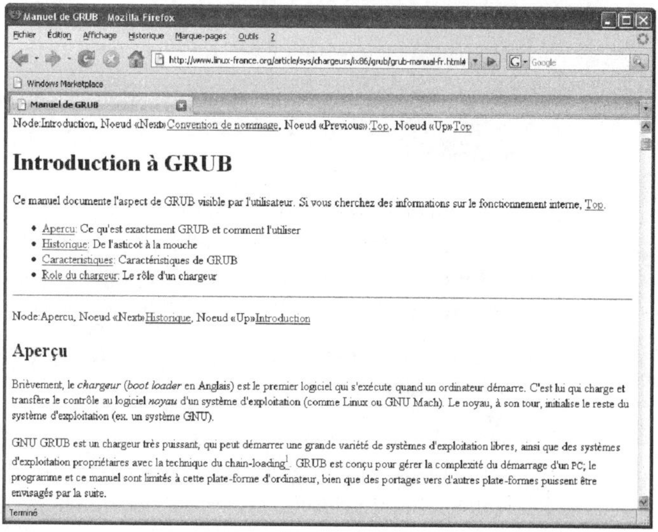

Figure 4.1 : Le manuel de GRUB en ligne.

Étape 4 : Le programme init prend la main

Jusqu'à présent, seuls les éléments qui travaillent en coulisses ont été chargés. À présent, un programme appelé init, qui est l'ancêtre commun de tout programme exécuté sur le système, est démarré ; il a en charge le démarrage de tous les services. Au cours de son exécution, l'écran affiche l'état des processus, `[ OK ]` s'il est démarré correctement ou `[ÉCHOUÉ]` s'il n'est pas démarré. En général, si le démarrage d'un service échoue, cela ne vous empêche pas de vous logger ; ce problème peut être dû à une erreur de configuration ou à un élément matériel qui n'est pas supporté.

Résolution des problèmes de démarrage

Le disque de démarrage de secours que vous créez pour votre système et le disque de secours sont subtilement différents : un disque de démarrage exige toujours d'avoir accès à votre installation Linux sur le disque dur, tandis que le disque de secours n'en a pas besoin.

Le DVD (ou le CD 1) de la distribution Fedora est aussi un disque de secours. Pour accéder au mode de secours, procédez comme suit :

1. **Dès que le système a booté sur le disque, sélectionnez Rescue installed system et tapez la touche Entrée.**
2. **Choisissez la langue, French, et cliquez sur le bouton OK.**
3. **Sélectionnez le type de clavier, fr-latin9, puis cliquez sur Valider.**

   Le système de secours démarre !
4. **Si vous envisagez de télécharger des fichiers, démarrez les interfaces réseau comme le système le propose (Figure 4.2).**

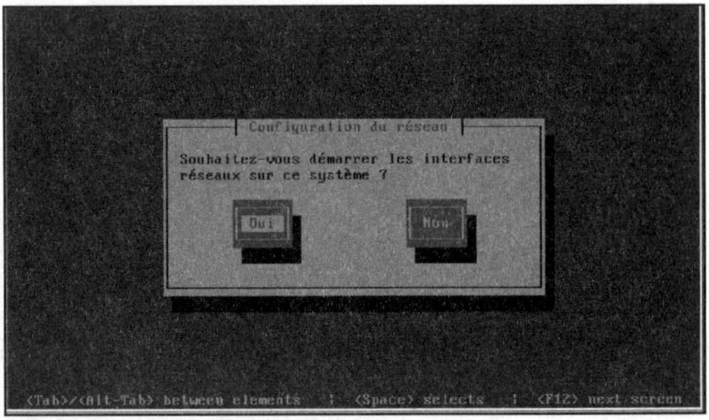

Figure 4.2 : Démarrage des interfaces réseau.

5. **L'écran Dépannage propose trois options comme le montre la Figure 4.3 :**

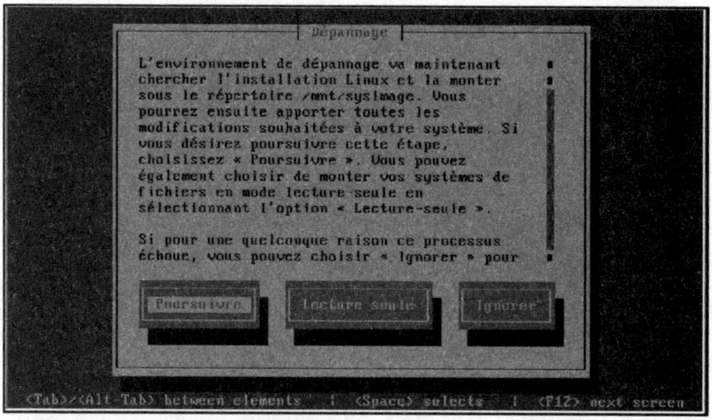

Figure 4.3 : L'écran Dépannage.

Poursuivre : L'environnement de secours recherche pour vous l'installation de Linux et la monte dans le répertoire `/mnt/sysimage`.

Lecture seule : L'environnement de secours installe Linux, comme dans l'option précédente, mais en lecture seule.

Ignorer : L'étape d'installation est ignorée et un shell est ouvert automatiquement.

Nous supposons pour cet exemple que l'option Poursuivre a été sélectionnée.

6. **L'écran suivant indique que le système a été monté et que l'ordinateur redémarrera automatiquement quand la session sera terminée.**

L'interface de secours démarre une session en mode ligne de commande ; si vous ne connaissez pas encore ce mode, consultez l'Annexe A pour connaître les commandes qui sont à votre disposition.

TRUC

Si vous avez des problèmes avec le chargeur de démarrage, consultez le fichier de configuration de GRUB, `/etc/grub.conf`. Souvenez-vous que le manuel de GRUB est disponible en ligne à l'adresse `http://www.gnu.org/software/grub/manual/`.

Mon système ne démarre jamais correctement !

Si vous venez d'installer Linux et que votre système ne démarre pas correctement, nous vous suggérons de recommencer l'installation. Si vous avez choisi GRUB la première fois, remplacez-le par LILO cette fois-ci. Si cela ne fonctionne toujours pas, essayez de démarrer à partir de la disquette qui a été créée lors de l'installation. Il est possible que les disques durs de votre ordinateur soient mal configurés (c'est un problème fréquent si vous avez ajouté vous-même un second disque). Si cela ne fonctionne toujours pas, il est possible que vous ayez des problèmes d'incompatibilité ou de configuration matérielle ; hélas, ce sujet dépasse l'objet de ce livre ! Dans ce cas, nous vous recommandons de trouver un collègue ou ami qui maîtrise le matériel PC et qui puisse vous aider à diagnostiquer la défaillance ; vous pouvez aussi consulter un groupe d'utilisateurs local de Linux.

Je jurerais que j'ai vu un message d'erreur lors du démarrage !

Des problèmes de démarrage surgissent parfois pendant que le noyau initialise le système. Des lignes d'information défilent rapidement sur l'écran durant la phase de démarrage, ce qui rend particulièrement difficile la lecture des messages d'erreur (particulièrement si votre machine est rapide). Heureusement, la plupart des distributions de Linux journalisent ces messages dans un fichier texte appelé *fichier de log*. Le Tableau 4.1 énumère pour les distributions les plus importantes les fichiers de journalisation et l'endroit où ils sont stockés.

TRUC

Entrez **dmesg** à partir de l'invite de commandes et appuyez sur Entrée pour visualiser le tampon des messages du noyau. Si l'affichage défile trop rapidement et qu'il dépasse la taille de la fenêtre du terminal, entrez **dmesg | less**, l'activation de la barre d'espacement déroule l'affichage écran par écran (cette commande est en fait la concaténation de deux commandes). L'instruction `dmesg` est la commande elle-même ; l'instruction `less` est une autre commande qui affiche les messages un

Tableau 4.1 : Localisation des fichiers de journalisation en fonction de la distribution.

Distribution	Fichiers de journalisation
Mandriva Linux	`/var/log/boot.log`, `/var/log/dmesg`, `/var/log/messages`
Fedora	`/var/log/boot.log`, `/var/log/dmesg`, `/var/log/messages`
SuSE	`/var/log/boot.msg`, `/var/log/messages`

écran à la fois ; la barre verticale (|) qui réunit ces commandes s'appelle un *pipe*, elle redirige la sortie d'une commande vers l'entrée d'une autre.

Ne vous contentez surtout pas de mettre votre machine hors tension !

Un ordinateur sous Linux n'a pas besoin d'être arrêté lorsque vous ne l'utilisez pas, il suffit de mettre fin à votre session et d'éteindre l'écran. Pour la prochaine utilisation, il suffira de rallumer l'écran et d'ouvrir une nouvelle session, plutôt que de passer par le laborieux processus de démarrage.

Cependant, il est probable que, pour diverses raisons, vous souhaitiez arrêter votre machine Linux, par exemple pour ajouter un nouveau matériel, en raison d'un arrêt électrique, dans le cas d'une interruption d'utilisation assez longue, etc. Pour cela, il est important que l'arrêt soit réalisé d'une certaine manière.

Voici les principales méthodes pour arrêter Linux correctement :

- Cliquer, à partir du menu Système, sur la commande Éteindre.
- Entrer la commande `su -c halt` à partir de l'invite de commandes (#) d'une fenêtre Terminal ; Linux se ferme et vous indique quand vous pouvez éteindre la machine.

- La commande `reboot` arrête Linux puis redémarre immédiatement le système. Avec cette commande, vous devez éteindre l'ordinateur avant qu'il redémarre !
- La commande `shutdown -r now` est la méthode traditionnellement utilisée. Vous pouvez spécifier un message qui indique aux utilisateurs que la machine va être arrêtée et leur préciser dans combien de temps. La commande `poweroff` est un alias de la commande `halt`.

Chapitre 5

Entrer dans Linux

Dans ce chapitre :

- Les différents visages de Linux.
- Quand utiliser et quand éviter le compte root.
- Mise en service de l'impression.
- Outils de configuration à la carte.

Avant que nous abordions les finesses de la configuration de Linux, nous vous présenterons les différentes interfaces de Linux. Quelle que soit la configuration de Linux que vous aurez choisie ou qui vous aura été imposée par certaines applications, vous constaterez que le "look" ne modifie en rien ses fonctionnalités. Ensuite, vous découvrirez les comptes d'utilisateurs et le compte root ; vous saurez pourquoi il est important de créer un compte utilisateur pour vous-même et pour les autres utilisateurs de votre système Linux.

Les interfaces

Linux possède deux types d'interface : l'interface ligne de commande et l'interface utilisateur graphique (GUI, *Graphical User Interface*). Si vous êtes habitué à d'autres systèmes d'exploitation, tels que Windows ou Macintosh, vous savez ce qu'est une interface graphique. La plupart des distributions de Linux incluent différentes versions de GUI que vous pouvez configurer suivant vos souhaits.

Les deux interfaces graphiques de Linux les plus importantes sont GNOME et KDE. Puisque la distribution Fedora 9 est installée par défaut avec l'interface GNOME, c'est elle qui sera présentée la première, suivie de l'interface KDE. Ensuite, vous n'aurez plus qu'à travailler avec celle que vous préférez.

L'interface ligne de commande

L'interface ligne de commande de Linux propose une manière rapide pour écrire des commandes et exécuter des actions. Même si vous êtes un adepte inconditionnel de l'interface graphique, vous trouverez des avantages à l'interface ligne de commande. Cette dernière est, par exemple, beaucoup plus rapide pour accomplir certaines tâches. Cependant, si vous préférez travailler sous un environnement graphique, vous pourrez facilement ouvrir une *fenêtre Terminal*, qui est une fenêtre ligne de commande, et y saisir directement des commandes.

Lors de l'installation de Linux, vous avez eu le choix entre une ouverture de session graphique et une ouverture de session en mode texte. L'ouverture de session en mode texte présente un fond d'écran noir, quelques lignes de texte spécifiques à la distribution, le nom de votre machine suivi du mot "login:" et un curseur clignotant. Pour ouvrir une session Linux, procédez comme suit :

1. **Entrez votre nom d'utilisateur et tapez sur la touche Entrée.**

   Le système répond en vous invitant à entrer votre mot de passe.

2. **Indiquez votre mot de passe et tapez sur la touche Entrée afin de valider votre saisie.**

Pour des raisons de sécurité, le mot de passe n'est pas affiché sur l'écran ; si le nom d'utilisateur et le mot de passe sont corrects, votre session Linux démarre ; vous accédez à votre répertoire et une invite de commandes est affichée.

La plupart des distributions de Linux proposent une interface ligne de commande très flexible, qui permet de corriger le texte saisi avec les touches de déplacement du curseur, Retour arrière et Suppr. Contrairement aux systèmes d'exploitation comme Windows, Linux fait la différence entre les majuscules et les minuscules. L'interface ligne de commande met à votre disposition un dispositif de saisie semi-automatique pour les commandes ; il suffit d'entrer les premiers caractères de la commande et de taper sur la touche Tab pour que la commande soit complétée automatiquement. Si un bip est émis lorsque vous activez la touche Tab, cela signifie que plusieurs commandes commencent par les caractères que vous avez saisis. Pour voir la liste de ces commandes, tapez à nouveau sur la touche Tab. Pour que la commande soit complétée automatiquement, entrez encore quelques caractères et tapez sur la touche Tab.

TRUC

Pour que la saisie semi-automatique soit efficace, il suffit d'entrer suffisamment de caractères pour que la commande soit unique, puis de taper sur la touche Tab.

La plupart des distributions de Linux conservent également un historique des commandes récentes. Pour accéder à cette liste, appuyez sur la touche Flèche vers le haut. Lorsque vous maintenez cette touche enfoncée, les commandes défilent une par une suivant l'ordre chronologique inverse. Si vous vous êtes déplacé trop loin dans l'historique, utilisez la touche Flèche vers le bas pour revenir en arrière. Dès que vous avez retrouvé la commande qui vous intéresse, tapez sur la touche Entrée pour l'exécuter.

L'essentiel de GNOME

GNOME (voir la Figure 5.1) est l'acronyme de *GNU Network Object Model Environment* ; c'est un environnement de bureau complet qui vous offre dans un seul paquetage tout ce dont vous avez besoin pour l'environnement graphique. Si vous êtes un habitué de Windows ou de Mac OS, ce sujet vous semble certainement bizarre car il en est ainsi avec ces systèmes d'exploitation, mais il en va autrement sous Linux !

TRUC

Pour en savoir plus au sujet de GNOME, consultez le site GNOME à l'adresse `http://www.gnome.org`.

La plupart des utilisateurs considèrent que l'utilisation de l'interface GNOME est très intuitive ; cependant, nous allons

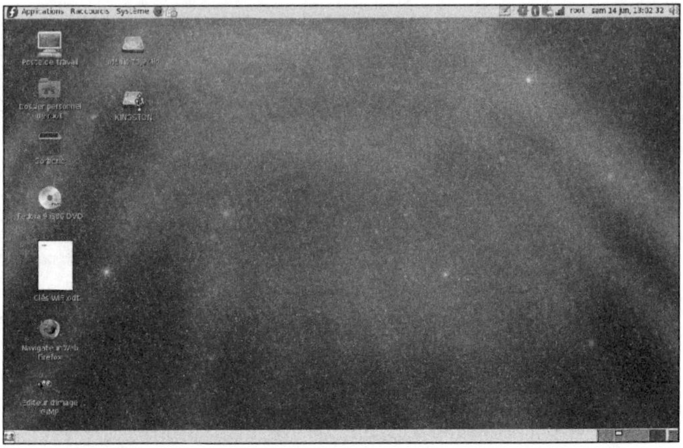

Figure 5.1 : Le Bureau GNOME de la distribution Fedora 9.

découvrir ensemble les menus et voir ce que propose cet environnement. Les commandes et outils disponibles dans les menus dépendent de la distribution, de la version et du type d'installation que vous avez choisis ; il se peut donc qu'il y ait des petites différences entre ce que vous voyez sur votre écran et ce que nous décrivons.

L'environnement de bureau GNOME est essentiellement composé de trois parties :

- Les menus.
- Les tableaux de bord en haut et en bas de l'écran.
- Les icônes disposées sur le fond, dans la partie gauche de l'écran.

Les menus

Les menus Applications sont accessibles à partir de la première icône située dans l'angle supérieur gauche de l'écran ; la Figure 5.2 montre les menus proposés lorsqu'elle est cliquée. Immédiatement à droite se trouve l'icône du menu Raccourcis suivie de l'icône du menu Système ; les Figures 5.3 et 5.4 montrent les menus qui apparaissent lorsque ces icônes sont activées. Les Tableaux 5.1, 5.2 et 5.3 décrivent les différents menus.

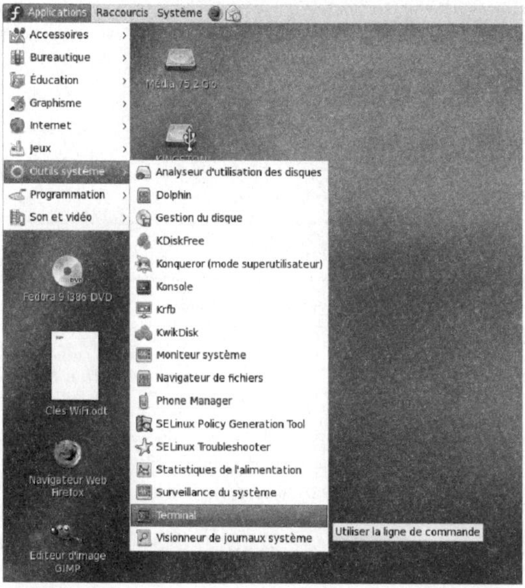

Figure 5.2 : Le menu Applications de GNOME.

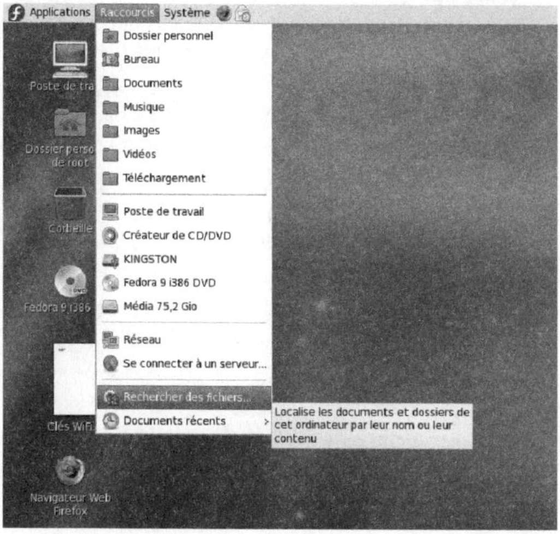

Figure 5.3 : Le menu Raccourcis de GNOME.

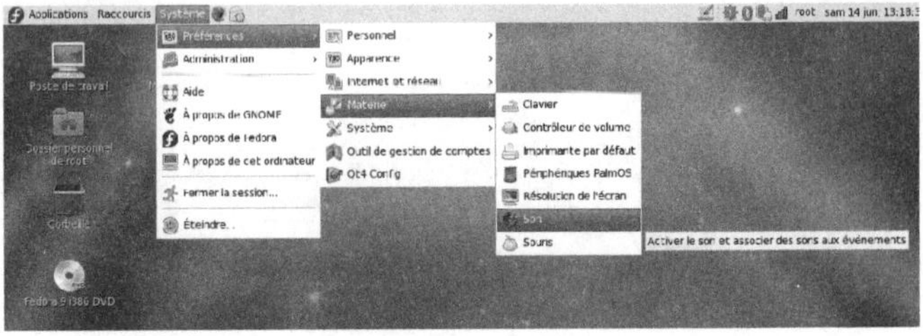

Figure 5.4 : Le menu Système de GNOME.

Tableau 5.1 : Menu Applications de GNOME.

Menu	Fonctions, commandes et outils
Accessoires	Petits programmes GNOME et X : Calculatrice, Capture d'écran, Dictionnaire, Éditeur de texte, Gestionnaire d'archives, divers programmes KDE (Kandy, KArm, KGpg, KHexEdit, etc.), Table de caractères, etc.
Bureautique	Assistant KDE de travail collaboratif, Carnet d'adresses, Gestionnaire de projets, KMail, KOrganizer, Messagerie et calendrier d'Evolution, OpenOffice.org Calc, OpenOffice.org Draw, OpenOffice.org Impress, OpenOffice.org Writer, Scribus, etc.
Éducation	Blinken, KAlgebra, Kalzium, KGeography, Kiten, etc.
Graphisme	digiKam, divers programmes graphiques qui incluent GIMP, de nombreux programmes KDE (KColorChooser, KolorPaint, KRuler, etc.), Scanner Tool, showFoto, Visionneur d'images gThumb, etc.
Internet	Différents outils Internet tels que Akregator, KFTPGrabber, Konqueror, KTorrent, Messagerie internet Pidgin, Navigateur Web Firefox, Transmission, VNC Viewer, etc.
Jeux	Une collection importante de jeux : Blackjack, jeu d'échecs, Mahjongg, Sudoku, Tetravex, etc.
Outils système	De nombreux outils pour contrôler, surveiller et mettre à jour votre système, tels que l'Analyseur d'utilisation des disques, Moniteur système, Navigateur de fichiers, Phone Manager, Terminal, etc.
Programmation	JavaPlolicy Tool.
Son et vidéo	Programmes de gestion du matériel multimédia de votre ordinateur : Amarok, Enregistreur de sons, Lecteur vidéo, etc.

Tableau 5.2 : Menu Raccourcis de GNOME.

Menu	Fonctions, commandes et outils
Dossier Personnel	Affichage du dossier personnel dans le gestionnaire de fichiers Nautilus.
Bureau	Ouverture du Bureau comme un dossier.
Documents	Accès au dossier Documents de l'utilisateur en cours.
Musique	Accès au dossier Musique de l'utilisateur en cours.
Images	Accès au dossier Images de l'utilisateur en cours.
Vidéos	Accès au dossier Vidéos de l'utilisateur en cours.
Téléchargement	Accès au dossier Téléchargement de l'utilisateur en cours.
Poste de travail	Affiche les espaces de stockage du Bureau.
Créateur de CD/DVD	Accès à un dossier destiné à recevoir des CD ou des DVD à graver.
Réseau	Parcours des emplacements mis en signets et du réseau local.
Se connecter à un serveur	Connexion à un serveur distant.
Rechercher des fichiers	Accès à la fenêtre Rechercher des fichiers pour rechercher un fichier dans le système de fichiers.
Documents récents	La liste des derniers fichiers ouverts par le gestionnaire de fichiers.

Tableau 5.3 : Menu Système de GNOME.

Menu	Fonctions, commandes et outils
Préférences	Accès aux nombreux programmes de configuration de l'interface graphique GNOME.
Administration	De nombreux outils pour consulter et réaliser la configuration du système, tels que l'affichage, l'authentification, la connexion, l'impression, le réseau et les paquetages.
Aide	Accès au navigateur d'aide contenant la documentation électronique incluse dans la distribution de Linux.
À propos de GNOME	Informations relatives à GNOME.

Menu	Fonctions, commandes et outils
À propos de Fedora	Informations relatives à Fedora.
Verrouiller l'écran	C'est le moyen de bloquer votre machine de telle sorte que personne ne puisse y accéder sans entrer votre mot de passe ; elle n'est pas accessible sous le compte root. Le verrouillage de la session est utilisé lorsque vous devez vous éloigner de votre machine pendant un temps assez court et que vous ne souhaitez pas mettre fin à la session en cours.
Fermer la session	À partir de ce menu, vous pouvez terminer la session en cours.
Éteindre	À partir de ce menu, vous pouvez mettre le système en hibernation (il est arrêté et lorsque vous le redémarrez, vous retrouvez votre session en cours), redémarrer l'ordinateur ou arrêter l'ordinateur (les deux dernières possibilités nécessitent d'être loggées sous le compte root ou d'entrer le mot de passe root).

La commande Verrouiller l'écran

Si la session en cours n'a pas été ouverte sous le compte root, la commande Verrouiller l'écran occulte l'écran et démarre l'économiseur d'écran. Lorsque la souris est déplacée ou une touche du clavier activée, une zone de dialogue apparaît avec votre nom d'utilisateur et vous invite à entrer votre mot de passe pour accéder à la session. Si la session a été ouverte en tant qu'utilisateur root, la commande Verrouiller l'écran n'est pas disponible.

Remarquez que nous avons dit *session graphique* et non *machine*. Les utilisateurs qui savent "éviter" GNOME peuvent basculer vers un autre terminal virtuel et se connecter ; il ne faut donc pas croire que cet outil protège efficacement votre machine.

La commande Éteindre

La commande Éteindre affiche une boîte de dialogue avec le message *Voulez-vous éteindre le système maintenant ?* Vous avez le choix entre cinq actions comme le montre la Figure 5.5.

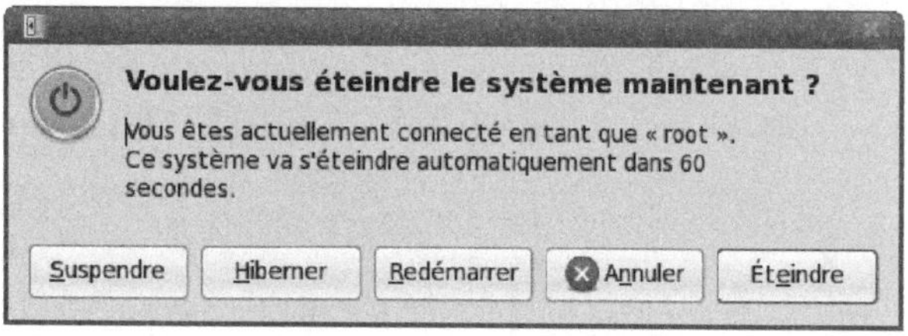

Figure 5.5 : La boîte de dialogue de la commande Éteindre.

Si vous souhaitez arrêter le système, cliquez le bouton Éteindre, si vous voulez redémarrer le système, cliquez le bouton Redémarrer, si vous préférez annuler l'action en cours, cliquez le bouton Annuler.

Les tableaux de bord

Dans les parties supérieure et inférieure du Bureau GNOME se trouvent deux bandeaux horizontaux avec des icônes : les tableaux de bord ; ils sont divisés en sections et comportent plusieurs icônes que nous allons détailler de gauche à droite. À l'extrême gauche du tableau de bord supérieur se trouvent les icônes des menus Applications et Raccourcis que nous venons d'étudier (voir les Figures 5.2 et 5.3). Ensuite, on trouve l'ensemble standard des outils de GNOME, également accessibles à partir du menu GNOME ; le tableau de bord permet de les trouver plus rapidement.

- **Mozilla Firefox** : L'icône mappemonde avec la souris démarre le navigateur Mozilla Firefox.
- **Messagerie et calendrier d'Evolution** : L'icône enveloppe avec un timbre lance le logiciel de courrier électronique Evolution et calendrier.

Dans le tableau de bord inférieur, se trouvent les éléments suivants :

- **Le bouton d'affichage du Bureau** : Son activation permet de cacher toutes les fenêtres en cours et d'afficher le Bureau.
- **Les applications en cours d'exécution** : Dans le segment suivant, vers la droite, se trouve une zone d'état dans

laquelle apparaissent les tâches en cours, comme le montre la Figure 5.6. À chacun des programmes correspond un bouton qui le décrit brièvement.

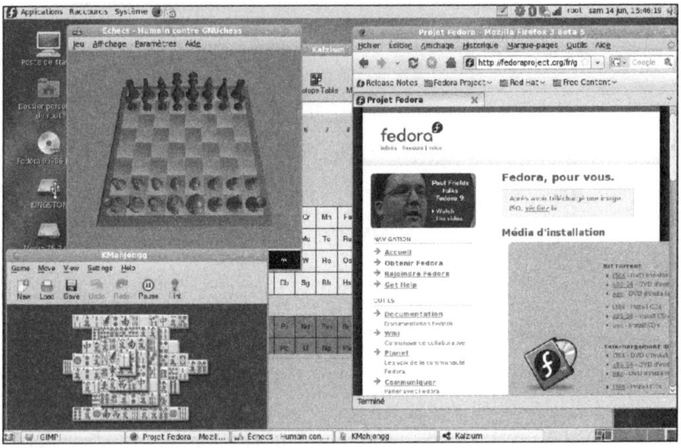

Figure 5.6 : Quelques applications ouvertes et les tableaux de bord de GNOME.

- **L'applet Sélecteur d'espace de travail** : Cette applet permet de se déplacer dans un des quatre environnements de bureau différents. Chaque environnement de bureau a les mêmes menus, tableau de bord et fond d'écran, mais il est possible de les modifier. Il s'agit d'une manière simple pour conserver une certaine organisation, tout en travaillant dans des programmes multiples.

L'état d'un programme peut être modifié de trois manières différentes :

- Le texte ombré dans un bouton d'état, de sorte qu'il soit plus difficile à voir que les autres, indique que le programme est réduit au minimum. Pour ouvrir sa fenêtre, cliquez sur le bouton.
- Si le texte du bouton d'état n'est pas ombragé, mais si la fenêtre du programme est cachée par une autre fenêtre, cliquez sur le bouton d'état pour que la fenêtre soit affichée au premier plan.

- Le texte du bouton d'état de la fenêtre active n'est pas ombré ; pour la réduire au minimum, double-cliquez sur son bouton.

Le menu du tableau de bord

Le tableau de bord est totalement paramétrable, vous pouvez changer son apparence, ajouter ou supprimer des applets, et les disposer à votre convenance. Pour ouvrir le menu du tableau de bord, cliquez avec le bouton droit dans n'importe quel espace libre ; le Tableau 5.4 présente les options disponibles.

Tableau 5.4 : Menu du tableau de bord de GNOME.

Menu	**Fonctions**
Ajouter au tableau de bord	Ce sont les applets, menus et autres objets que vous pouvez ajouter au tableau de bord.
Propriétés	Les options qui définissent les paramètres de ce tableau de bord.
Supprimer ce tableau de bord	Suppression d'un tableau de bord secondaire ; il n'est pas possible de supprimer le tableau de bord principal.
Nouveau tableau de bord	Création de nouveaux tableaux de bord qui seront disposés à différents endroits de l'écran.
Aide	Le navigateur d'aide GNOME.
À propos des tableaux de bord	Une boîte de dialogue avec quelques informations relatives aux tableaux de bord.

Le menu Ajouter au tableau de bord

Le menu des applets disponibles pour les tableaux de bord supérieur et inférieur est accessible à partir du sous-menu Ajouter au tableau de bord. La Figure 5.7 montre la boîte de dialogue Ajouter au tableau de bord (Ajouter à Top Panel ou Ajouter à Bottom Panel) et le Tableau 5.5 décrit les principales petites merveilles que vous pouvez ajouter aux tableaux de bord.

Figure 5.7 : La boîte de dialogue Ajouter au tableau de bord.

Tableau 5.5 : Les types d'objets du menu Ajouter au tableau de bord de GNOME.

Groupe d'objets	Fonctions, commandes et outils
Lanceur d'application personnalisé	Un dispositif qui permet de créer un raccourci vers une application.
Lanceur d'application depuis le menu	Une option qui permet de créer un raccourci vers une application dans le menu Applications.
Afficher le bureau	Masque les fenêtres d'application et affiche le bureau.
Applet de luminosité	Ajuste la luminosité des écrans de portables.
Contrôleur de volume	Ajuste le volume sonore.
Horloge	Affiche la date et l'heure actuelles.
Lancer une application	Ouvre la boîte de dialogue de la Figure 5.8 ; il suffit d'entrer le nom du programme dans la zone de dialogue ou de la choisir à partir de la liste des applications connues, puis de cliquer sur le bouton Lancer.
Menu principal	Active le menu principal de GNOME.
Moniteur réseau	Surveille l'activité réseau.

Groupe d'objets	Fonctions, commandes et outils
Rechercher des fichiers	Recherche des documents ou des dossiers sur le système.
Tiroir	Une prolongation au tableau de bord pour ajouter des icônes dans un menu déroulant.

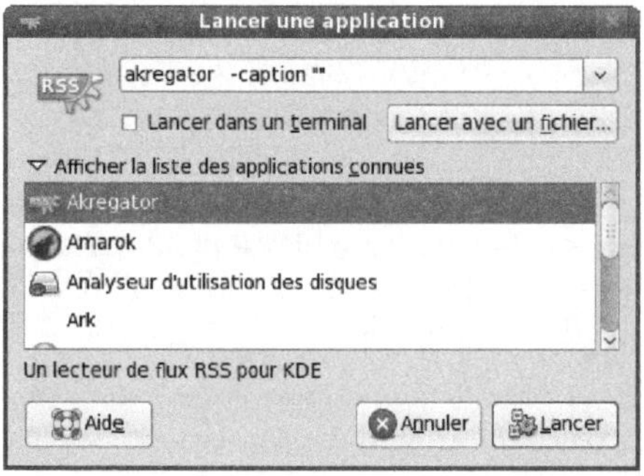

Figure 5.8 : L'outil Lancer une application.

Les icônes du Bureau

Ce qui apparaît sur le Bureau, l'écran principal de GNOME, peut varier énormément d'une distribution à l'autre. Dans le cas de Fedora 9, une rangée verticale d'icônes est alignée sur le côté gauche de l'écran. La première icône, Poste de travail (voir la Figure 5.9), est un raccourci qui ouvre le navigateur Nautilus à partir du répertoire de base de l'utilisateur. L'icône suivante, Dossier personnel de, ouvre elle aussi un navigateur Nautilus sur des commandes et menus de gestion du système à partir du répertoire personnel de l'utilisateur en cours. Enfin, la dernière icône, l'icône Corbeille, ouvre le fichier `~/.Trash`. Une Corbeille est une icône réconfortante et sécurisante pour ceux qui ont supprimé accidentellement des fichiers sous Linux et qui réalisent qu'ils ont commis une erreur !

TRUC

Faites glisser sur la Corbeille les fichiers dont vous voulez vous débarrasser. Plus tard, si vous voulez les supprimer définitivement, vous pourrez le faire de quatre manières différentes :

Figure 5.9 : La fenêtre Poste de travail.

- Ouvrez la Corbeille en double-cliquant sur son icône, puis supprimez son contenu en exécutant la commande Fichier/Vider la corbeille.
- Ouvrez la Corbeille en double-cliquant sur son icône, puis cliquez avec le bouton droit sur l'article (ou les articles) à supprimer, choisissez Supprimer de la corbeille dans le menu qui s'affiche et activez le bouton Supprimer dans la boîte de dialogue qui s'ouvre.
- Faites un clic droit sur la Corbeille et sélectionnez Vider la corbeille dans le menu qui se déroule.
- Pour supprimer des articles de la poubelle, vous pouvez aussi le faire manuellement à partir de `~/.Trash`.

L'essentiel de KDE

KDE, comme le montre la Figure 5.10, est l'environnement de bureau de K (*K Desktop Environment*). C'est le plus ancien des environnements dont nous parlons dans ce livre, pas le plus ancien GUI de Linux ! Il est très stable ; cependant, certaines personnes trouvent plus convivial de naviguer dans GNOME que dans KDE.

N'OUBLIEZ PAS

L'icône du menu principal est un "f" (comme Fedora) pour l'environnement GNOME et pour l'environnement KDE.

Figure 5.10 : L'environnement de bureau de K (KDE).

TRUC

Le site Web de KDE (Figure 5.11) se trouve à l'adresse `http://www.kde.org`, et la version française à l'adresse `http://fr.kde.org`.

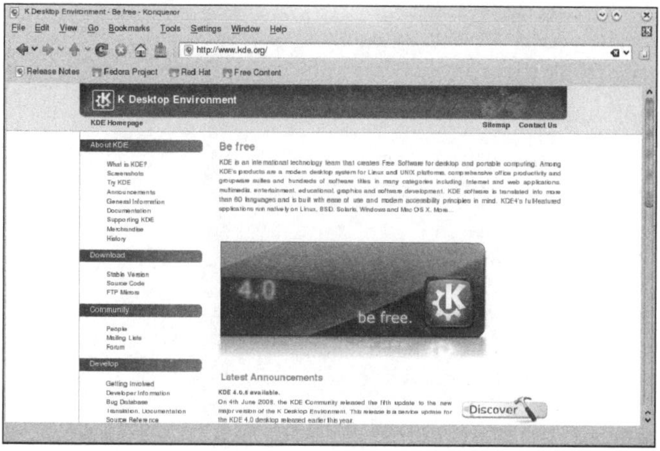

Figure 5.11 : Le site Web de KDE.

L'apparence de KDE

Comme vous le voyez sur la Figure 5.9, KDE a l'air assez familier, même s'il est configuré d'une autre manière que

GNOME. Cependant, la nuance entre les deux est vraiment minime. Vous retrouvez au centre du tableau de bord les quatre boutons d'état, numérotés de 1 à 4, qui représentent les écrans graphiques virtuels. La plupart des GUI sous Linux offrent la possibilité d'avoir des écrans multiples. Ils sont très utiles si votre Bureau est surchargé de fenêtres et si vous voulez encore ouvrir d'autres programmes, ou si vous ne voulez qu'une seule fenêtre sur votre Bureau. Ils vous permettent d'avoir plus d'un bureau ! Chaque bouton correspond à un écran de bureau supplémentaire et celui qui apparaît en surbrillance est celui en cours d'utilisation.

Les menus KDE

Les menus KDE sont accessibles à partir de l'icône menu principal matérialisée par une icône représentant un f (ou un grand K si votre distribution n'est pas Fedora), placée dans l'angle inférieur gauche. La Figure 5.12 montre les menus proposés lorsque vous avez cliqué sur l'icône menu principal.

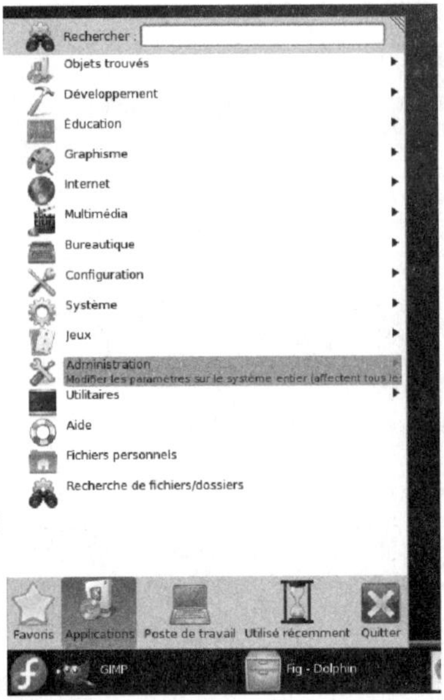

Figure 5.12 : Le menu principal KDE.

En général, KDE place beaucoup plus d'articles dans les menus ; le Tableau 5.6 présente les différents menus.

Tableau 5.6 : Menu principal KDE.

Menu	Fonctions, commandes et outils
Administration	Une collection d'applications destinées à gérer l'environnement matériel et logiciel.
Bureautique	Les applications de bureautique : traitement de texte, programme de dessin, et autres applications de bureautique.
Configuration	Des outils de configuration pour le tableau de bord, les imprimantes, la saisie, etc.
Graphisme	Divers programmes graphiques.
Internet	Navigateurs Web et autres applications Internet.
Jeux	Un assortiment de jeux en mode graphique et en mode texte.
Multimédia	Des applications relatives au lecteur de DVD/CD, le son, la musique, la vidéo, etc.
Système	Applications pour contrôler, surveiller et mettre à jour votre système Linux.
Utilitaires	De nombreux outils pour consulter et paramétrer la configuration du système, tels que l'affichage et les paquetages et des outils de configuration de l'environnement KDE.
Aide	Accès à l'aide en ligne et à la documentation KDE.
Centre de configuration KDE	Un ensemble de petites applications pour configurer le système Linux.
Dossier personnel	Accès au répertoire utilisateur en cours.
Recherche de fichiers/dossiers	Accès à la fenêtre Recherche de fichiers et de dossiers.
Exécuter une commande	Accès à la boîte de dialogue Exécuter une commande, à partir de laquelle vous pouvez exécuter un programme spécifique sans ouvrir une fenêtre Terminal.
Changer d'utilisateur	Verrouiller la session ou démarrer une nouvelle session.

Menu	Fonctions, commandes et outils
Verrouiller la session	Il s'agit du moyen de bloquer votre machine, de telle sorte que personne ne puisse y accéder sans entrer votre mot de passe.
Déconnexion	À partir de ce menu, vous pouvez terminer la session en cours, mettre l'ordinateur en mode veille, arrêter l'ordinateur ou le redémarrer (les deux dernières possibilités nécessitent d'être loggées sous le compte root ou d'entrer le mot de passe root).

Les grands et les petits comptes

Linux est un système d'exploitation multi-utilisateur, où chacun a son propre compte, permettant à plusieurs utilisateurs d'ouvrir simultanément une session. Même si vous êtes l'unique utilisateur de ce système, votre compte doit être différent de celui de root.

Évitez le compte root !

L'utilisateur root, appelé aussi *superutilisateur* ou tout simplement root, possède un accès à tout ce qui se trouve sur la machine. Quelle que soit la façon dont vous avez défini vos paramètres, vous ne devez pas utiliser le compte root en permanence. Ce dernier a, en effet, accès à toutes les commandes et à tous les matériels. Les débutants Linux sont souvent persuadés qu'ils peuvent se servir sans retenue du compte root en raison de son utilisation très commode.

Création de comptes utilisateurs

Linux Fedora 9 et la plupart des autres distributions modernes de Linux permettent de créer un ou plusieurs comptes utilisateurs, au cours du processus d'installation. Vous l'avez peut-être fait pendant l'installation. Vous pouvez aussi créer des comptes utilisateurs ultérieurement, à n'importe quel moment.

La voie du GUI

La plupart des distributions Linux incluent une application graphique pour la création et la gestion des comptes utilisateurs. Comme exemple, nous utiliserons le Gestionnaire d'utilisateurs GNOME, accessible à partir du menu Système, du sous-menu Administration et de la commande Utilisateurs et groupes. Si la session en cours n'a pas été ouverte sous le compte root, vous êtes invité à entrer le mot de passe root. Dès son ouverture, l'application affiche la liste des utilisateurs que vous avez déjà créée lors de l'installation de Linux. La Figure 5.13 montre l'application.

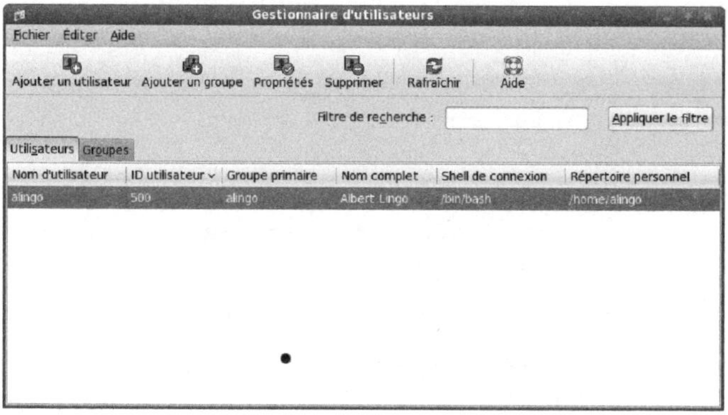

Figure 5.13 : La fenêtre du Gestionnaire d'utilisateurs.

Pour créer un nouvel utilisateur, procédez comme suit :

1. **Cliquez sur le bouton Ajouter un utilisateur.**

   La boîte de dialogue Créer un nouvel utilisateur s'ouvre, comme le montre la Figure 5.14.

2. **Entrez un nom pour le nouvel utilisateur dans le champ Nom d'utilisateur.**

   Les champs, tels que le Shell de connexion et le Répertoire personnel, sont complétés automatiquement ; vous pouvez ensuite spécifier le nom complet et le prénom.

3. **Dans le champ Mot de passe, entrez le mot de passe et confirmez en le saisissant de nouveau.**

Figure 5.14 : La boîte de dialogue Créer un nouvel utilisateur.

4. **Cliquez sur Valider pour fermer la fenêtre Créer un nouvel utilisateur et sur la case de fermeture dans l'angle supérieur droit pour fermer l'application.**

N'OUBLIEZ PAS

Sous Linux, les majuscules et les minuscules sont différenciées.

Si vous utilisez une distribution Mandriva Linux ou SuSE, consultez la section relative aux outils de configuration, à la fin de ce chapitre.

Sous toutes les distributions Linux, vous pouvez créer un nouvel utilisateur en mode commande en faisant appel à la commande `useradd` en étant loggé sous root. Même si chacune des distributions de Linux ne dispose pas des mêmes fonctionnalités `useradd`, toutes possèdent la commande. La version générique de `useradd` fonctionne d'une manière très simple :

1. **Connectez-vous sous root en entrant su – root.**

2. **Pour créer un compte, tapez useradd nom_utilisateur, où *nom_utilisateur* est le nom du nouveau compte.**

   Par exemple, si vous voulez créer un compte utilisateur appelé *test*, tapez **useradd test**.

La commande `adduser` fonctionne également avec la plupart des distributions.

Vous devez affecter un mot de passe à ce compte, sinon il vous sera impossible d'ouvrir une session !

1. **Tapez passwd nom_de_compte, où *nom_de_compte* est le nom du compte qui a besoin du nouveau mot de passe.**

   Par exemple, afin de créer un mot de passe pour un utilisateur appelé *test*, tapez **passwd test**. Le texte suivant apparaît sur l'écran :

   ```
   Changing password for user test.
   New password:
   ```

2. **Entrez le mot de passe de l'utilisateur.**

   S'il ne s'agit pas de l'un de vos propres comptes, vous pouvez utiliser une suite de chiffres et de lettres aléatoire, comme *5A2g1AG*, et demander ensuite à l'utilisateur de changer le mot de passe lors de sa première session.

   Un bon mot de passe consiste en :

   - Une combinaison de chiffres, de lettres et même de signes de ponctuation.
   - Des caractères majuscules et des caractères minuscules.
   - Aucun mot du dictionnaire.
   - Six caractères ou plus.
   - Pas de noms de familles ou de noms, de surnoms, de noms d'amis, d'anniversaires ou d'autres éléments vous concernant et qui pourraient facilement être devinés.

3. **Tapez sur la touche Entrée.**

   Si le mot de passe est trop trivial, vous verrez apparaître soit les deux lignes suivantes, soit seulement la dernière ligne :

```
BAD PASSWORD : it is based on a dictionary word
Retype new password:
```

En cas d'avertissement sur la nature du mot de passe, vous devez être vigilant ! Un mot de passe est la première ligne de défense contre les personnes malveillantes qui essaieront d'accéder à votre machine.

4. **Si seule la dernière ligne est affichée, retapez le mot de passe et tapez sur la touche Entrée.**

   Si les deux mots de passe sont identiques, le message suivant est affiché :

   ```
   passwd: all authentication tokens updated successfully.
   ```

   Si vous avez saisi deux fois le mot de passe et que vous avez fait des fautes de frappe, vous obtiendrez le message suivant :

   ```
   Sorry, passwords do not match.
   Enter new password:
   ```

   Essayez encore et encore, jusqu'à ce que vous arriviez au mot de passe correct ; lorsque vous aurez terminé, le nouveau compte utilisateur sera prêt à entrer en fonction !

5. **Tapez exit pour terminer la session root.**

L'impression

Dans cette section, nous présentons l'installation d'une imprimante avec un outil graphique.

1. **Pour accéder à l'outil Configuration de l'imprimante, accédez au Menu Système et activez la commande Administration/Impression.**

   L'outil apparaît, semblable à celui de la Figure 5.15. Si vous n'êtes pas connecté sous root, vous êtes invité à entrer le mot de passe de root.

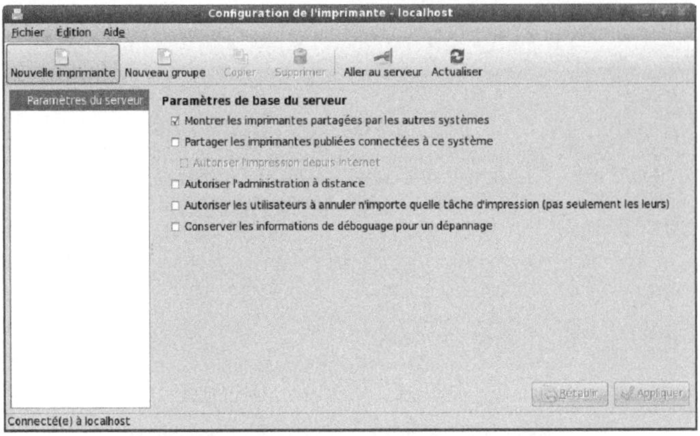

Figure 5.15 : La fenêtre Configuration de l'imprimante.

2. **Dans la partie supérieure gauche, cliquez sur l'icône Nouvelle imprimante.**

   La fenêtre Nouvelle imprimante est affichée.

3. **Dans la fenêtre Nouvelle imprimante sélectionnez le type de connexion (Figure 5.16).**

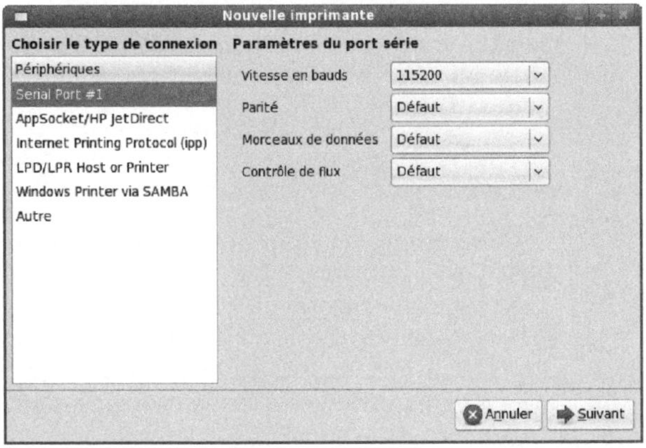

Figure 5.16 : La fenêtre Nouvelle imprimante, sélection du type de connexion.

Le type de connexion correspond à l'environnement auquel l'imprimante est reliée ; si l'imprimante est directement connectée à votre ordinateur avec un câble série, choisissez Serial Port, si elle est connectée à un autre ordinateur ou au réseau, sélectionnez le type correspondant.

4. **Validez votre choix en cliquant sur le bouton Suivant.**

   La fenêtre de sélection du modèle d'imprimante s'affiche, comme le montre la Figure 5.17.

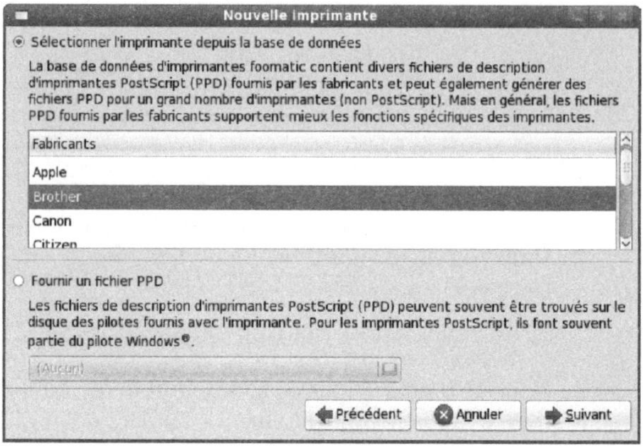

Figure 5.17 : La fenêtre de sélection du modèle d'imprimante.

5. **Sélectionnez le constructeur, choisissez le modèle de votre imprimante et son pilote, puis cliquez sur le bouton Suivant.**

   La fenêtre de création de la nouvelle imprimante est affichée.

   ATTENTION !

   Cette sélection, de marque et de modèle, est très importante parce que Linux installe un pilote d'impression spécifique qui correspond à l'information indiquée. Si la sélection est erronée, le pilote ne sera pas adapté et il sera impossible d'imprimer. Les *pilotes d'impression*, ou *drivers d'impression*, sont de petits logiciels qui fournissent le format de données et adaptent les données à l'imprimante.

6. **Dans la fenêtre qui apparaît, indiquez le nom de l'imprimante, sa description et son emplacement (voir la Figure 5.18). Si vous utilisez plusieurs imprimantes,**

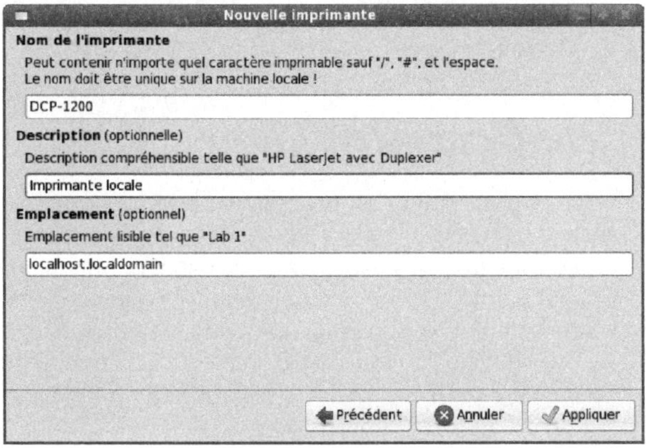

Figure 5.18 : Le nom, la description et l'emplacement de la nouvelle imprimante.

ajoutez un commentaire dans le champ Description, puis cliquez sur le bouton Suivant.

7. **Cliquez sur Appliquer pour mettre fin à l'installation.**

   Dans la boîte de dialogue Configuration de l'imprimante, cliquez sur le nom de l'imprimante que vous venez de créer pour voir ses caractéristiques (voir la Figure 5.19).

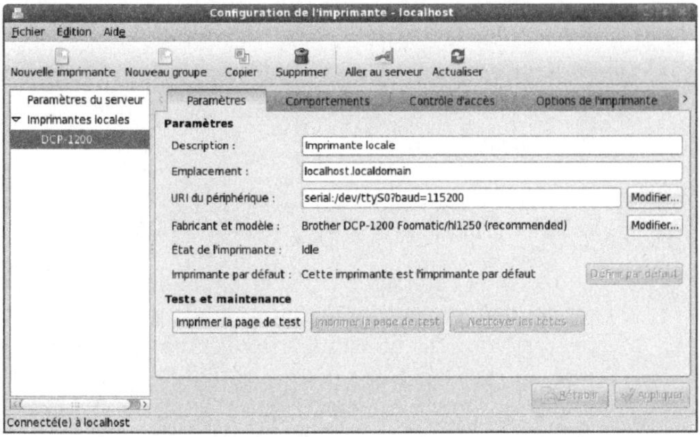

Figure 5.19 : Les paramètres de l'imprimante que vous venez de créer.

8. **Cette imprimante peut être définie comme imprimante par défaut et pour vérifier que tout est correct, vous pouvez imprimer une page de test.**

Cliquez sur la case de fermeture dans l'angle supérieur droit.

Zen et configuration Linux

Vous pouvez définir un programme informatique comme une série d'instructions qui indiquent à l'ordinateur l'exécution de tâches spécifiées. Vous ne pouvez changer aucune des instructions qui sont codées (à moins bien sûr que vous n'effectuiez les modifications requises dans le code source et que vous ne recompiliez le programme). Comme vous pouvez l'imaginer, la plus légère variation dans l'utilisation du programme requiert le talent d'un programmeur surdoué. Seriez-vous capable d'éditer le code du noyau pour inclure un nouvel utilisateur et un mot de passe, puis de recompiler votre système à chaque fois que vous devez lui ajouter un nouvel utilisateur ?

Les types de fichiers

La plupart des sous-systèmes Linux contiennent au moins les fichiers suivants :

- **Fichier exécutable** : En général, un fichier binaire qui ne s'exprime qu'en langage machine.
- **Fichier de configuration** : Un simple fichier texte que vous pouvez visualiser et modifier avec votre éditeur préféré.

Les outils de configuration

Linux est accompagné d'un certain nombre d'outils, tant en mode ligne de commande qu'en mode graphique. Les différentes distributions de Linux proposent des outils de configuration qui peuvent avoir des noms différents. Cela est en général vrai pour l'environnement ligne de commande, mais les différentes distributions de GNOME et de KDE ont souvent des outils semblables, voire identiques (consultez la documentation de votre distribution).

Les outils Red Hat et Fedora

La distribution Fedora 9 propose de nombreux outils de configuration en mode graphique et en mode texte. En mode texte, le nom de la plupart des outils de configuration est préfixé par le nom `redhat-config` ou system-config ; par exemple, `redhat-config-network` et `system-config-network` permettent de définir les paramètres réseau.

Pour connaître les outils de configuration qui sont à votre disposition, vous pouvez faire appel au *Red Hat Package Manager* (RPM) en tapant la commande (voir la Figure 5.20) :

```
rpm -qa | grep system-config
```

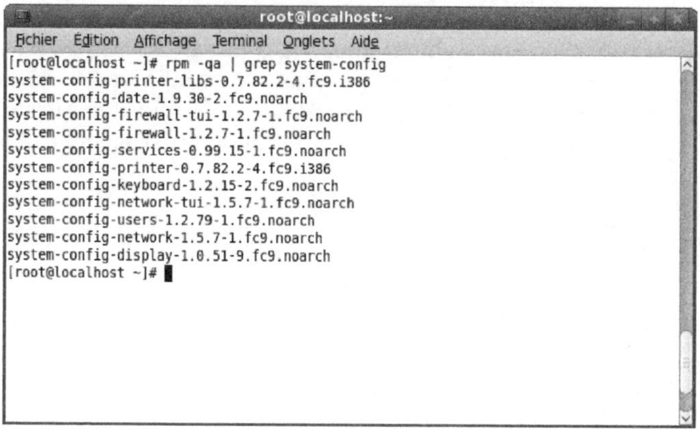

Figure 5.20 : Les outils de configuration qui sont à votre disposition sous Fedora 9.

Ces outils n'ont pas tous un composant ligne de commande ; cependant, ils sont tous accessibles en mode graphique, promenez-vous dans les menus et partez à leur recherche !

Dans l'environnement graphique, vous pouvez trouver une bonne partie des outils de configuration dans les menus Applications/Outils système et menu Système/Administration. Les outils graphiques présentent typiquement les mêmes options que les outils de ligne de commande, mais avec la convivialité de l'interface graphique.

Pour la mise en œuvre de la plupart des outils de configuration, lignes de commandes et graphiques, vous devez connaître le mot de passe root.

Les outils Mandrake

La distribution Mandriva Linux propose de nombreux outils de configuration du système, tels que le Centre de Contrôle Mandriva Linux, le Centre de configuration, HardDrake, PrinterDrake, etc. HardDrake est destiné à l'installation des disques durs et au partitionnement, tandis que PrinterDrake est destiné à la configuration de l'environnement d'impression.

Les outils SuSE

YaST2 est l'outil principal de configuration de la distribution de SuSE. YaST2 inclut des outils pour configurer et travailler avec la souris, le clavier, la carte vidéo, l'écran et le Bureau. Le Bureau, dans ce contexte, se rapporte à l'aspect et à la présentation de l'interface graphique.

Deuxième partie

Bienvenue sur Internet !

"Nous l'avons récupéré il y a onze jours et depuis, il n'a pas quitté cet endroit. Assez curieusement ils appellent ça 'se mettre en marche' vers l'Internet."

Dans cette partie...

Dans cette partie, vous allez effectuer les opérations nécessaires pour connecter votre machine Linux à Internet ; pour cela, vous allez devoir sélectionner un modem afin de vous connecter à un fournisseur d'accès Internet (FAI). Vous apprendrez à travailler avec le protocole essentiel d'Internet, TCP/IP (*Transmission Control Protocol/Internet Protocol*). Connectez-vous et offrez-vous un navigateur Web, une adresse e-mail et un logiciel de lecture de news. Vous allez pouvoir surfer sur le Web, envoyer et recevoir du courrier et accéder aux forums de discussion ; dès lors, vous aurez tout loisir pour développer et personnaliser votre système Linux.

Chapitre 6

Connexion à Internet

Dans ce chapitre :

- Méthodes communes d'accès à Internet.
- Mise en œuvre de la connexion Internet.
- Connexion à un fournisseur d'accès Internet (FAI).
- Quelques détails sur TCP/IP à titre de prévention.

Dans ce chapitre, nous vous frayons un chemin à travers la jungle de la mise en réseau pour vous aider à relier votre machine Linux au réseau mondial. Une fois connecté, vous devrez vous intégrer à la communauté Linux, grâce à la panoplie d'outils mis à votre disposition. Heureusement, Red Hat a développé des outils graphiques qui vous aideront tout au long de votre apprentissage. Dans ce chapitre, nous expliquons comment configurer un modem et, une fois que vous serez connecté, nous vous montrerons comment vous fondre dans la communauté Linux en utilisant quelques outils sympathiques.

Création de votre Internet-O-Matic

Si seulement c'était aussi simple ! Les développeurs de la société Red Hat vous proposent heureusement quelques outils qui réduisent la complexité de la connexion. Depuis quelque temps, la configuration d'un réseau à distance sur une machine Linux n'est pas plus difficile que de réparer une banale défaillance du matériel.

Connexion du matériel

Avant de vous installer confortablement dans votre fauteuil, glissez-vous sous le bureau et vérifiez d'abord les éléments suivants :

- **Modem routeur ADSL :** Si vous possédez un modem ADSL, vérifiez que :

  un câble relie bien le modem au port réseau de votre ordinateur ;

  le modem est sous tension (les modems externes ont leur propre alimentation électrique) ;

  l'une des extrémités du câble téléphonique est connectée à la prise murale et que l'autre extrémité est branchée au modem.

- **Modem routeur ADSL WiFi :** Si vous avez un modem ADSL Wifi, vérifiez que :

  votre ordinateur possède une connexion WiFi interne ou externe (par exemple clé USB WiFi) et qu'elle est activée (consultez votre documentation) ;

  l'une des deux extrémités de votre câble téléphonique est connectée à la prise murale, tandis que l'autre extrémité est branchée à la prise téléphonique, au dos de votre ordinateur.

Si tout est correct, vous pouvez revenir vous asseoir devant votre clavier.

Choix d'un fournisseur d'accès Internet (FAI)

Face à la récente et fulgurante popularité de Linux, bon nombre de FAI se sentent obligés de former leurs équipes à cette technologie. Avez-vous déjà un service d'accès à distance ? Si tel est le cas, informez votre fournisseur d'accès Internet que vous souhaitez utiliser Linux, il peut disposer d'informations importantes qui vous seront utiles. Si vous recherchez un nouveau FAI, suivez nos conseils.

Certains FAI installent leur propre logiciel sur votre ordinateur pour la connexion à Internet. Il est plus que probable que ce logiciel fonctionne uniquement sous Windows. Pour cette raison, de nombreux services gratuits d'accès à distance ne sont pas opérationnels sous Linux sans une installation spécifique.

Interrogez-vous avant de choisir un FAI :

- **Pouvez-vous obtenir facilement des numéros locaux d'accès à distance à travers le pays et le monde entier ?** Lorsque vous voyagez, ce type d'accès est plus économique.
- **Fournit-il un support technique pour Linux ?** Si vous projetez de vous connecter sous Linux, c'est une considération importante.
- **Est-il recommandable ?** Demandez à des amis ou des collègues et sachez que le meilleur conseiller est un client satisfait.

Informations sur le FAI

La plupart des FAI sérieux fournissent des bulletins d'informations à leurs clients. Ce service doit inclure au minimum les informations suivantes :

- Un (des) numéro(s) de téléphone local.
- Un nom de connexion utilisateur.
- Un mot de passe utilisateur.
- Une adresse e-mail.
- Un serveur e-mail sortant ; pour l'expédition de votre courrier, il fait appel au protocole SMTP (*Simple Mail Transfer Protocol*).
- Un serveur e-mail entrant ; pour la réception des messages, il utilise le protocole POP (*Post Office Protocol*).
- Un serveur de news.

Ces informations vous permettent d'établir une connexion à Internet sous Linux.

Configuration de votre service d'accès à distance

Si vous ne l'avez pas encore fait, mettez en marche votre ordinateur et accédez à l'environnement graphique. Il n'est pas nécessaire d'ouvrir une session en tant qu'utilisateur root, mais vous devez néanmoins connaître son mot de passe.

À l'aide des informations de configuration de connexion fournies par le FAI, procédez comme suit :

1. **À partir du bureau, choisissez le menu Système/ Administration/Réseau.**

2. **Entrez le mot de passe root dans la boîte de dialogue, si nécessaire.**

   Si vous êtes connecté en tant que simple utilisateur (non pas root), vous êtes invité à saisir le mot de passe root.

   La boîte de dialogue Configuration réseau devrait s'ouvrir (comme le montre la Figure 6.1). Les entrées présentées dépendent de vos caractéristiques réseau, par exemple si votre système est équipé d'une carte réseau filaire et/ou d'une carte réseau sans fil. Les étapes suivantes sont destinées à l'installation d'une connexion réseau sans fil.

3. **Dans cette boîte de dialogue, cliquez sur le bouton Nouveau.**

   La boîte de dialogue Sélectionner un type de périphérique s'ouvre, comme le montre la Figure 6.2.

4. **Sélectionnez Connexion sans fil dans la liste Type de périphérique et cliquez sur Suivant.**

   Arrêtez-vous un moment et réfléchissez aux options proposées. Ce conseil est aussi valable si vous utilisez une connexion RNIS, xDSL ou un raccordement à un réseau Ethernet. Chaque option de réseau exige des

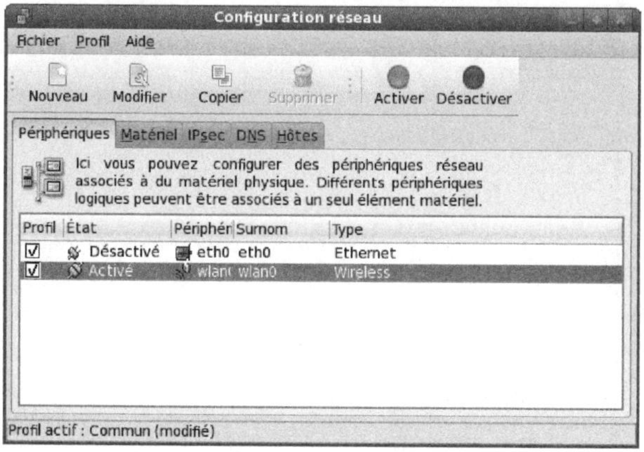

Figure 6.1 : La boîte de dialogue Configuration réseau.

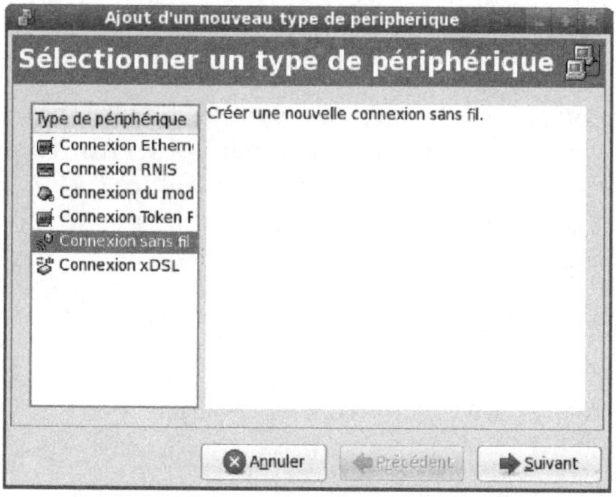

Figure 6.2 : La boîte de dialogue Sélectionner un type de périphérique.

paramètres de configuration distincts qui doivent être fournis par votre FAI.

Une fois que vous avez cliqué, le système recherche votre connexion ; s'il ne la trouve pas, la boîte de dialogue Sélectionner un périphérique sans fil s'ouvre, comme le montre la Figure 6.3. Indiquez les caractéristiques de votre modem, puis cliquez le bouton Suivant.

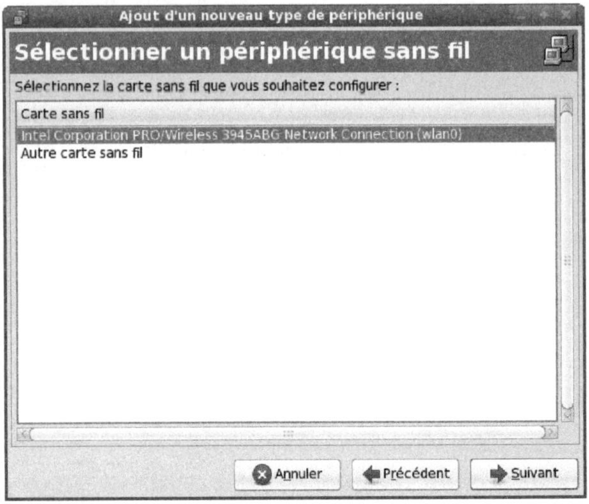

Figure 6.3 : La boîte de dialogue Sélectionner un périphérique sans fil.

5. **Entrez les informations relatives à votre routeur (définies par vous ou bien par votre FAI). Terminez en cliquant sur le bouton Suivant (Figure 6.4).**

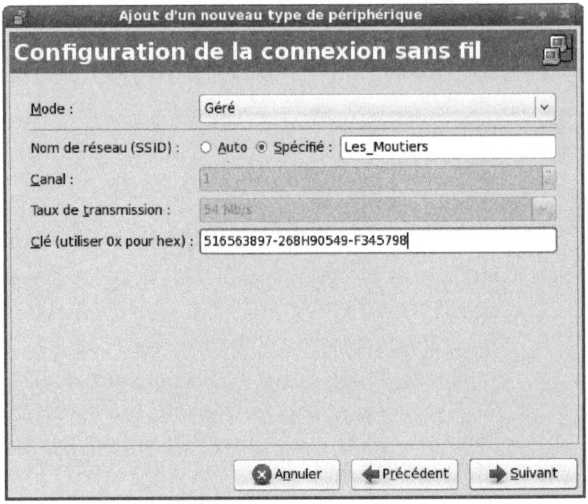

Figure 6.4 : La boîte de dialogue Configuration de la connexion sans fil.

La boîte de dialogue Configuration des paramètres réseau est affichée, comme le montre la Figure 6.5.

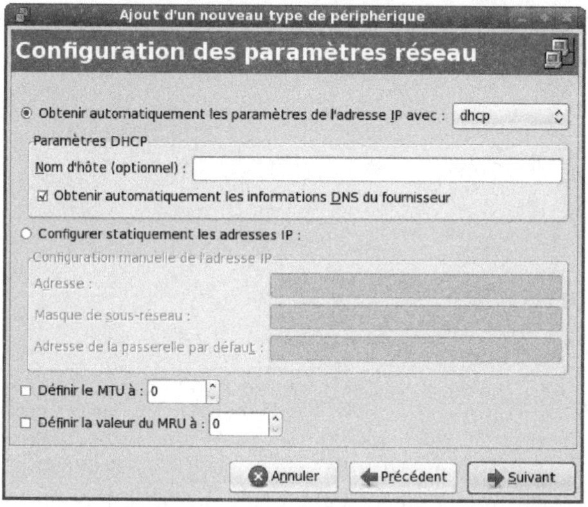

Figure 6.5 : La boîte de dialogue Configuration des paramètres réseau.

6. **Dans cette boîte de dialogue, indiquez si votre système doit obtenir ses paramètres d'adressage IP du fournisseur d'accès Internet (DHCP) ou spécifiez-les de manière explicite, puis cliquez le bouton Suivant.**

   Votre fournisseur d'accès Internet doit vous avoir donné toutes les informations requises. Dès que vous avez cliqué sur le bouton Suivant, la boîte de dialogue Création du périphérique sans fil est affichée, comme le montre la Figure 6.6.

7. **La boîte de dialogue Création du périphérique sans fil vous rappelle les informations que vous avez saisies, cliquez sur Appliquer pour les valider.**

   À présent, votre connexion ADSL est opérationnelle. Vous avez dû recevoir de votre FAI beaucoup plus d'informations que ce que vous venez d'indiquer. Des renseignements tels que le nom des serveurs de mail et du serveur de news seront définis dans les applications telles que Mozilla Firefox.

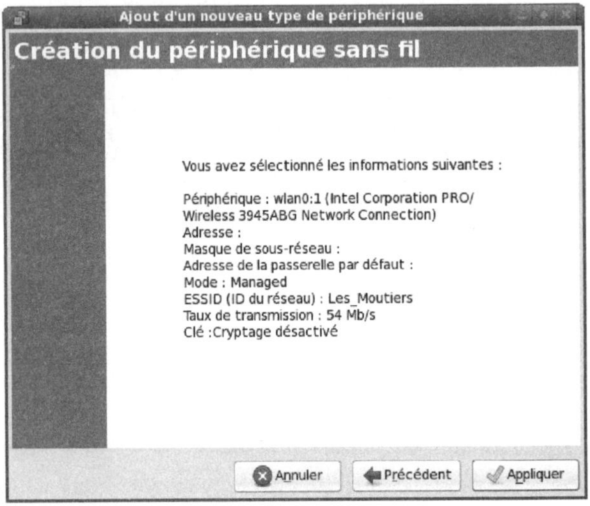

Figure 6.6 : La boîte de dialogue Création du périphérique sans fil.

Consultez de nouveau la boîte de dialogue Configuration réseau, elle doit contenir un périphérique appelé `wlan0` avec un état désactivé.

8. **Pour vous connecter à Internet, sélectionnez `wlan0` et cliquez sur le bouton vert Activer, comme le montre la Figure 6.7.**

   Avec un peu de chance, votre connexion prend vie avec quelques signaux sonores, des bourdonnements et une boîte de dialogue indiquant que la liaison est établie. Dans la boîte de dialogue Contrôle du périphérique réseau (commande Système/Administration/Contrôle du périphérique réseau), le périphérique `wlan0` est marqué comme activé. Félicitations ! Vous êtes maintenant relié à Internet.

Eh oui, vous l'avez fait ! Vous êtes un élément du réseau mondial ! Pour vous déconnecter, cliquez simplement sur le bouton Désactiver de la boîte de dialogue Contrôle du périphérique réseau. Les paramètres de configuration sont conservés et la prochaine fois que vous souhaiterez vous connecter, il vous suffira d'ouvrir la boîte de dialogue et de cliquer sur le bouton Activer. Si vous avez des difficultés pour vous connecter, consultez la prochaine section pour découvrir comment obtenir de l'aide.

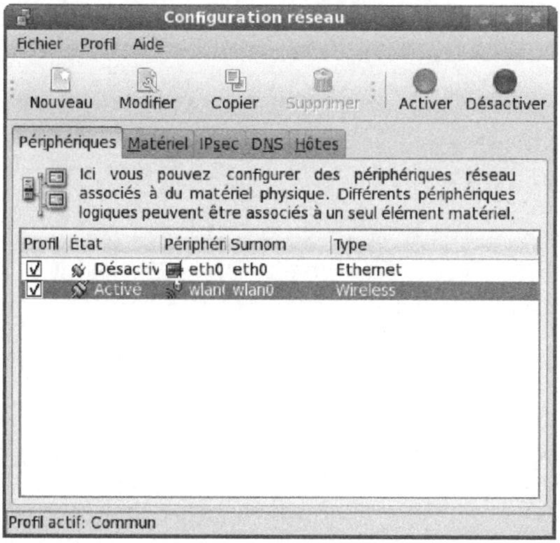

Figure 6.7 : Activation du périphérique réseau.

Maintenant que le travail de configuration est terminé, vous pouvez ajouter au Tableau de bord une applet qui vous permettra d'activer directement la connexion :

1. **À partir du bureau graphique, activez le menu Système/ Administration.**
2. **Sélectionnez Contrôle du périphérique réseau, cliquez avec le bouton droit et activez la commande Ajouter ce lanceur au tableau de bord.**

   Une nouvelle icône est ajoutée dans le tableau de bord ; elle vous permettra d'activer votre connexion réseau.

L'icône qui vient d'être ajoutée au tableau de bord est un raccourci pour activer la boîte de dialogue Contrôle du périphérique réseau. L'applet est identifiée par une icône représentant un globe terrestre. Nous allons à présent ajouter une autre applet destinée à piloter et surveiller l'état de la connexion réseau.

1. **Cliquez avec le bouton droit dans le tableau de bord et sélectionnez Ajouter au tableau de bord et sélectionnez Moniteur réseau, comme le montre la Figure 6.8.**

Figure 6.8 : La boîte de dialogue Ajouter au tableau de bord.

Cette option ajoute une icône de pilotage et de surveillance de l'état des connexions réseau au tableau de bord.

2. **Pour activer la connexion, cliquez sur le bouton Configurer.**

   La boîte de dialogue Contrôle du périphérique réseau s'ouvre.

3. **Cliquez sur le bouton Activer pour activer la connexion.**

   L'applet de connexion réseau apparaît en bleu lorsque la connexion est établie et la puissance du signal est affichée en temps réel (voir la Figure 6.9).

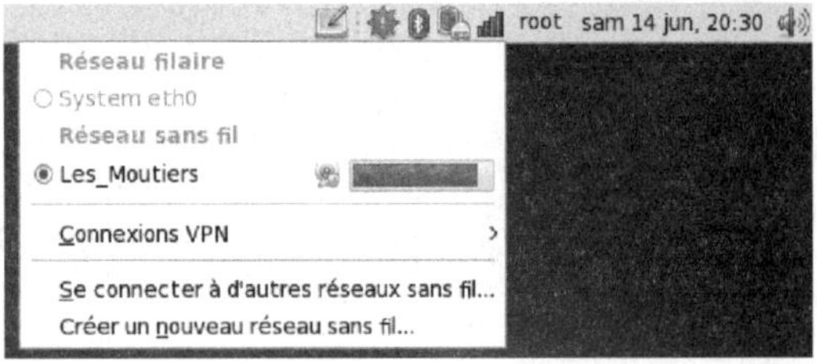

Figure 6.9 : État des connexions réseau.

Le protocole TCP/IP

C'est une bonne chose.

Martha Stewart

Vous ne pouvez pas accéder à Internet sans une adresse IP. Par ailleurs, vous devez savoir que TCP/IP transportera avec l'efficacité qu'on lui connaît vos paquets d'informations.

Le protocole TCP/IP (*Transmission Control Protocol/Internet Protocol*) est un ensemble de règles qui permet de transporter des informations d'un réseau vers un autre en les décomposant en paquets. Les règles de distribution de paquets TCP/IP sont similaires aux méthodes utilisées par le service des postes pour le transport des colis. Chaque paquet comporte une étiquette avec une adresse de destination, une adresse de retour et des informations importantes sur l'expéditeur et/ou le destinataire. Avec cette adresse, le porteur de paquets peut décider comment il va expédier et transporter les paquets jusqu'à sa destination. Le composant du réseau qui fournit cette information de routage est connu sous le nom de routeur.

Chaque ordinateur sur un réseau TCP/IP a une adresse IP distincte. Il existe deux méthodes d'attribution d'adresses : les adresses statiques et les adresses dynamiques.

- **Adresse statique** : Vous attribuez une adresse IP statique lors de sa configuration à votre machine ; elle sera conservée jusqu'à la prochaine modification. Les serveurs et la plupart des ordinateurs qui travaillent en réseau possèdent une adresse IP statique. Les adresses IP statiques sont en général attribuées par l'administrateur.
- **Adresse dynamique** : Les utilisateurs Internet ou les postes de travail, non connectés de manière permanente au réseau, utilisent des adresses IP dynamiques. Si votre ordinateur est configuré pour recevoir une adresse IP, il va "demander" lors de sa connexion au réseau une adresse IP au *serveur DHCP*. Le serveur DHCP (protocole de configuration dynamique des clients) possède un ensemble d'adresses IP disponibles qu'il peut attribuer aux ordinateurs lorsqu'ils en font la demande. Le serveur

> DHCP peut fournir d'autres services, tels que l'affectation d'une passerelle DNS et diverses informations relatives au routage.

Une adresse IP ressemble à l'exemple ci-dessous (souvenez-vous que l'ordinateur stocke des informations sous la forme 0 et 1) :

```
11010001100101001111010101100100
```

Évidemment, cet exemple n'est pas très lisible ! Essayons de séparer les octets :

```
11010001.10010100.11110101.01100100
```

C'est mieux comme ça ?... Non ? Il n'y a qu'à remplacer les valeurs binaires par des valeurs décimales :

```
209.148.245.100
```

Ce dernier exemple est une représentation décimale ; n'oubliez pas que chaque ordinateur sur Internet exige un numéro unique.

L'adresse IP est l'adresse du courrier électronique qui sert à transporter vos paquets d'informations. Il est vrai que l'internaute occasionnel ne garde jamais une liste des adresses IP de ses amis, il utilise plutôt des noms qui lui sont familiers. Internet emploie une méthode ingénieuse pour résoudre les noms en adresses IP, c'est le système de nom de domaine ou DNS.

IP sur le réseau

La commande `ping` ressemble à un sous-marin qui utilise un sonar pour détecter des objets dans l'océan. Un sonar envoie un signal ping qui se réfléchit sur une surface dure. En mesurant le temps entre l'envoi du signal et son retour, l'utilisateur du sonar du sous-marin peut repérer un objet et déterminer à quelle distance il se trouve.

La commande `ping` sous Linux fournit des informations similaires à celles du sonar. Si vous considérez Internet comme un océan, en faisant un ping, vous pouvez localiser les autres ordinateurs du réseau et le temps nécessaire pour que le signal revienne.

`traceroute` est une autre commande de surveillance du réseau, elle permet de visualiser le cheminement des paquets. Pour l'exécuter, il suffit simplement de taper **traceroute nom_d_hôte** ; *nom_d_hôte* peut être un nom valide d'ordinateur ou une adresse IP. Après quelques instants, la commande affiche la liste des ordinateurs qui ont permis d'atteindre la machine hôte.

Les utilitaires `ping` et `traceroute` renseignent sur l'état du réseau. Avec `ping`, vous savez si une machine est en état de fonctionnement ; avec `traceroute`, vous visualisez le chemin emprunté pour accéder à la machine. Par exemple, si votre navigateur Web ne peut pas atteindre un site particulier, vous pouvez utiliser la commande `traceroute` pour savoir à quel endroit la requête est arrêtée.

Vérification d'une adresse avec la commande ping

Pour utiliser la commande `ping` sous Linux, réfléchissez à l'objet que vous souhaitez "pinguer", bien souvent un autre ordinateur connecté au réseau. Vous pouvez faire un ping en spécifiant l'adresse IP d'une autre machine ou son nom si votre serveur DNS fonctionne correctement.

Par exemple, faites un ping sur le site français de Google, comme le montre la Figure 6.10 :

```
ping www.google.fr
```

Appuyez sur les touches Ctrl+C pour interrompre le ping car, par défaut, il fonctionne en boucle sans fin.

La ligne `ping` de la Figure 6.10 fournit des informations sur son action. Si l'hôte n'est pas accessible, un message l'indiquera. Si l'hôte est localisé, vous recevez une ligne qui fournira des données utiles, notamment le dernier élément sur la ligne : `time=`. Ce nombre est le temps, exprimé en millisecondes, que

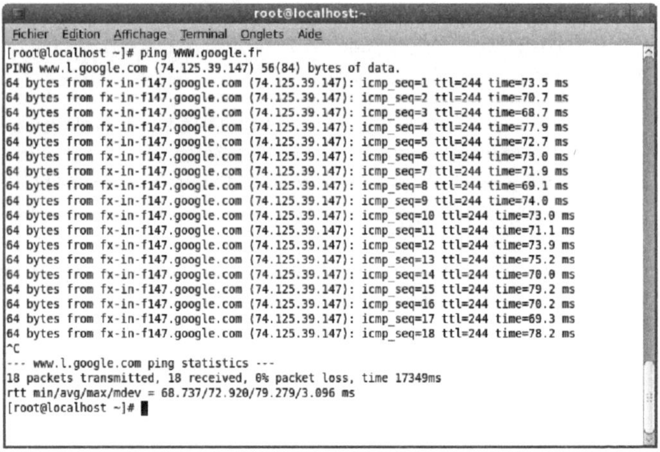

Figure 6.10 : Mise en œuvre de la commande ping.

le signal met pour parcourir la distance entre l'ordinateur destination et votre ordinateur. Plus les valeurs sont petites, meilleur est le résultat. Un temps de réponse de 1 à 3 ms est une réponse acceptable si la machine est située dans le même réseau local (cas de la passerelle). Pour des connexions à distance, vous pouvez vous attendre à une durée de quelques centaines de millisecondes ; cependant, si le temps de réponse augmente jusqu'à 900 ms, cela signifie qu'il y a un trafic réseau très dense.

La commande `ping` permet de savoir immédiatement s'il y a un problème entre vous et l'hôte qui gère le site Web yahoo.fr. Vous pouvez mettre en évidence un problème de réseau mais `ping` ne fournit pas plus d'informations. Pour en savoir plus sur la nature du problème, utilisez la commande `traceroute`.

Vérification du chemin emprunté par vos paquets avec la commande traceroute

La commande `traceroute` permet de suivre le chemin parcouru par vos paquets IP sur le réseau. Le fait de ne pas pouvoir accéder à votre site Web préféré ne signifie pas que le site Web est en panne, cela indique simplement qu'un lien est défaillant. La même chose se produit sur Internet lorsqu'un routeur ou un câble "tombe".

Pour utiliser `traceroute`, vous devez connaître la destination. Exécutez la commande menu principal/Outils système/ Traceroute et entrez **www.google.fr** dans la zone Hostname (Figure 6.11).

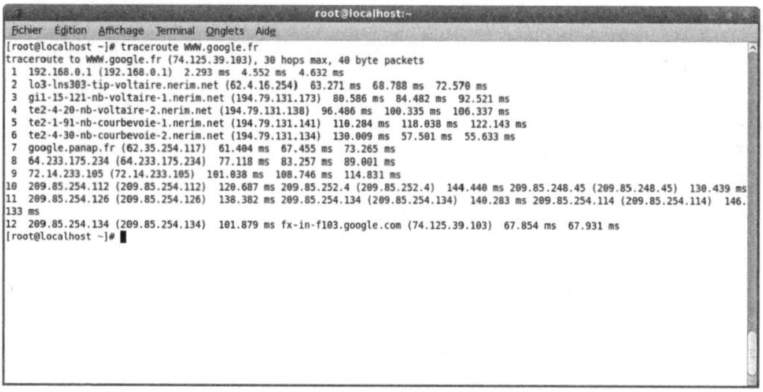

Figure 6.11 : Le résultat de la commande traceroute.

Chaque ligne de résultat de la commande `traceroute` est séparée par un *saut*. Cette commande permet d'afficher le chemin suivi par les paquets sur le réseau. Chaque saut représente une machine physique qui lit l'adresse de votre paquet et qui l'envoie. Vous pouvez noter aussi un temps d'attente associé à chaque saut, voire un encombrement du réseau ou un problème de routeur.

En cas de difficulté pour atteindre un site Web, exécutez la commande `traceroute` et vérifiez si elle s'interrompt quelque part. Cela indique souvent un problème de trafic. Attendez quelques minutes et essayez une nouvelle fois. TCP/IP est un protocole réseau étonnamment robuste, conçu pour réacheminer efficacement des paquets, au cas où un élément du réseau tomberait en panne.

Chapitre 7

Navigation sur le Web et gestion des mails

Dans ce chapitre :

- Configuration de Mozilla Firefox.
- Configuration des fichiers.
- Astuces et trucs pour la navigation avec Mozilla Firefox.
- Inscription à des forums de discussion.
- Installation et configuration d'Evolution.
- Test et mise en service de votre e-mail.

Aujourd'hui, les navigateurs graphiques Web disponibles sous Linux sont légion, et le plus connu est Mozilla Firefox. Il permet, non seulement d'afficher les pages Web, mais également de gérer votre courrier électronique et de vous faire participer à des forums de discussion (*newsgroups*). Mozilla Firefox fait partie de la distribution Fedora 9.

Il y a également une multitude de programmes de gestion de courrier électronique pour Linux. La distribution Fedora 9 propose par défaut Evolution (logiciel de gestion des courriels, contacts et agendas) ; c'est un logiciel intéressant qu'il ne faut pas négliger.

Configuration de Mozilla Firefox

Avant d'utiliser Mozilla Firefox, vous devez spécifier les informations essentielles de configuration, telles que votre identité Internet. Les options permettent de personnaliser Mozilla Firefox selon vos préférences, telles que le site d'accueil, la taille des polices, les couleurs et bien d'autres éléments.

Les étapes suivantes détaillent les options de la boîte de dialogue Préférences dans laquelle sont stockés tous les paramètres de configuration de Mozilla Firefox :

1. **Démarrez Mozilla Firefox en choisissant le menu Applications/Internet/Navigateur Web Firefox (ou en cliquant sur son icône dans le Tableau de bord).**

   Le chargement n'est pas immédiat, soyez patient et comprenez que Mozilla Firefox est un programme de taille importante qui nécessite quelques secondes pour être chargé en mémoire.

2. **Exécutez la commande Édition/Préférences.**

   La fenêtre Mozilla Firefox Préférences s'ouvre, comme le montre la Figure 7.1.

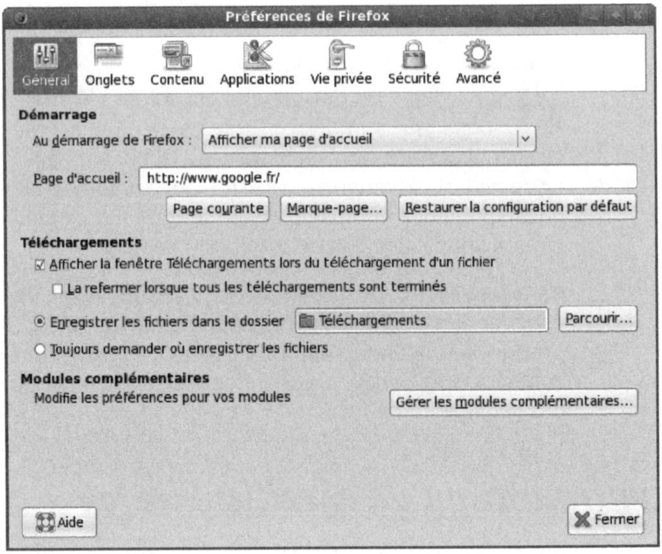

Figure 7.1 : La fenêtre Préférences de Firefox.

Vous remarquez que plusieurs options de configuration sont disponibles. Nous allons vous guider dans la configuration de certains paramètres de base et nous vous encourageons à explorer les autres options disponibles.

Utilisez les onglets de la partie supérieure de la fenêtre pour accéder aux diverses catégories de préférences. Nous allons décrire à présent les catégories principales et les options qui vous permettront de surfer dans les meilleures conditions.

Général

La catégorie Général définit les caractéristiques générales des pages qui seront affichées dans Mozilla Firefox (voir la Figure 7.2) ; elle vous permet de définir le comportement de votre navigateur au démarrage, elle propose les options suivantes :

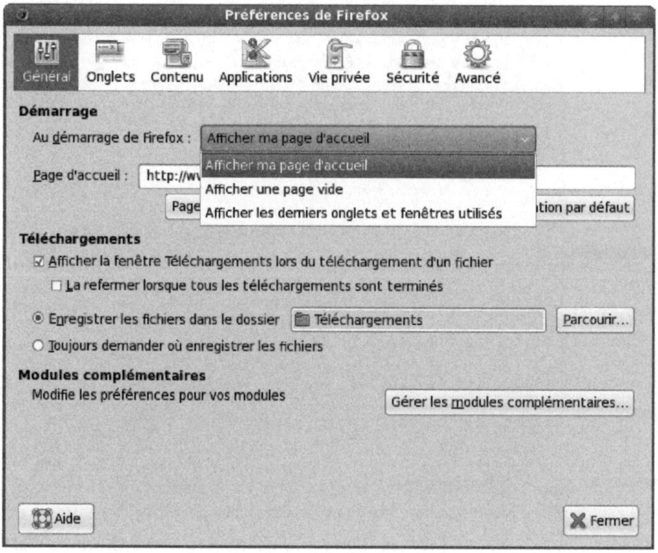

Figure 7.2 : La fenêtre Mozilla Firefox Général.

- **Démarrage :** Mozilla Firefox peut afficher au démarrage une page Web de particulière, une page vide ou le dernier site que vous avez visité lors de votre dernière session.

Dans cette zone de dialogue, vous indiquez le site Web auquel vous accédez à chaque fois que vous cliquez sur le bouton Accueil.

- **Téléchargement :** Cette zone permet de définir la caractéristique du téléchargement dont la zone où seront enregistrés les fichiers.

Vie privée

Dans la catégorie Vie privée (voir la Figure 7.3), vous spécifiez les caractéristiques de confidentialité associées aux endroits visités ; voici les options proposées :

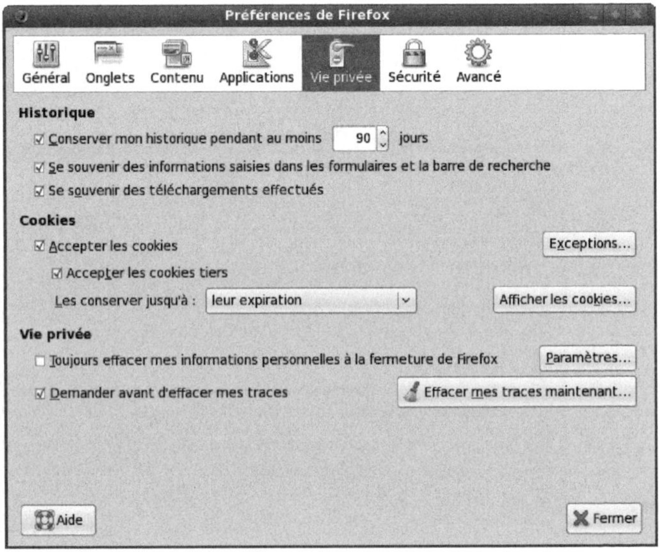

Figure 7.3 : La fenêtre Mozilla Firefox Vie privée.

- **Historique :** Cette zone de texte permet d'indiquer la durée de conservation des sites visités, si les informations saisies dans les formulaires et dans la barre de recherche seront conservées afin de simplifier les saisies ultérieures et si le gestionnaire de téléchargements doit conserver la liste des fichiers récemment téléchargés.

- **Cookies** : Les cookies, qui sont des informations vous concernant générées par les sites Web visités, peuvent être autorisés et conservés de différentes manières.
- **Vie privée :** Cette zone permet de définir la manière dont les traces seront traitées (voir la Figure 7.4) à la fin de la session en cours.

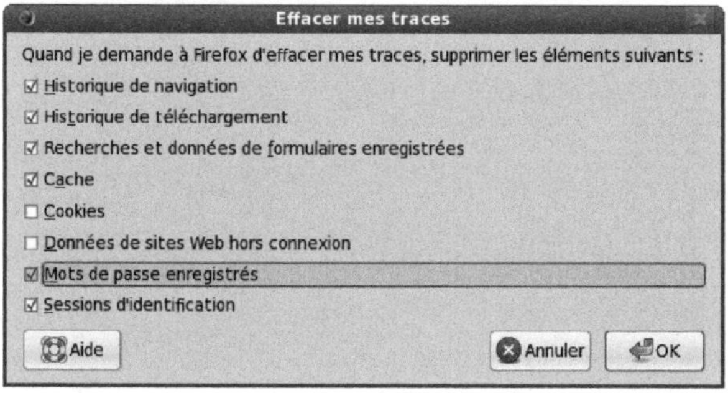

Figure 7.4 : La fenêtre Mozilla Firefox Vie privée relative aux traces.

Contenu

La sécurité réseau est devenue une préoccupation pour tout utilisateur d'Internet. Bien que les médias grand public fassent souvent des reportages à sensation sur le sujet, la sécurité doit toujours être prise sérieusement en considération par toute personne qui accède à Internet. À chaque fois que vous envoyez un courrier électronique ou que vous cliquez sur un site Web, vous échangez des informations à travers un réseau. Vous devez donc prendre conscience qu'il est impossible de garantir la confidentialité des données échangées ; cependant, vous pouvez considérer que les options par défaut de Mozilla Firefox vous offrent un minimum de sécurité (voir la Figure 7.5). La catégorie Contenu propose les options suivantes :

- **Bloquer les fenêtres popup :** Bloquer les fenêtres popup ou bien ne les autoriser que pour certains sites identifiés.
- **Charger les images automatiquement** : Les images peuvent être chargées pour tous les sites ou bien uniquement pour certains sites que vous spécifiez.

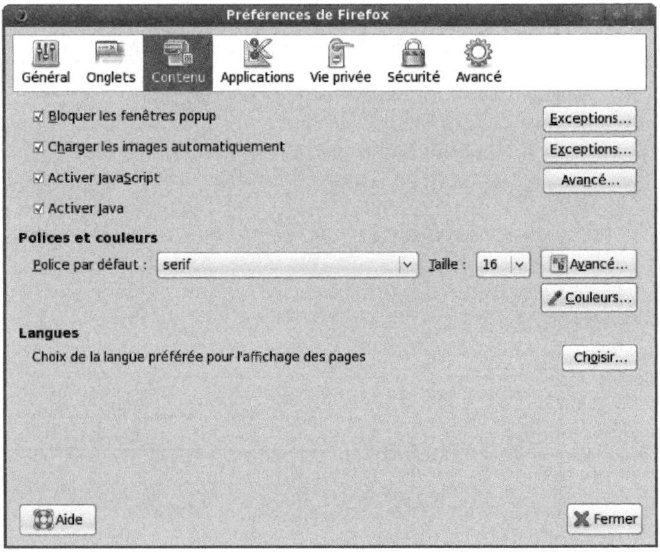

Figure 7.5 : La fenêtre Mozilla Firefox Contenu.

- **Activer JavaScript** : JavaScript est un langage de script incorporé dans un document HTML ; historiquement, il s'agit même du premier langage de script pour le Web. JavaScript est un langage de programmation qui apporte des améliorations au langage HTML en permettant d'exécuter des commandes côté client, c'est-à-dire au niveau du navigateur et non du serveur Web. Vous pouvez le désactiver ou n'autoriser que l'exécution de certains scripts (voir la Figure 7.6).

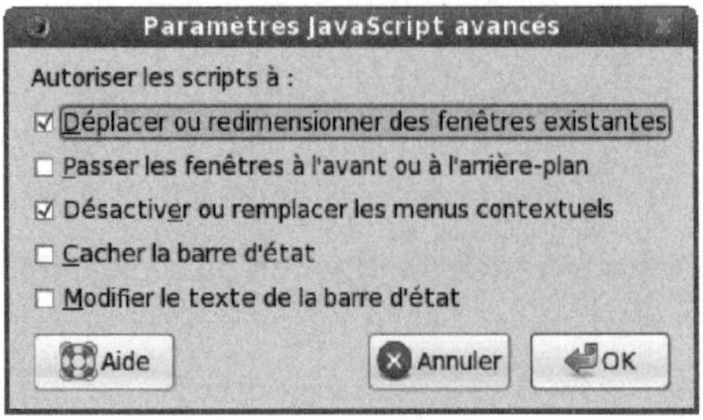

Figure 7.6 : La fenêtre Mozilla Firefox Paramètres JavaScript avancés.

- **Activer Java :** Tous les navigateurs sur toutes les plates-formes qui embarquent la machine virtuelle Java de Sun risquent d'être vulnérables ; pour cette raison, il est possible de désactiver Java à tout moment.
- **Polices et couleurs :** Vous pouvez choisir les polices que vous préférez (voir la Figure 7.7), définir les couleurs du texte et annuler les configurations par défaut des pages Web. Cela constitue un paramètre très important pour les daltoniens. Pour les résolutions d'écran supérieures à 1 024 x 768, nous vous recommandons de choisir des polices de grande taille, sous peine d'avoir besoin d'une puissante loupe.

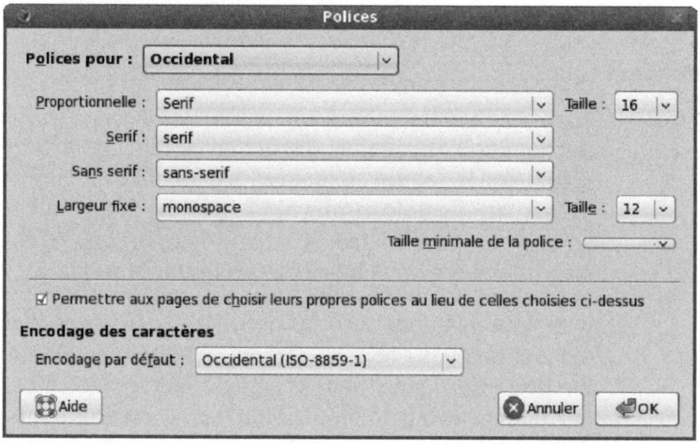

Figure 7.7 : La fenêtre Mozilla Firefox Polices.

- **Langues** : Non, cette option ne traduit pas automatiquement le contenu d'une page Web dans votre langue préférée ! Elle concerne seulement le cas où les auteurs auraient conçu leurs pages en plusieurs langues, ce qui vous permet d'indiquer votre choix. Cette option permet de sélectionner la langue du navigateur ; elle nécessite le chargement d'un paquetage spécifique à la langue.

Applications

Cette catégorie (voir la Figure 7.8) permet de configurer l'association programme d'interception et fichier de type

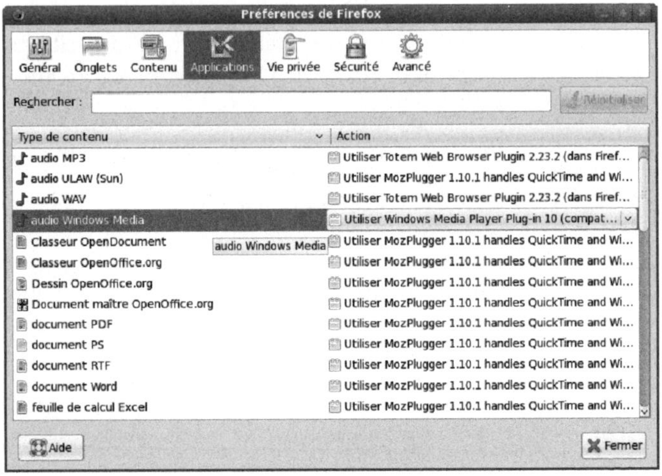

Figure 7.8 : La fenêtre Mozilla Firefox Applications.

particulier. Par exemple, un fichier doté d'une extension `.ram` signifie qu'il s'agit d'un fichier Real Media avec une probable présentation audio et/ou vidéo ; le plugin de Real Media est exigé pour lire ce fichier. Cette option permet de faire correspondre le type de fichier et le programme requis.

Il se peut que vous vous lassiez de tous ces sites Web qui exigent que vous téléchargiez un plugin ou un élément supplémentaire de logiciel pour accéder à leurs pages. Vous avez certainement raison. Cependant, les avantages qu'ils procurent sont généralement très intéressants : images vidéo, musique, etc. Les plugins constituent des extensions du navigateur ; ce sont des programmes qui servent d'interface au navigateur pour lui donner des caractéristiques non standard, comme la lecture de fichiers audio ou vidéo. Le numérique en est encore à ses premiers pas et l'industrie n'a toujours pas adopté en standard ces formats multimédias. Pour cette raison, les développeurs Mozilla Firefox ont choisi de ne pas incorporer systématiquement ces supports au navigateur Mozilla Firefox. Le concept de plugin permet ainsi aux développeurs de logiciels d'innover sans contraintes relatives aux formats des nouveaux médias.

Les plugins exigent une procédure d'installation particulière et tous ne sont pas pris en charge par Linux. Votre installation Mozilla Firefox incorpore un certain nombre de plugins. Pour plus d'informations, accédez à la commande Aide/À propos des plugins. Les règles générales pour l'installation d'un plugin consistent exécuter la commande Outils/Modules complémentaires et à accéder à l'onglet Plugins (voir la Figure 7.9) ou bien à déplacer le fichier source (qui porte en général une extension `.so`) dans le répertoire plugins situé sous Mozilla Firefox, par exemple pour Fedora, `/usr/lib/mozilla-1.7.8/plugins`.

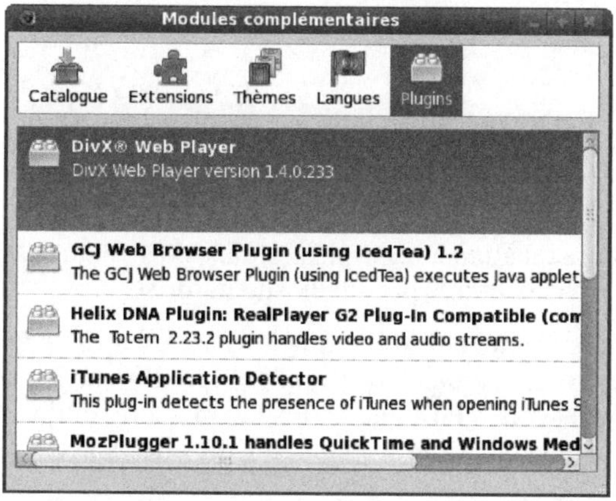

Figure 7.9 : La fenêtre Mozilla Firefox Modules complémentaires.

Mozilla Firefox est préconfiguré pour tous les types de fichiers multimédias courants, et tout nouveau plugin est fourni avec les instructions de configuration pour Linux et Mozilla Firefox.

Sécurité

La catégorie Sécurité permet de définir des paramètres spécifiques à la sécurité et à la confidentialité (voir la Figure 7.10).

- **Prévenir lorsque les sites essaient d'installer des modules complémentaires** : Firefox demande toujours de confirmer l'installation d'extensions ou de thèmes et il vous avertit lorsqu'un site essaie d'installer une extension ou un thème et bloque d'installation. Pour autoriser

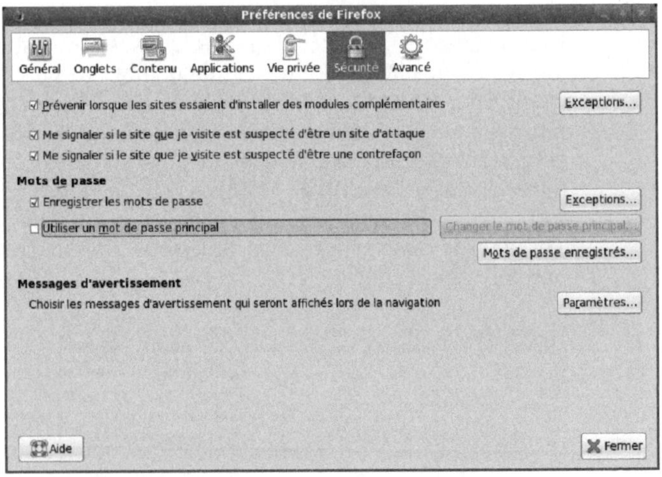

Figure 7.10 : La fenêtre Mozilla Firefox Sécurité.

l'installation à partir de certains sites, cliquez sur Exceptions et entrez le nom du site autorisé.

- **Me signaler si le site que je visite est suspecté d'être un site d'attaque** et **Me signaler si le site que je visite est suspecté d'être une contrefaçon** : Cette option permet une vérification systématique du site visité.
- **Mots de passe** : Firefox peut enregistrer de manière sécurisée les mots de passe que vous introduisez dans les formulaires Web afin de rendre plus facile votre identification sur les sites Web ; il est aussi possible d'utiliser un mot de passe principal pour protéger les mots de passe sauvegardés et les certificats en les chiffrant à l'aide de ce mot de passe principal.
- **Messages d'avertissement** : Le bouton Paramètres permet de configurer les messages d'avertissement qu'affiche Firefox lors de la navigation sur le Web.

Avancé

La catégorie Avancé permet de définir des paramètres spécifiques à la navigation et des paramètres de sécurité et de confidentialité (voir la Figure 7.11) ; nous n'aborderons ici que les premiers.

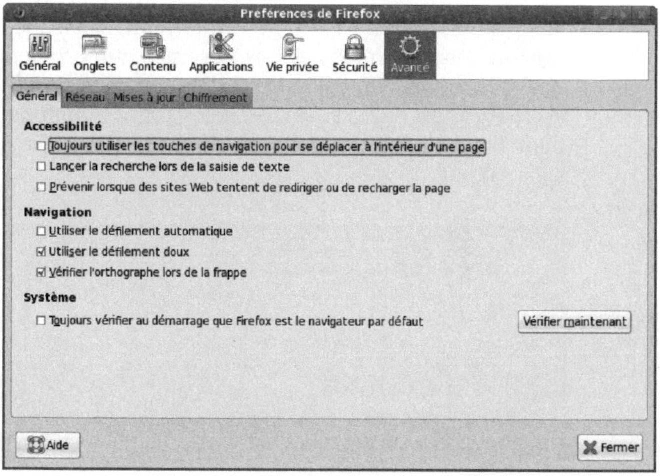

Figure 7.11 : La fenêtre Mozilla Firefox Avancé.

- **Accessibilité :** Cette caractéristique de Mozilla Firefox permet une navigation intelligente. Un menu déroulant du navigateur liste les sites qui peuvent avoir une relation avec la page Web en cours.
- **Navigation** : Cette option permet d'adapter le contenu des fenêtres chargées à la taille de la fenêtre de navigation.

Démarrage rapide de Mozilla Firefox

Si votre outil de navigation est correctement configuré, faites un petit essai. Dans la section suivante, nous vous suggérons quelques manœuvres astucieuses avec votre navigateur Mozilla Firefox.

Surfer avec le navigateur

Mozilla Firefox Navigateur est une fenêtre sur le monde merveilleux du World Wide Web. Sa fonction principale est de trouver des pages Web, de télécharger leurs éléments graphiques et leurs fichiers dans votre ordinateur, et de rendre ces pages interactives.

Si vous êtes habitué à Internet Explorer ou Netscape, l'utilisation de Mozilla Firefox ne vous posera aucun problème. Il possède tous les outils de navigation qui vous sont familiers (voir la Figure 7.12) : la barre d'adresses, les boutons Précédent, Suivant, Arrêter, la liste des Marque-pages (favoris ou signets), etc.

Figure 7.12 : Navigation avec Mozilla Firefox.

Mozilla Firefox, comme Netscape, dispose aussi des fonctionnalités suivantes : accès aux sites dont la thématique est proche de celle du site que vous visitez, recherche d'un mot ou d'une expression sur Internet, accès aux pages de vos favoris ou aux pages que vous avez consultées récemment (avec l'option Historique).

Le client de courrier électronique

Le client de courrier électronique par défaut de la distribution Fedora 9 est Evolution ; si ce produit ne fait pas partie de votre distribution, vous pouvez le trouver à l'adresse `http://gnome.org/projects/evolution/`.

Installation d'Evolution

La première fois que vous démarrez Evolution, le programme exécute la procédure d'installation, vous devez donc avoir à proximité les informations suivantes :

- Votre adresse de messagerie dans le format `nom_utilisateur@exemple.org`.
- Le type de serveur de messagerie pour courrier entrant : par exemple `POP` ou bien `IMAP`.
- Le nom du serveur de messagerie pour courrier entrant dans le format `serveur_de_courrier_entrant.exemple.org`.
- Le type de serveur de messagerie pour l'envoi de vos courriers sortants : par exemple `SMTP`.
- Le nom du serveur de messagerie pour l'envoi de vos courriers sortants dans le format `serveur_de_courrier_sortant.exemple.org`.
- Le type d'authentification requis pour le courrier entrant et sortant ; cette authentification est typiquement un mot de passe en entrée et rien en sortie.

Démarrez Evolution à partir de la commande Applications/Bureautique/Messagerie et calendrier d'Evolution ou bien cliquez son icône dans le tableau de bord.

1. **Cliquez sur le bouton Suivant pour commencer l'installation.**

   La boîte de dialogue Assistant de compte d'Evolution s'ouvre (Figure 7.13).

2. **Modifiez le champ Nom complet si vous le souhaitez et indiquez l'adresse de messagerie que vous a transmise votre FAI. Vous pouvez remplir la zone d'informations facultatives, puis cliquer sur le bouton Suivant.**

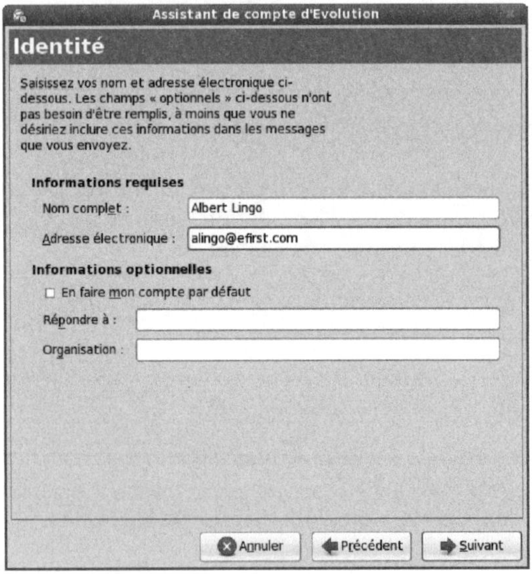

Figure 7.13 : La fenêtre Identité d'Evolution.

La fenêtre Réception du courriel est affichée.

3. **Sélectionnez le type du serveur de messagerie entrant de votre FAI.**

   Choisissez Aucune dans la zone Type de serveur si vous ne souhaitez pas recevoir de courrier sur cette machine. Les boîtes de dialogue suivantes dépendent du type de serveur ; nous supposons que vous employez un serveur de courrier POP.

4. **Entrez le nom de votre serveur de courrier dans le champ Serveur, comme le montre la Figure 7.14.**

   Ce nom est du type `pop.exemple.ext`.

5. **Indiquez votre nom d'utilisateur dans le champ correspondant.**

   Si votre adresse de courrier électronique est `alingo@frite.fr`, votre nom d'utilisateur est `alingo`.

6. **Si vous souhaitez que la connexion soit sécurisée, sélectionnez Chiffrement TLS ou Chiffrement SSL dans**

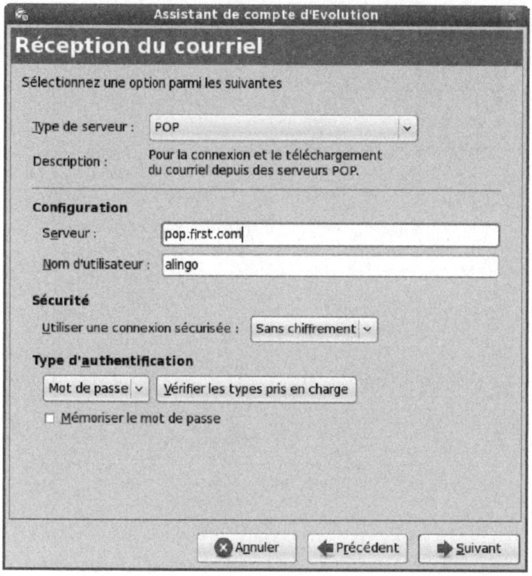

Figure 7.14 : La fenêtre Réception du courriel d'Evolution.

la liste déroulante associée au champ Utiliser une connexion sécurisée.

7. **Sélectionnez le type d'authentification.**

   Si vous ne connaissez pas le type d'authentification du serveur, cliquez sur le bouton Vérifier les types pris en charge. C'est Mot de passe en général.

8. **Si vous êtes le seul utilisateur à accéder à ce compte, cochez la case Mémoriser le mot de passe.**

9. **Cliquez sur le bouton Suivant pour accéder à la boîte de dialogue Options de réception (Figure 7.15).**

10. **Indiquez la fréquence de vérification automatique de présence de courrier.**

    Si votre connexion à Internet n'est pas permanente, vous pouvez faire la vérification manuellement.

11. **Si vous consultez votre messagerie à partir de machines différentes, vous souhaiterez peut-être conserver les**

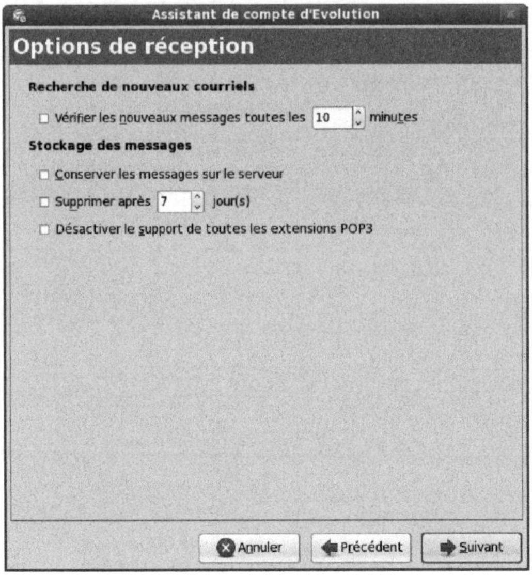

Figure 7.15 : La fenêtre Options de réception d'Evolution.

messages sur le serveur afin de les lire à partir de différentes machines.

Cliquez sur le bouton Suivant pour accéder à la boîte de dialogue Envoi du courriel (Figure 7.16).

12. **Modifiez le type de serveur s'il n'est pas SMTP.**

    Nous supposons que votre serveur est de type SMTP.

13. **Entrez le nom du serveur SMTP dans la zone Hôte.**

    Ce nom est du type `smtp.exemple.ext`.

14. **Sélectionnez, si besoin, une valeur dans la liste déroulante Utiliser une connexion sécurisée (TLS ou SSL).**

15. **Si le serveur requiert une authentification pour envoyer un courrier électronique, cochez la case Le serveur nécessite une authentification.**

    En général, aucune authentification n'est requise.

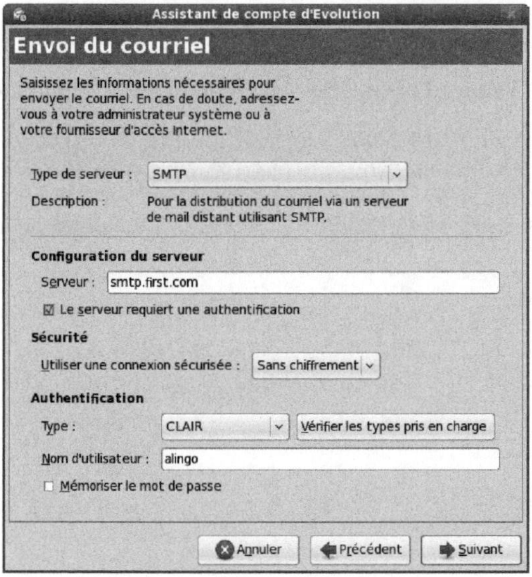

Figure 7.16 : La fenêtre Envoi du courriel d'Evolution.

16. **Cliquez sur Suivant pour accéder à la boîte de dialogue Gestion des comptes (Figure 7.17).**

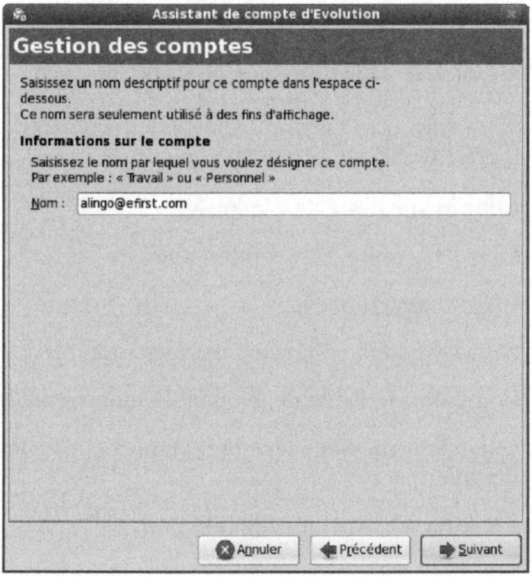

Figure 7.17 : La fenêtre Gestion des comptes d'Evolution.

17. **Cliquez sur Suivant pour accéder à la boîte de dialogue Terminé.**

18. **Validez l'installation en cliquant sur le bouton Appliquer.**

    La fenêtre d'installation se ferme et vous accédez à Evolution, comme le montre la Figure 7.18.

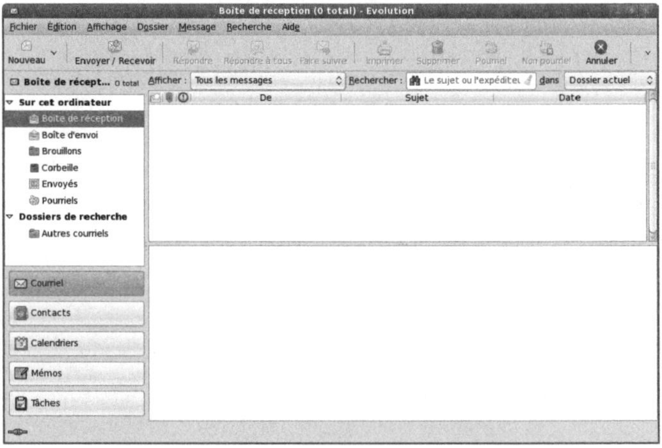

Figure 7.18 : La fenêtre Evolution.

Envoi d'un courrier électronique

Les étapes suivantes illustrent l'envoi d'un message électronique au président des États-Unis d'Amérique.

1. **Cliquez sur Boîte de réception.**

   La fenêtre Boîte de réception s'affiche.

2. **Cliquez sur Nouveau.**

   La fenêtre Rédaction d'un message s'ouvre.

3. **Complétez le message, comme le montre la Figure 7.19.**

4. **Une fois le message terminé, cliquez sur le bouton Envoyer.**

   Votre message est maintenant parti !

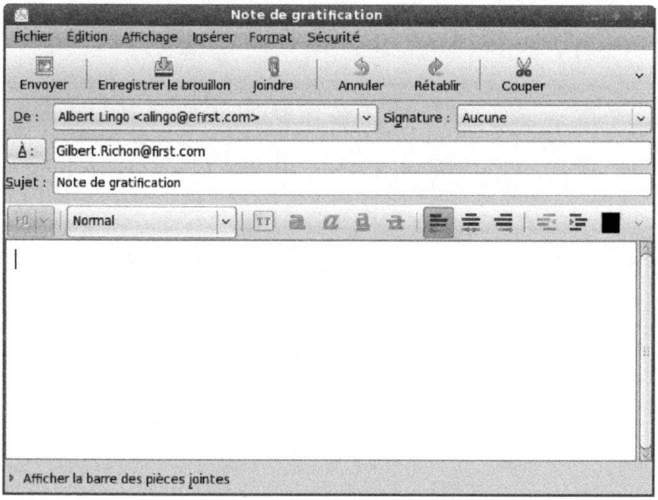

Figure 7.19 : Envoi d'un message électronique.

5. **Pour vérifier si vous avez reçu du courrier, cliquez sur le bouton Envoyer/Recevoir.**

Pour la rédaction et l'organisation de votre courrier électronique, plusieurs options sont disponibles dans la zone de la Boîte de réception. Vous pouvez créer des listes de destinataires, copier et répertorier les courriers envoyés et les courriers reçus dans des dossiers séparés, etc.

Chapitre 8

Quelques outils Internet conviviaux

Dans ce chapitre :

- La messagerie instantanée.
- Il existe d'autres navigateurs Web.
- Du courrier, du courrier et encore du courrier.
- Échange rapide de fichiers avec FTP.

Si vous avez installé la distribution Fedora 9 avec l'option Bureau personnel, plusieurs navigateurs Web, programmes de courrier et messagers instantanés sont installés sur votre système Linux. Dans ce chapitre, nous vous présentons certains des outils qui sont à votre disposition pour accéder aux services Internet, comme les sites Web, le courrier électronique, les forums de discussion et le service FTP.

Vous avez également à votre disposition d'autres outils et nous vous suggérons de prendre le temps de les explorer aussi. Vous découvrirez peut-être une application que nous n'aurons pas traitée et qui vous conviendra mieux. Si aucun de ces outils relatifs à Internet ne vous séduit, vous pouvez en rechercher d'autres sur Internet et les installer sur votre système Linux.

La messagerie instantanée

La messagerie instantanée est un outil semblable au téléphone. Au lieu de parler et d'écouter comme lors d'une conversation normale, vous tapez et lisez les messages. De plus, vous pouvez simultanément tenir des conversations instantanées multiples sans connexion supplémentaire. America Online (AOL) fournit un service instantané populaire de messagerie, appelé AOL Instant Messenger ou AIM. Une large variété de systèmes d'exploitation, y compris Linux, supporte AIM. Pidgin est un logiciel d'AIM qui est installé par défaut avec la distribution Fedora 9 ; c'est plus qu'une messagerie instantanée simple (IM), c'est pour cela que nous l'étudierons en détail.

Dans d'autres distributions, si vous choisissez le bureau GNOME, Pidgin est installé ; si vous choisissez KDE, Pidgin est aussi installé.

Pidgin

Pour accéder à Pidgin, exécutez la commande Applications/Internet/Messagerie internet Pidgin (Figure 8.1), entrez ensuite votre pseudonyme AIM appelé aussi *screen name*, si vous en avez un, ou créez un nouveau pseudonyme. Si vous êtes déjà utilisateur d'AIM, entrez ensuite votre mot de passe et connectez-vous ; assurez-vous que la connexion à Internet est déjà établie.

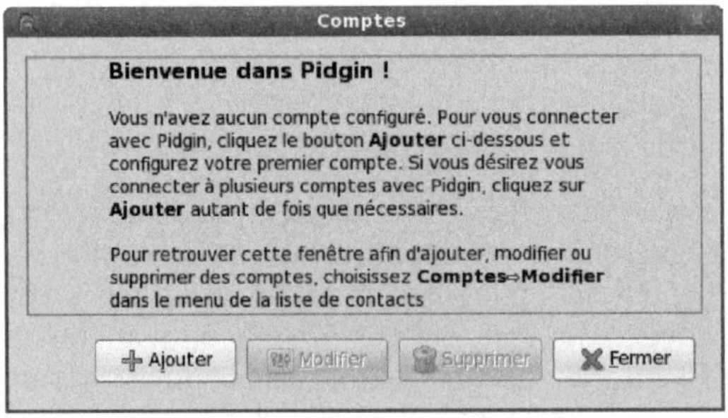

Figure 8.1 : La fenêtre d'accueil de Pidgin.

Si vous utilisez d'autres types de messageries instantanées ou bien si d'autres utilisateurs de votre système Linux souhaitent employer Pidgin, vous devez créer de nouveaux comptes AIM.

1. **Cliquez sur le bouton Ajouter dans la fenêtre Comptes (voir la Figure 8.2).**

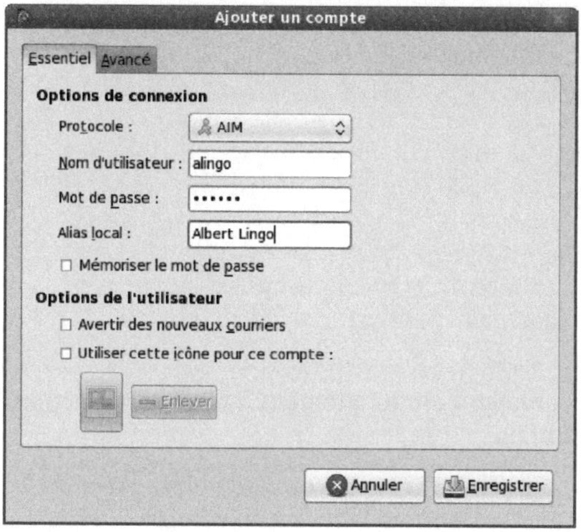

Figure 8.2 : La fenêtre Comptes.

2. **Sélectionnez le protocole dans la liste déroulante.**

   Vous avez le choix entre AIM, Gadu-Gadu, GroupWise, ICQ, IRC, MSN, QQ, SILC, SIMPLE, Sametime, XMPP, Yahoo, Zephyr, etc.

3. **Entrez ensuite le nom d'utilisateur.**

4. **Saisissez un mot de passe.**

5. **Si vous souhaitez un alias, spécifiez-le dans le champ correspondant.**

6. **Si vous êtes le seul utilisateur de ce système, vous pouvez cocher la case Mémoriser le mot de passe.**

   Si d'autres personnes ont accès à ce compte, ne cochez pas la case, il se pourrait qu'accidentellement ou intentionnellement quelqu'un accède à votre compte IM. Il existe d'autres paramètres, mais ils ne sont pas essentiels.

7. **Cliquez sur le bouton Enregistrer pour valider le compte et accéder à la fenêtre Comptes (voir la Figure 8.3).**

8. **Si vous voulez créer un autre compte, recommencez la procédure à partir de l'Étape 2. Vous pouvez vous**

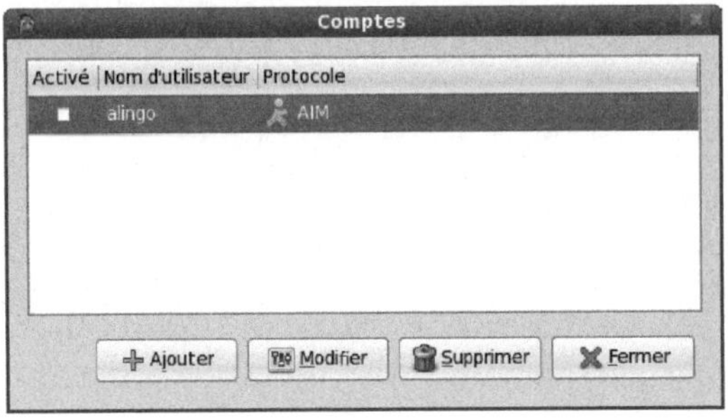

Figure 8.3 : La fenêtre Comptes de Pidgin.

connecter simultanément à plusieurs comptes d'IM avec Pidgin.

9. **Lorsque les comptes ont été créés, exécutez la commande Comptes/Activer un compte et sélectionnez le ou les comptes à activer.**

   Pidgin démarre chacun des comptes spécifiés.

Résolution de problèmes liés aux connexions IM

Si vous utilisez ICQ, votre Liste de contacts n'est pas stockée sur Internet, mais sur votre machine.

Parfois, votre système Linux est incapable de se connecter correctement au service IM. Quand cela arrive, un message d'erreur apparaît sur l'écran, indiquant un échec de connexion. Vous pouvez être incapable d'accéder au service IM pour plusieurs raisons :

- Vous avez entré un mot de passe erroné ou vous avez choisi un nom de compte incorrect.
- Votre ordinateur n'est pas actuellement connecté à Internet ; essayez d'ouvrir Mozilla Firefox ou un autre navi-gateur pour vérifier si vous pouvez accéder à un site Web.
- Si vous pouvez ouvrir un site Web et qu'il vous est impossible d'utiliser le service IM, il se peut que ce

dernier soit momentanément indisponible. Cela arrive de temps en temps en raison de la maintenance du service ou d'un trafic excessif sur Internet ou le service IM.

- Si vous essayez d'accéder au service IM à partir de votre lieu de travail, il se peut que pour des raisons de sécurité l'accès au service IM soit fermé. Consultez votre administrateur réseau pour un complément d'information.
- Il est fréquent que les sociétés mettent en place des barrières pare-feu (*firewalls*) entre le réseau interne et Internet pour se protéger. Si le pare-feu est configuré pour empêcher l'accès aux services IM, vous n'aurez aucune solution.

Un autre navigateur : Konqueror

Le Chapitre 7 vous a présenté le navigateur Web Mozilla Firefox. Celui-ci propose plusieurs fonctionnalités, telles que la consultation de sites Web, la gestion du courrier électronique, les forums de discussion, etc. Plusieurs navigateurs Web graphiques sont disponibles pour Linux. Konqueror, un autre navigateur Web populaire, fait partie de la distribution Fedora 9 ; il permet la navigation sur Internet et la gestion du courrier électronique et des forums de discussion.

La plupart des distributions Linux, comme la Fedora 9, proposent Konqueror. Pour démarrer Konqueror, exécutez la comande Applications/Internet/Konqueror (voir la Figure 8.4).

Pour définir les paramètres de Konqueror, activez la commande Settings/Configure Konqueror ; la fenêtre de configuration comme le montre la Figure 8.5 propose de nombreuses options dont certaines sont semblables à celles de Mozilla Firefox. Vous pouvez explorer chacun des thèmes de configuration en cliquant sur les icônes de la partie gauche de la fenêtre Configuration.

Un autre client e-mail : KMail

La plupart des navigateurs Web possèdent une fonctionnalité de gestion du courrier électronique ou *client e-mail* ; cela

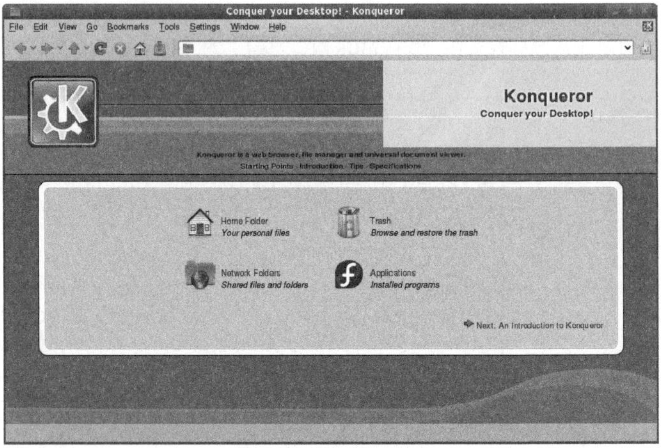

Figure 8.4 : La fenêtre d'accueil de Konqueror.

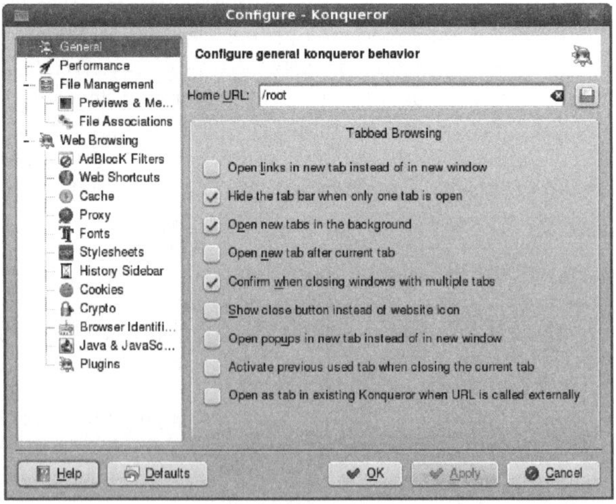

Figure 8.5 : La fenêtre de configuration de Konqueror.

n'empêche pas qu'il y ait pléthore de logiciels dédiés à la gestion du courrier électronique. Comme exemple, nous présentons KMail qui est un client de courrier électronique simple et disponible dans la plupart des distributions de Linux, y compris la Fedora 9. KMail est la messagerie KDE ; pour y accéder, exécutez la commande Applications/Internet/KMail ; la fenêtre de bienvenue s'affiche comme le montre la Figure 8.6.

Figure 8.6 : La fenêtre d'accueil de la messagerie KMail.

La première fois que vous démarrez KMail, vous devez paramétrer le logiciel en entrant votre nom, votre login et les caractéristiques de vos serveurs entrant et sortant. Ensuite, la fenêtre de KMail s'affiche comme le montre la Figure 8.7.

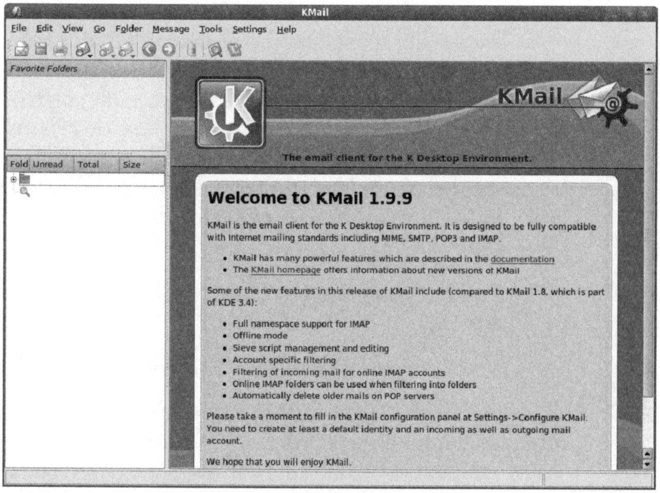

Figure 8.7 : La fenêtre KMail.

Si vous avez besoin de modifier les paramètres de connexion, vous pouvez le faire à partir du menu Settings (Configuration).

1. **Cliquez sur Settings/Configure KMail.**

   La fenêtre Configuration - KMail s'affiche, comme le montre la Figure 8.8. Vous pouvez y indiquer votre nom,

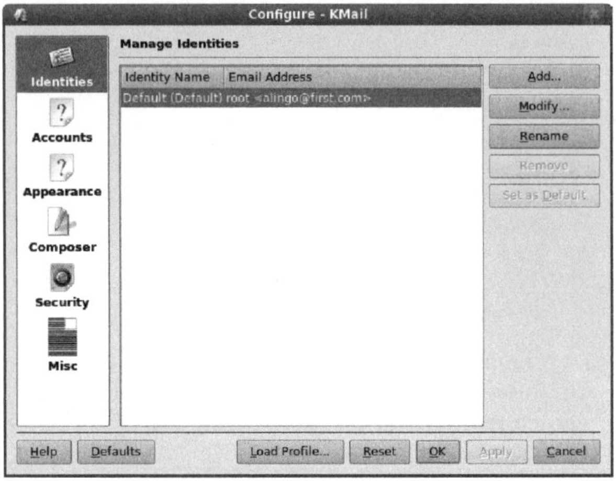

Figure 8.8 : La fenêtre de configuration de la messagerie de KMail.

y spécifier une signature et demander à ce qu'elle soit automatiquement ajoutée au courrier que vous envoyez, y définir l'emplacement de stockage de votre courrier électronique, y indiquer une adresse de réponse et les caractéristiques du serveur SMTP. Si vous ne connaissez pas les paramètres de votre serveur SMTP, consultez votre fournisseur d'accès Internet ou votre administrateur réseau.

2. **Validez vos paramètres de configuration en cliquant sur OK.**

   Vous revenez à la fenêtre de KMail.

La fenêtre de KMail contient une série de menus et de boutons, comme le montre la Figure 8.7. Pour créer un nouveau message, cliquez sur le bouton New Message (Nouveau message), en haut à gauche ; la fenêtre Composer - KMail s'affiche comme le montre la Figure 8.9. Entrez l'adresse électronique du destinataire, ainsi que le sujet et le message. Lorsque vous avez terminé, cliquez sur le bouton Send Mail (Envoyer).

TRUC

Avant l'envoi d'un message, vous pouvez ajouter un fichier, une image par exemple, en utilisant la commande Attach/Attach File (Joindre/Joindre un fichier) ou le bouton Attach File (Joindre un fichier) matérialisé par un trombone. Vous avez

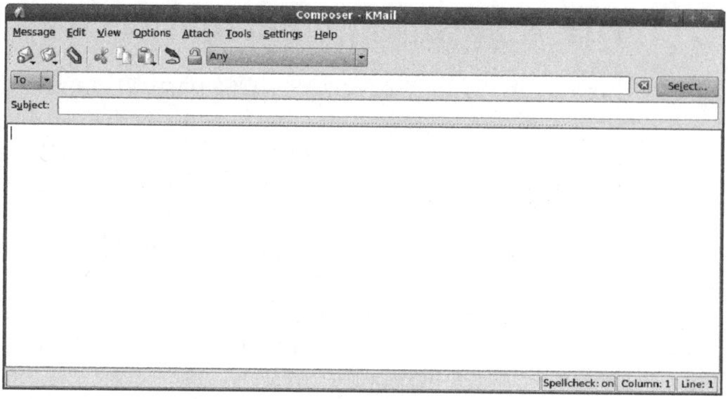

Figure 8.9 : La fenêtre Composer - KMail.

aussi à votre disposition un correcteur orthographique accessible à partir de la commande Tools/Spelling (Outils/Orthographe).

Transfert rapide de fichiers avec FTP

Les *services de fichiers* étaient les premiers types de services conçus pour les réseaux. Les réseaux ayant centralisé le stockage de fichiers, les utilisateurs ont eu besoin d'outils pour communiquer avec les serveurs et recevoir ou envoyer rapidement ces fichiers. Le protocole FTP (*File Transfer Protocol*) a été conçu pour fournir ce type de service. Élaboré il y a une éternité, il représente aujourd'hui encore l'une des meilleures manières de transférer des fichiers à travers un réseau. De plus, les navigateurs Web les plus récents supportent FTP. Ainsi, vous ne devez plus retenir des commandes complexes et fastidieuses pour envoyer ou recevoir des fichiers. Vous avez sans doute déjà téléchargé une mise à jour de logiciel à partir de votre navigateur ; en fait, cela a été réalisé en faisant appel au protocole FTP. Dans les premiers temps d'Internet, vous deviez saisir, à partir du clavier, des instructions en ligne de commande. Vous pouvez encore le faire mais la plupart des utilisateurs préfèrent les interfaces graphiques conviviales, comme gFTP que nous présenterons un peu plus loin.

FTP à partir d'un navigateur Web

Pour avoir accès à un service FTP à partir d'un navigateur Web, démarrez le navigateur et, dans la zone d'adresse, saisissez **ftp://** suivi de l'adresse du serveur FTP. Par exemple, entrez **ftp://www-ftp.lip6.fr/pub/linux/distributions/scientific/51/iso/i386** ; la Figure 8.10 montre l'accès au serveur miroir FTP du Laboratoire d'Informatique de l'Université Paris 6 (LIP6). Pour naviguer dans la structure arborescente, il suffit de cliquer sur les répertoires. Si vous cliquez sur un fichier, vous avez la possibilité de l'ouvrir ou de le télécharger (c'est-à-dire le copier dans un répertoire).

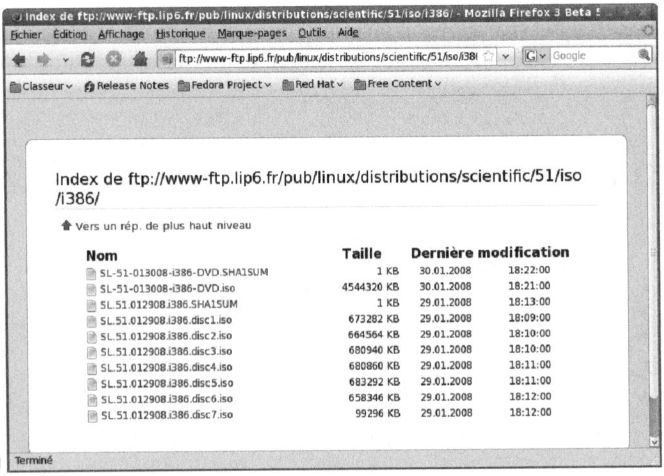

Figure 8.10 : Le serveur miroir FTP de LIP6.

gFTP

De nombreuses distributions Linux proposent une application FTP graphique appelée gFTP et jusqu'à la distribution Fedora 8, gFTP était inclus ; elle ne l'est pas dans la distribution Fedora 9 ! Cependant, l'installation est très simple ; pour ce faire, exécutez les étapes suivantes après vous être assuré que votre ordinateur est connecté à Internet :

1. **Exécutez la commande Applications/Outils système/ Terminal pour accéder au mode commandes en ligne.**

   Une fenêtre Terminal s'affiche.

2. **Si vous n'êtes pas loggé sous root, faite-le en tapant la commande** `su -` **puis installez l'application gFTP en entrant la commande :**

```
yum install gftp
```

   La configuration du système est testée puis le paquetage est pré-chargé comme le montre la Figure 8.11.

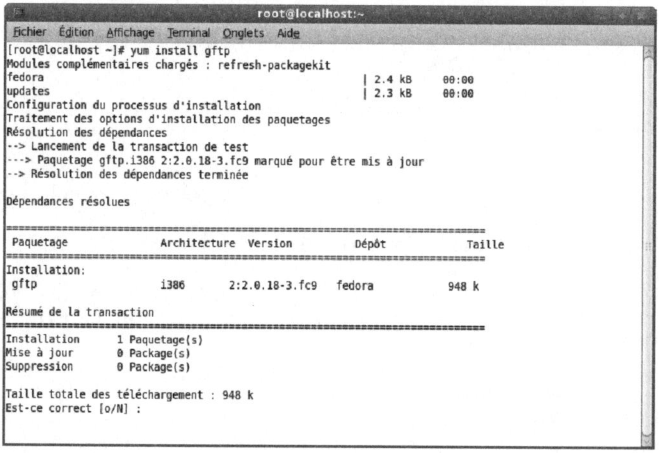

Figure 8.11 : Pré-chargement du module gFTP.

3. **Si tout est correct, tapez** `o` **pour démarrer le téléchargement. Lorsque l'installation est terminée, entrez la commande gftp pour lancer l'application.**

   La fenêtre gFTP s'ouvre, comme le montre la Figure 8.12.

4. **Dans la zone Host, en haut à gauche de la fenêtre, entrez l'adresse URL du serveur FTP.**

   Par exemple, **ftp.sunet.se**.

5. **Dans la zone Utilisateur, indiquez le nom d'utilisateur pour avoir accès au serveur FTP.**

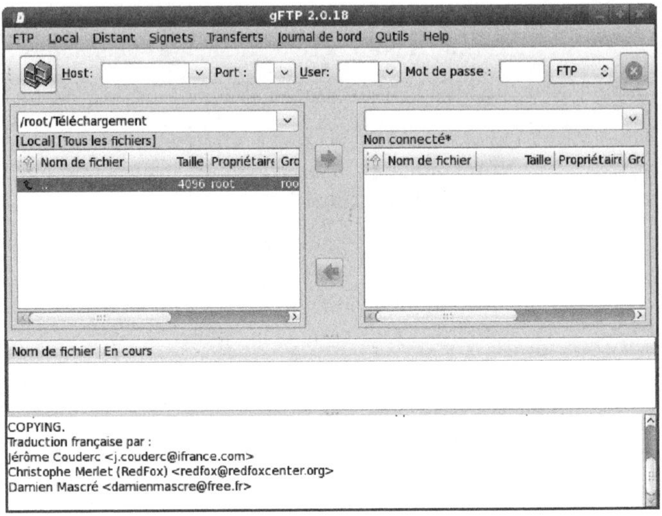

Figure 8.12 : La fenêtre gFTP.

Si un compte n'est pas nécessaire, entrez **anonymous**.

6. **Dans la zone Mot de passe, entrez votre mot de passe.**

   Si vous utilisez un compte anonyme, indiquez votre adresse de courrier électronique comme mot de passe.

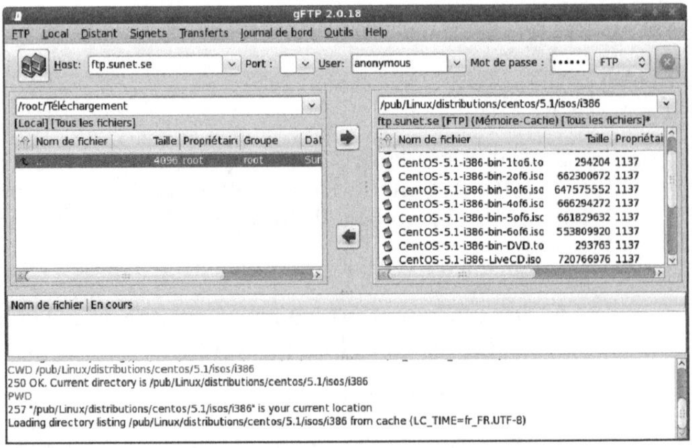

Figure 8.13 : L'accès à la distribution Centos 5.1.

7. **Pour vous connecter, cliquez sur le bouton représentant deux ordinateurs, en haut à gauche de la fenêtre.**

   Dans la partie inférieure de la fenêtre, des messages et des indicateurs décrivent la progression de la connexion FTP. La Figure 8.13 montre la connexion au serveur `ftp.sunet.se` et l'accès à la distribution Centos 5.1.

Troisième partie

Passez à la vitesse supérieure avec Linux

Dans cette partie...

Dans cette partie, nous allons développer de manière approfondie chaque composant du système d'exploitation, ces composants qui font de Linux un monstre de productivité qu'aucun autre système ne peut égaler.

Nous traiterons aussi du système de fichiers Linux, de la gestion des fichiers et des répertoires, ainsi que du contrôle des utilisateurs ou des groupes qui ont une autorisation d'accès aux ressources vitales du système. Après cela, nous explorerons deux interfaces utilisateur graphiques (GUI) pour Linux : GNOME (*GNU Network Object Model Environment*) et KDE (*K Desktop Environment*).

Chapitre 9

Les fichiers et les répertoires

Dans ce chapitre :

- Les types de fichiers Linux.
- Le système de fichiers.
- Ajout au système de fichiers.
- Suppression dans le système de fichiers.
- Déplacement d'éléments.

Vous ne pouvez pas utiliser un ordinateur sans avoir à manipuler des fichiers et des répertoires. Au premier abord, Linux vous rappellera le bon vieux temps de MS-DOS, mais par la suite vous découvrirez d'innombrables différences. Vous apprendrez à travailler avec les fichiers et les répertoires à partir de l'invite de commandes et verrez que les commandes varient très peu en fonction des distributions de Linux. Enfin, nous finirons par quelques trucs et astuces.

Les types de fichiers

Vous rencontrerez dans le monde Linux une multitude de types de fichiers. Lorsque nous parlons de *type*, nous ne nous référons pas aux extensions telles que `.exe` ou `.doc` ; le *type* est le reflet de ce qu'est un fichier et de la façon dont vous êtes censé l'utiliser. Nous allons vous apprendre dans les sections suivantes à "lire" le contenu d'un système de fichiers, ainsi qu'à consulter et comprendre tous les types de fichiers de Linux.

Les répertoires

Les utilisateurs ont besoin de connaître les fichiers de leur machine et leurs emplacements ; la commande Linux `ls` (abréviation du mot *liste*) est prévue à cet effet. Elle affiche les fichiers et les sous-répertoires qui se trouvent dans un répertoire. Par exemple, si vous tapez la commande `ls` à l'invite de commandes dans le répertoire racine d'une machine sous Fedora, vous verrez s'afficher :

```
bin  dev  home  lost+found  opt  root  tmp  var  boot  etc  lib
mnt  proc  sbin  usr
```

Cette utilisation de la commande `ls` n'est que la partie émergée de l'iceberg. Bien d'autres options sont disponibles et peuvent être combinées pour fournir les résultats que vous souhaitez. Le Tableau 9.1 liste les options les plus intéressantes. **Souvenez-vous** : Linux est sensible à la différence entre minuscules et majuscules ; si un exemple est en majuscules, il doit être reproduit en majuscules.

Tableau 9.1 : Options de la commande ls.

Option	Objectif
`a`	Affiche tous les fichiers en incluant ceux qui commencent par un point.
`c`	Affiche la dernière fois où le fichier a été modifié.
`color`	Affichage en couleurs suivant le type des éléments.
`l`	Affiche une longue liste.
`R`	Affiche les contenus des répertoires du répertoire en cours.
`S`	Liste les fichiers par taille.
`t`	Liste les fichiers selon la date de la dernière modification.
`u`	Liste les fichiers selon la date du dernier accès.

Parmi les options de ce tableau, les options `-a` et `-l` sont les plus utilisées.

Si vous êtes dans un répertoire utilisateur venant d'être créé et que vous tapez la commande `ls`, vous ne verrez rien ; si vous tapez la commande `ls -a`, vous pouvez voir :

```
. .. .bash_logout .bash_profile .bashrc
```

Quelle est la signification des deux premières entrées ? Le point unique se réfère toujours à "directement ici" ; il caractérise le répertoire en cours. Ne vous inquiétez pas si cela ne vous dit rien pour le moment. Au fur et mesure que vous travaillerez avec d'autres commandes et que vous vous familiariserez avec Linux, ce point prendra un sens pour vous. Les deux points suivants se réfèrent au *répertoire parent*, c'est-à-dire celui qui se trouve immédiatement au-dessus. Pour presque tous les répertoires de base des utilisateurs, le répertoire parent est le répertoire `/home`. Plus loin dans ce chapitre, nous présenterons la structure du système de fichiers.

Si vous ne savez plus dans quel répertoire vous vous trouvez, tapez `pwd` et Linux vous l'indiquera.

Si vous tapez la commande `ls -l` dans ce répertoire, une fois de plus vous n'obtenez rien, c'est comme si vous aviez saisi `ls`. En revanche, si vous tapez la commande `ls -la`, vous obtenez un affichage qui contient bien davantage d'informations :

```
drwx------  2 dee  dee  4096 Jul 29 07:48 .
drwxr-xr-x  5 root root 4096 Jul 27 11:57 ..
   rw-r--r-- 1 dee  dee    24 Jul 27 06:50 .bash_logout
   rw-r--r-- 1 dee  dee   230 Jul 27 06:50 .bash_profile
   rw-r--r-- 1 dee  dee   124 Jul 27 06:50 .bashrc
```

Certaines parties de cet affichage seront plus faciles à comprendre que d'autres. Le premier élément dans chaque liste, la partie avec les lettres et les tirets (par exemple, `drwx------` dans la première ligne), n'est autre que la représentation des *droits d'accès* attribués à chaque sous-répertoire ou fichier. Ces droits définissent qui peut lire le fichier, le modifier ou l'exécuter si c'est un programme. Les droits d'accès sont traités de manière plus approfondie, plus loin dans ce chapitre. Le deuxième élément, dans notre cas `2`, est le nombre de *liens* à cet élément.

Le troisième élément (`dee`) est le *propriétaire* du fichier et le quatrième (`dee`) le *groupe* ; la section relative aux droits d'accès développera ces deux éléments. Le cinquième élément est la taille du fichier en octets. Chaque répertoire peut avoir jusqu'à 4 096 octets. Chaque élément a une taille qui lui est propre. On peut dire que la taille d'un fichier vide est zéro.

Les sixième, septième et huitième entrées caractérisent la date de la dernière modification du fichier : le mois (Jul), le jour (29) et l'heure au format 24 heures (07:48). Enfin, le neuvième élément est le nom du fichier, par exemple `.bash logout` dans la troisième ligne.

Informations relatives aux fichiers

Vous pouvez faire un zoom et mettre l'accent sur certains fichiers. Bien sûr, vous pouvez utiliser la commande `ls` pour le faire. Si vous tapez la commande `ls nom_de_fichier`, vous n'obtiendrez que le nom du fichier. Il est plus intéressant de taper la commande `ls -l nom_de_fichier`, qui fournit pour chaque fichier une ligne d'informations beaucoup plus complète.

TRUC

Lorsque vous tapez la commande `ls repertoire`, vous voyez en réalité le contenu du répertoire au lieu du nom du répertoire et de ses permissions (à moins que vous n'ajoutiez l'option `-d`). Par exemple, la commande `ls -ld repertoire` affiche une description complète du répertoire.

La première lettre indique le type de fichier ; le Tableau 9.2 liste les types de fichiers que vous pouvez rencontrer.

Linux possède des commandes qui aident l'utilisateur à comprendre plus facilement ce qu'il a listé avec la commande ls -l. L'une de ces commandes s'appelle tout simplement file ; elle donne directement le type du fichier associé. Par exemple, si vous tapez la commande file /home, vous obtenez le résultat suivant :

```
/home: directory
```

La commande `file` peut même analyser des liens ! Vous l'utilisez alors de deux manières différentes :

Tableau 9.2 : Types de fichiers Linux.

Désignation	Type	Description
-	Fichier standard	C'est un fichier ordinaire tel qu'un fichier texte ou un programme.
b	Périphérique bloc	L'élément est un pilote (programme de contrôle) pour un support tel qu'un disque dur ou un lecteur de CD-ROM.
c	Périphérique caractère	L'élément est un pilote (programme de contrôle) pour un matériel qui transmet des données, tel un modem.
d	Répertoire	C'est l'élément qui contient les fichiers, en référence au dossier d'un système d'exploitation.
l	Lien	Un élément qui est soit un lien hard, soit un lien soft.

- La commande `file` sans option analyse l'élément qui a été passé en paramètre. Par exemple, si vous tapez `file /usr/src/linux`, vous obtenez le résultat suivant :

```
/usr/src/linux: symbolic link to /usr/src/linux-2.6.11-1.1369
```

- L'option `-L` établit un lien vers l'original et effectue l'analyse sur ce dernier : `file -L /usr/src/linux` devient `file /usr/src/linux-2.6.11-1.1369` et génère l'affichage suivant :

```
/usr/src/linux: directory
```

Le système de fichiers

Vous devez savoir vous déplacer d'une zone à l'autre dans la structure du répertoire, découvrir l'endroit où vous êtes, ajouter et supprimer des éléments. N'hésitez pas à vous logger sous un compte utilisateur pour mettre en pratique les informations qui suivent. Si vous n'êtes pas loggé sous root, vous ne risquez pas de supprimer ni de déplacer un élément vital !

Déplacement dans un système de fichiers

Linux possède deux commandes pour se déplacer dans le système de fichiers. La première permet de connaître exactement l'endroit où vous vous trouvez. La plupart des distributions Linux affichent une invite du type suivant :

```
[dee@myhost dee]$
```

Cette invite indique que le nom de session est `dee` et que la machine sur laquelle vous êtes connecté est `myhost`. Cependant, le répertoire en cours est le répertoire `/home/dee` et non `dee` tout court. La plupart du temps, Linux utilise ce format pour éviter de surcharger l'invite de la ligne de commande. En effet, une invite qui montrerait l'adresse absolue pourrait, dans certains cas, occuper plus de la moitié de la ligne de commande. La commande `pwd` permet de connaître l'adresse absolue du répertoire en cours.

La commande `cd` permet de se déplacer à travers le système de fichiers. Par exemple, pour aller du répertoire `/home/dee` au répertoire temporaire `/tmp`, vous devez taper `cd /tmp`. Les chemins d'accès aux répertoires du système de fichiers peuvent être exprimés de deux manières différentes.

- **Le chemin d'accès complet** : Par exemple, si vous êtes dans le répertoire `/home/dee` et que vous voulez accéder au sous-répertoire `fichiers`, vous devez taper la commande `cd /home/dee/fichiers`.
- **Le chemin d'accès relatif entre les deux répertoires** : Par exemple, pour accéder au sous-répertoire `fichiers` du répertoire `/home/dee`, tapez tout simplement la commande `cd fichiers`. La commande `cd` comprend que vous êtes déjà dans le répertoire `/home/dee` et recherche le répertoire `fichiers` à l'intérieur de celui-ci.

Supposons maintenant que vous ayez ouvert une session sous root et que vous vérifiiez certains répertoires utilisateurs. Vous êtes dans le répertoire `/home/dee` et souhaitez accéder au répertoire `/home/ralph`. Vous pouvez taper la commande `cd /home/ralph` ou la commande `cd ../ralph`. Les deux points (`..`) indiquent le répertoire parent du répertoire en cours.

Le paramètre ../ralph spécifie à la commande cd de "remonter" d'un répertoire, dans /home, et de se déplacer ensuite dans ralph.

Comment accéder à votre répertoire utilisateur ? Tapez cd ~ ; vous y arrivez immédiatement ! En fait, vous auriez pu entrer seulement cd, sans paramètre, le résultat aurait été le même. Si vous souhaitez accéder au répertoire texte qui est un sous-répertoire de votre répertoire utilisateur, vous pouvez taper cd ~/texte.

Création de fichiers et de répertoires

En travaillant sur votre machine Linux, vous allez probablement vouloir faire rapidement les deux actions suivantes :

- **Créer vos propres fichiers** : Au cours de votre découverte de Linux, vous serez amené à créer des fichiers. N'oubliez pas de tenir un journal ou de faire un résumé de ce que vous aurez pu apprendre au cours de vos essais.
- **Créer des répertoires** : Il est probable que vous souhaiterez regrouper les fichiers que vous aurez créés. Pour faciliter cette organisation, n'hésitez pas à créer de nombreux répertoires.

Création de nouveaux fichiers

Sous Linux, il existe essentiellement trois manières de créer de nouveaux fichiers. La première est la commande touch, la plus simple. Les autres sont un peu plus complexes et impliquent que vous soyez bien au courant des techniques que vous allez découvrir dans ce livre.

Un nouveau fichier vide peut être créé à n'importe quel moment avec la commande touch. Puisque le fichier ne contient rien, il a seulement un nom, vous n'avez fait que créer une entrée dans un répertoire. Le format de la commande touch est le suivant : touch nom_de_fichier où *nom_de_fichier* est le nom du fichier à créer. Si vous êtes dans le répertoire où vous voulez créer le fichier, tapez simplement touch nom_de_fichier ; sinon, utilisez les techniques abordées dans la section précédente pour vous déplacer. Si vous êtes dans le répertoire `/home/mike` et que vous souhaitez créer le fichier `today` dans le sous-répertoire `journal`, tapez la commande `touch journal/today`. Si vous êtes dans le répertoire `/home/mike/journal` et que vous voulez créer le fichier `note` dans le répertoire `/home/mike`, tapez la commande `touch ../note`.

Lorsque vous aurez lu la section relative aux droits d'accès, vous pourrez commencer à expérimenter la commande `touch` pour créer des fichiers provisoires que vous pourrez modifier sans aucun problème.

L'autre méthode dépend du type de fichier à créer. Si c'est un fichier texte, utilisez un des éditeurs de texte Linux. Un *éditeur de texte* est un petit programme qui permet de travailler avec des textes bruts, sans aucun formatage, comme le Bloc-notes sous Windows.

Enfin, les fichiers qui ne sont pas du texte brut sont des documents de texte mis en forme, des fichiers graphiques, des fichiers image, etc. Ces fichiers sont générés à partir d'un logiciel approprié.

Création de nouveaux répertoires

Plus vous ajouterez de fichiers dans votre répertoire de base, plus vous aurez de difficultés à retrouver un fichier particulier dans un laps de temps raisonnable. Les répertoires sont des structures qui vous aideront à surmonter ce genre de problèmes. Sous Linux, la commande `mkdir` permet de créer de nouveaux répertoires. Encore une fois, vous avez plusieurs manières de la mettre en œuvre. Si vous êtes dans le répertoire `/home/mike` et que vous souhaitez créer le répertoire `/home/mike/pictures`, tapez la commande `mkdir pictures`. Si vous avez besoin de créer un répertoire temporaire en dehors de votre répertoire de base avec des fichiers à partager, saisissez la commande `mkdir /tmp/pictures`.

Déplacer, renommer et supprimer des fichiers et des répertoires

Dans la vie, les choses changent. Un jour, vous créez un fichier nommé `text`. Le jour suivant, vous téléchargez des dizaines de fichiers texte et vous avez besoin de créer un nouveau répertoire. Vous le créez et vous y placez ces fichiers, ou bien vous créez un nom de fichier générique, de telle sorte que vous devenez incapable de faire la différence entre `text` et `text5`. Vous devez donc les renommer pour réussir à vous y retrouver. Heureusement, Linux possède les commandes qui vous aideront à le faire facilement.

Déplacer et renommer des fichiers

Soyez prudent si vous utilisez le compte root. Renommer, déplacer ou supprimer des fichiers système peut entraîner de très sérieux dégâts !

Utilisez la commande `mv` pour déplacer et renommer des fichiers. Pour déplacer un fichier d'un emplacement à un autre, tapez `mv emplacement_original emplacement_nouveau`. *emplacement_original* est le répertoire où se trouve le fichier, et *emplacement_nouveau* l'emplacement où vous voulez le déplacer. Par exemple, pour déplacer le fichier `/home/mike/text` dans le répertoire `/home/mike/textfiles` lorsque vous êtes dans le répertoire `/home/mike`, tapez `mv text textfiles`. Cela équivaut à taper la commande `mv /home/mike/text /home/mike/textfiles` ou la commande `mv /home/mike/text /home/mike/textfiles/text`. Si la destination est un nom de répertoire existant, la commande `mv` suppose que le fichier d'origine soit déplacé dans ce répertoire.

Renommer des fichiers relève de la même procédure. Si vous voulez renommer le fichier `/home/mike/text` en `/home/mike/grocery_list`, tapez la commande `mv text grocery_list` si vous êtes dans le répertoire `/home/mike`.

Vous pouvez déplacer un fichier et le renommer en même temps. Par exemple, vous pouvez déplacer le fichier `/home/mike/text` en le renommant `grocery_list` à l'intérieur du répertoire /home/mike/textfiles grâce à la commande mv text textfiles/grocery_list.

Supprimer des fichiers et des répertoires

Quel que soit votre système d'exploitation, nettoyez de temps en temps le système de fichiers. Si vous ne le faites pas, vous risquez de ne plus avoir d'espace disque disponible. Linux possède deux commandes pour supprimer les fichiers et les répertoires. La première est la commande rm (abréviation de *remove*), utilisée sans option et supprimant les fichiers spécifiés. Par exemple, si vous tapez la commande rm ~/test.tif, le fichier test.tif sera supprimé. Il est probable que vous devrez répondre à la question suivante :

```
rm: remove 'test.tif'?
```

Tapez **n** ou appuyez sur Entrée pour annuler l'opération ; sinon, tapez **y** pour supprimer le fichier. Les options associées à la commande rm sont présentées dans le Tableau 9.3.

Tableau 9.3 : Options de la commande rm.

Option	Description
d	Supprime un répertoire même s'il n'est pas vide.
f	Supprime des éléments sans demander de confirmation.
i	Demande confirmation avant de supprimer quoi que ce soit.
r	Accède aux sous-répertoires et supprime les éléments qui s'y trouvent.
v	Affiche des informations au cours du processus de suppression.

Ces options peuvent être utilisées séparément ou combinées. Si vous choisissez la bonne option, la commande rm peut supprimer un répertoire ou un fichier. Par exemple, pour supprimer le répertoire /home/mike/textfiles, tapez la commande rm -d textfiles à partir du répertoire /home/mike ; le répertoire et son contenu sont alors supprimés. Cependant, vous risquez de devoir confirmer la suppression de chaque élément, tâche fastidieuse si le répertoire en question contient plusieurs dizaines de fichiers ! Pour éviter les demandes de confirmation, tapez plutôt la commande `rm -df textfiles` ; l'option `-f` évite les questions et réalise les suppressions en une seule opération. Assurez-vous toutefois de bien vouloir vous débarrasser de tout le répertoire et de son contenu.

Supposez que vous vouliez supprimer une sous-arborescence complète, par exemple le répertoire `/home/sally/files` et ses sous-répertoires `/text`, `/images`, `/programs`, etc. Vous pouvez taper la commande `rm -r files` à partir du répertoire `/home/sally`. Une fois de plus, vous aurez de nombreuses demandes de confirmation pendant la suppression. Pour l'éluder, utilisez la commande `rm -rf files`.

La commande `rm -rf` est peut-être la plus dangereuse des commandes Linux et UNIX, en particulier si vous êtes loggé sous root. Néanmoins, si vous avez ouvert votre session sous root, *vérifiez bien* (plusieurs fois) que vous tapez la commande à partir du bon répertoire et que vous voulez vraiment supprimer toute l'arborescence. De nombreux administrateurs système ont tapé par accident la commande `rm -rf` à partir du répertoire racine et ont cru mourir en entendant le disque ronronner au fur et à mesure qu'il supprimait tout. Vous pouvez taper Ctrl+C pour interrompre la commande, mais les fichiers supprimés ne pourront pas être restaurés.

Pour supprimer les répertoires, vous pouvez aussi utiliser la commande `rmdir` qui se contente de supprimer les répertoires vides. De nombreux utilisateurs préfèrent utiliser une combinaison de commandes `rm` pour supprimer les fichiers, puis la commande `rmdir` pour supprimer les répertoires, les risques d'erreur étant ainsi moindres. Par exemple, pour supprimer le répertoire temporaire `/tmp/mikesfiles`, tapez la commande `rm -r` à partir du répertoire `/tmp/mikesfiles`, puis entrez la commande `cd ..` afin de revenir au répertoire `/tmp` et tapez la commande `rmdir mikesfiles`.

Si vous tapez `rm -rf *` dans un répertoire, vous supprimez sans confirmation tout ce qui se trouve à l'intérieur de ce répertoire, y compris les sous-répertoires et leur contenu. C'est une commande très dangereuse lorsqu'elle est exécutée sous root : elle risque de générer des dégâts irréversibles !

Les droits d'accès

Observez sur votre écran la liste des informations qui sont affichées après que vous avez saisi la commande `ls -l`. Si vous ne vous y retrouvez pas, ne vous inquiétez pas ! La section sur les types de fichiers, abordée auparavant dans ce chapitre, a donné une explication sur la première lettre de chaque ligne, mais il y a encore neuf caractères avant que vous n'arriviez à la colonne suivante. Ce groupe des neuf caractérise les *droits d'accès,* appelés aussi *permissions*, pour le fichier ou le répertoire. Linux, UNIX et même Mac OS utilisent des droits d'accès pour sécuriser les fichiers et les répertoires. Ces droits d'accès donnent les moyens de spécifier précisément les personnes qui pourront lire les fichiers, les modifier et même exécuter les programmes. Cette sécurisation est indispensable lorsque certaines ressources d'un système sont mises à la disposition des utilisateurs déclarés, voire du monde entier s'il y a une connexion.

Les triades

Chaque ensemble de droits d'accès est composé de trois lots de triades, et chacune de ces triades, qui ont la même structure de base, se rapporte à un groupe différent. Considérons les éléments du répertoire `/home/dee` :

```
total 20
drwx------   2 dee  dee  4096 Jul 29 07:48 .
drwxr-xr-x   5 root root 4096 Jul 27 11:57 ..
   rw-r--r-- 1 dee  dee    24 Jul 27 06:50 .bash_logout
   rw-r--r-- 1 dee  dee   230 Jul 27 06:50 .bash_profile
   rw-r--r-- 1 dee  dee   124 Jul 27 06:50 .bashrc
   rw-rw-r-- 1 dee  dee     0 Jul 29 07:48 lsfile
```

Le premier caractère de la ligne définit le type du fichier au sens UNIX, le caractère `d` caractérise un répertoire (sur les deux premières lignes), le tiret (`-`) signifie qu'il s'agit de fichiers (sur les quatre dernières lignes). Chaque ensemble de droits d'accès est un groupe de neuf caractères qui se divise en trois, comme le montre la Figure 9.1.

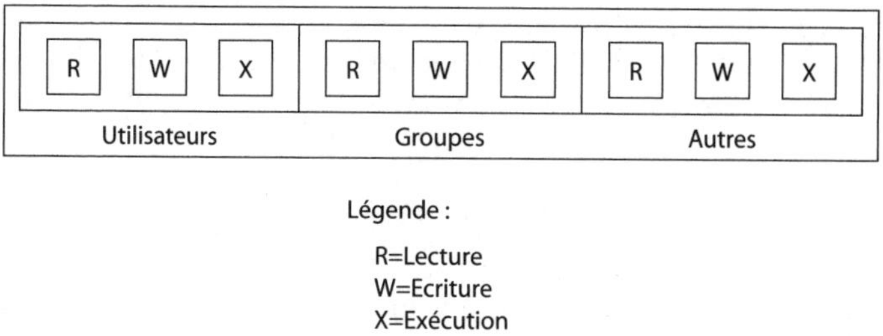

Figure 9.1 : Les neuf caractères définissant les droits d'accès.

Les triades se décomposent de la manière suivante :

- La première triade (le deuxième, le troisième et le quatrième caractère) établit les droits d'accès pour l'utilisateur ou le propriétaire du fichier.
- La deuxième triade (le cinquième, le sixième et le septième caractère) détermine les droits d'accès pour le groupe auquel le fichier est affecté.
- La troisième triade (le huitième, le neuvième et le dixième caractère) définit les droits d'accès pour les autres, c'est-à-dire ceux qui ne sont pas propriétaires du fichier et qui n'appartiennent pas à son groupe.

Même si chaque triade est différente des autres, les triades possèdent une structure interne identique. Concentrez-vous surtout sur la façon de lire une triade, avant de regarder l'ensemble. Chaque triade est composée de trois caractères :

- Le premier caractère est soit un `r`, soit un tiret (-). Le `r` représente le droit de lecture (*read*). S'il apparaît, l'entité associée à la triade est autorisée à lire le répertoire ou le contenu du fichier. Le tiret (-) signifie que l'entité associée à la triade n'est pas autorisée à lire le répertoire ou le contenu du fichier.
- Le deuxième caractère est soit un `w`, soit un tiret (-). Le `w` représente le droit en écriture (*write*). S'il apparaît, l'entité associée à la triade est autorisée à écrire dans le répertoire (ajouter ou modifier des éléments) ou dans le fichier. Le tiret (-) signifie que l'entité associée à la triade n'est pas autorisée à écrire dans le répertoire ou dans le fichier.

- Le troisième caractère est, soit un `x`, soit un tiret (-). Le `x` représente le droit d'exécution (*execute*). S'il apparaît, l'entité associée à la triade est autorisée à se déplacer dans le répertoire ou à exécuter le fichier s'il s'agit d'un programme. Le tiret (-) signifie que l'entité associée à la triade n'est pas autorisée à accéder au répertoire ou à exécuter le fichier.

TRUC

Dans tous les cas, si le tiret (-) est utilisé à la place des permissions `r`, `w` ou `x`, la triade ne donne pas à l'entité les droits de lecture, d'écriture ou d'exécution.

Les sections suivantes décrivent en détail les propriétaires et les groupes.

Les propriétaires

Vous avez probablement remarqué jusqu'à présent que nous avons beaucoup parlé de propriétaires et de groupes sous Linux. Chaque fichier et chaque répertoire possèdent les composants suivants : un utilisateur ou propriétaire (c'est un nom que l'on retrouve dans le fichier `/ect/passwd`) et un groupe (c'est un nom que l'on retrouve dans le fichier `/etc/group`).

Bien que l'utilisateur ordinaire n'ait pas souvent besoin de changer les droits sur les fichiers, le superutilisateur, root, le fait régulièrement. Si vous ajoutez, par exemple, le fichier `comments` au répertoire `/home/tom`, alors que vous êtes superutilisateur, le fichier appartiendra à root. L'utilisateur `tom` ne pourra rien faire, à moins que vous n'ayez établi les droits d'accès de la dernière triade pour permettre aux *autres* (ceux qui ne sont pas les propriétaires du fichier et qui ne font pas partie de son groupe) de lire et d'écrire sur le fichier. Ce n'est pas une bonne façon d'agir, car la notion de permission doit plutôt conduire à réduire l'accès qu'à le banaliser. Il est préférable que le propriétaire du fichier soit changé et qu'il devienne `tom` ; utilisez pour cela la commande `chown` (abréviation de *change owner*). Par exemple, en tapant la commande `chown tom comments`, le propriétaire du fichier sera `tom`, il pourra travailler avec le fichier et même changer ses droits d'accès.

Les groupes

Il est plus intéressant de travailler avec les groupes qu'avec les propriétaires. Les groupes permettent à de multiples utilisateurs de partager certaines zones du système de fichiers. Par exemple, dans plusieurs versions de Linux, chaque nouvel utilisateur est ajouté à un groupe appelé `users`. Dans ce cas, le contenu du répertoire `/home/dee` deviendrait :

```
total 20
drwx------   2 dee  users 4096 Jul 29 07:48 .
drwxr-xr-x   5 root root  4096 Jul 27 11:57 ..
   rw-r--r-- 1 dee  users   24 Jul 27 06:50 .bash_logout
   rw-r--r-- 1 dee  users  230 Jul 27 06:50 .bash_profile
   rw-r--r-- 1 dee  users  124 Jul 27 06:50 .bashrc
   rw-rw-r-- 1 dee  users    0 Jul 29 07:48 lsfile
```

TRUC

Dans une distribution Linux telle que la Red Hat Enterprise et la Fedora, par défaut l'utilisateur et le groupe sont les mêmes, mais ce n'est pas toujours le cas comme vous venez de le voir.

Le superutilisateur (root) peut créer de nouveaux groupes ou ajouter des utilisateurs à des groupes de deux manières : soit en éditant le fichier contenant les informations du groupe, soit en utilisant des commandes spéciales. Le fichier contenant la liste des groupes et des membres des groupes est le fichier `/etc/group`. Les groupes peuvent aussi contenir d'autres groupes.

Si vous voulez créer un nouveau groupe, sans avoir à éditer le fichier `/etc/group`, vous pouvez le faire de deux manières :

- Avec la commande `groupadd` ; utilisez-la dans le format `groupadd nom_de_groupe` en spécifiant le nom de l'utilisateur à ajouter.
- Avec la commande `usermod G groupe utilisateur` ; par exemple, tapez `usermod G users dee`.

Modification des droits d'accès

Les droits d'accès et de propriété sont attribués à tous les fichiers au cours du processus d'installation. Ensuite, chaque répertoire et chaque fichier créés reçoivent des droits d'accès en fonction de leur position dans le système de fichiers ; ces droits dépendent aussi de la distribution. Cependant, il se peut qu'ils ne vous conviennent pas. Vous souhaiterez alors les modifier, afin de mieux protéger vos données ou, au contraire, de les rendre plus accessibles.

La commande `chmod` (abréviation de *change mode*) permet de modifier les droits d'accès, son format est `chmod nouveaux_droits_d'accès fichier`. *Nouveaux_droit_d'accès* caractérise les nouveaux droits et *fichier* le fichier ou le répertoire affecté.

Nous allons voir à présent deux manières d'exprimer les *nouveaux droits d'accès* : soit avec des lettres, soit avec des nombres.

Modification des droits d'accès avec des lettres

L'utilisation des lettres est une méthode pour indiquer à Linux que vous voulez modifier un lot de droits d'accès. Vous avez deux groupes de caractères à utiliser. Le premier groupe se compose de :

- `u` pour l'utilisateur.
- `g` pour le groupe.
- `o` pour les autres.
- `a` pour tous (ou `u`, `g` et `o` ont le même effet).

Le second groupe se compose des caractères que Linux utilise pour les triades (voir la section "Les triades", développée précédemment) `r`, `w` et `x`, et des opérateurs. Ce sont des caractères qui spécifient à la commande `chmod` ce qu'elle doit faire avec les droits. Ces opérateurs sont les suivants :

- `+` pour ajouter un droit.
- `-` pour enlever une permission.
- `=` pour s'assurer qu'une permission est établie.

Maintenant que vous avez en main toutes les pièces, vous pouvez les assembler. Commencez avec l'exemple `chmod` `nouveaux_droits_d'accès fichier`. Votre but est de ne permettre à aucun utilisateur, en dehors de vous-même, de voir le contenu du répertoire. À partir de cette indication, vous vous référez à la troisième triade ou à la triade `o`. La permission qui autorise ou interdit à un utilisateur de visualiser le contenu d'un fichier ou d'un répertoire est l'indicateur `r`. L'opérateur qui supprime le droit est le signe moins (-). Tapez `chmod o-r répertoire`, vous constatez immédiatement que tous les utilisateurs du groupe `o` (*other*) ne peuvent plus voir les contenus de `répertoire`. C'est aussi facile que ça !

TRUC

Vous pouvez aussi changer plusieurs triades en même temps de différentes manières. Par exemple, si vous souhaitez que seul le propriétaire (`dee`) puisse lire le contenu de `répertoire`, entrez la commande `chmod go-r répertoire` qui modifie simultanément les droits pour le groupe et les autres. Si vous voulez que des membres du groupe ne puissent plus changer le contenu d'un fichier ni le lire, tapez `chmod go-r, g-w fichier`.

Modification des droits d'accès avec des nombres

Pour modifier les droits d'accès, vous pouvez également utiliser les nombres. Ce format est le plus utilisé sous Linux : documentations, livres, pages de guide et références en ligne. Bien qu'un peu "technique", cette méthode est très pratique pour modifier rapidement des droits d'accès, sans avoir à taper les neuf caractères !

Pour simplifier, les nombres dans les droits d'accès permettent de faire appel à des valeurs exprimées en base dix. Cette dernière est notre système de numération normal où l'on compte à partir de zéro jusqu'à neuf, puis de dix jusqu'à dix-neuf et ainsi de suite, plutôt que d'avoir à travailler avec des bits et des octets (combinaisons de 0 et de 1).

Prenons les droits suivants :

```
rw-rw-r--
```

Ignorez le tout premier élément parce qu'il ne caractérise pas les permissions sur le fichier. Dans ce cas, le tiret signifie qu'il s'agit d'un fichier standard. En décomposant la suite en triades (lots de trois), on obtient `rw-` (droits d'accès du propriétaire), `rw` (droits d'accès du groupe) et `r--` (droits d'accès des autres utilisateurs) :

- triade 1 : `rw-`
- triade 2 : `rw`
- triade 3 : `r--`

On peut ensuite affecter des valeurs à chaque élément de la manière suivante :

- Chaque `r` vaut 4.
- Chaque `w` vaut 2.
- Chaque `x` vaut 1.
- Chaque `-` vaut 0.

Chaque triade conserve ensuite son propre total. Tout ce que vous avez à faire, c'est de calculer la somme des valeurs, comme le montre le Tableau 9.4.

Tableau 9.4 : Modification des droits d'accès avec des nombres.

Triade	Conversion en nombre
`rw-`	4 + 2 + 0 = 6
`rw`	4 + 2 + 0 = 6
`r--`	4 + 0 + 0 = 4

L'ensemble des droits d'accès numériques est établi de telle sorte que la première triade soit le premier nombre, la deuxième triade le deuxième nombre, la troisième triade le troisième nombre. L'ensemble des droits d'accès `rw-rw-r--` s'exprime donc ainsi : 664.

Si vous avez une idée précise de ce que vous voulez changer, utilisez le format `chmod nouvelles_permissions fichier` avec des nombres pour les droits d'accès. Par exemple, pour changer la permission `rw-rw-r--`en `rw-------`, tapez `chmod 600` `fichier`. Si vous aviez utilisé des lettres, vous auriez dû taper `chmod rw------- fichier`.

Lecture du contenu d'un répertoire

Le contenu d'un répertoire est assez facile à lire une fois que vous savez à quoi correspond chacun des éléments qui sont affichés. Nous allons détailler ligne par ligne l'exemple suivant :

```
total 20
drwx------ 2 dee  dee  4096 Jul 29 07:48 .
drwxr-xr-x 5 root root 4096 Jul 27 11:57 ..
   rw-r--r-- 1 dee  dee    24 Jul 27 06:50 .bash_logout
   rw-r--r-- 1 dee  dee   230 Jul 27 06:50 .bash_profile
   rw-r--r-- 1 dee  dee   124 Jul 27 06:50 .bashrc
   rw-rw-r-- 1 dee  dee     0 Jul 29 07:48 lsfile
```

Première ligne

```
Total 20
```

La première ligne spécifie le nombre d'éléments qui sont dans cette liste, c'est-à-dire tous les répertoires et les fichiers.

Deuxième ligne

```
drwx------ 2 dee  dee  4096 Jul 29 07:48 .
```

La première lettre, `d`, indique que c'est un répertoire. Vous remarquez ensuite que seule la première triade est définie ici. Le propriétaire (`dee`) est autorisé à voir le contenu du répertoire grâce à la lettre `r`, à sauvegarder des fichiers dans ce répertoire grâce à la lettre `w`, et à exécuter les programmes grâce à la lettre `x`. Aucun membre du groupe `dee` ne peut accéder à ce répertoire (`/home/dee`). Le répertoire possède deux liens, `2`. Le propriétaire est `dee` et le groupe est `dee`. Les informations suivantes concernent la taille de l'élément (les répertoires ont toujours une taille égale à 4 096 octets), la date et l'heure de création ou de dernière modification. Le dernier élément est le nom. Dans le cas présent, il s'agit d'un point qui représente le répertoire en cours, c'est-à-dire le répertoire /home/dee.

Troisième ligne

```
drwxr-xr-x 5 root root 4096 Jul 27 11:57 ..
```

Une fois de plus, la première lettre est un d, qui indique que nous sommes dans un répertoire. La première triade se réfère à l'utilisateur root auquel les trois lettres sont affectées (rwx). Il peut donc faire tout ce qu'il veut dans le répertoire /home. La deuxième triade est r - x : n'importe qui dans le groupe (root est aussi dans ce cas) peut lire le contenu du répertoire /home et exécuter les programmes qui s'y trouvent. La troisième triade est identique à la deuxième, donc les mêmes règles s'appliquent. Il existe cinq liens sur cet élément qui appartient à l'utilisateur root et au groupe root. Après la taille, la date et l'heure de création/modification, vient le nom de l'élément. Les deux points .. représentent le répertoire parent, c'est-à-dire le répertoire /home.

Quatrième, cinquième et sixième lignes

```
rw-r--r-- 1 dee  dee    24 Jul 27 06:50 .bash_logout
rw-r--r-- 1 dee  dee   230 Jul 27 06:50 .bash_profile
rw-r--r-- 1 dee  dee   124 Jul 27 06:50 .bashrc
```

Le premier caractère, -, indique qu'il s'agit de fichiers. Les fichiers sont toujours listés après les répertoires lorsque vous utilisez la commande ls -l. Les droits d'accès pour tous ces éléments sont les mêmes. La première triade est rw-, elle signifie que le propriétaire (dee) peut voir les contenus des fichiers et les éditer. La deuxième et la troisième triade pour ces trois fichiers sont r--. N'importe qui dans le groupe dee peut voir les contenus des fichiers, les autres utilisateurs peuvent aussi lire les fichiers. Il n'y a qu'un seul lien par fichier, et chacun d'eux appartient à l'utilisateur dee et au groupe dee. Chaque fichier a une taille spécifique, et la date et l'heure de création ou de dernière modification sont les mêmes. Ensuite, on trouve les noms des fichiers.

Septième ligne

```
rw-rw-r-- 1 dee  dee     0 Jul 29 07:48 lsfile
```

Le premier caractère (-) indique qu'il s'agit d'un fichier. Le propriétaire et les membres du groupe `dee` ont le droit de lire et de modifier ce fichier, les autres utilisateurs ne peuvent que le lire. Il n'y a qu'un lien et le fichier appartient à l'utilisateur `dee` et au groupe `dee`. C'est aussi un fichier vide puisque sa taille est de 0 octet. Après la date et l'heure de création ou de dernière modification, figure le nom du fichier : `lsfile`.

Les caractères génériques ou la tricherie légale

Le travail à partir de lignes de commandes implique de nombreux éléments à saisir. Il est évident que si vous devez travailler avec un groupe de fichiers et taper leur nom un par un, la besogne risque de devenir harassante. Heureusement, les caractères génériques (ou caractères *jokers*) sont là pour vous simplifier la tâche.

Les caractères génériques sont des caractères qui se substituent à un ou à plusieurs caractères. Le Tableau 9.5 présente les caractères génériques disponibles pour travailler avec des fichiers et des répertoires.

Tableau 9.5 : Caractères génériques pour la manipulation des fichiers.

Caractères	Noms des caractères	Objectifs
?	Point d'interrogation	Représente un caractère quel qu'il soit.
*	Astérisque	Représente un groupe de caractères, quels qu'ils soient.
[]	Crochets droits	Permet de spécifier une suite ou un groupe de caractères, quels qu'ils soient.

Supposez, par exemple, que vous ayez un répertoire avec la liste de fichiers suivante :

```
afile cfile file1file file2file fileafile
bfile file1 file2 file3 filebfile
```

Le Tableau 9.6 montre les différentes manières d'utiliser les caractères génériques pour accéder à ces fichiers.

Tableau 9.6 : Mise en œuvre des caractères génériques.

Si vous tapez ...	La commande retourne les fichiers
`ls ?file`	`afile`, `bfile` et `cfile`.
`ls file?`	`file1`, `file2` et `file3`.
`ls file*`	`file1file`, `file2file`, `fileafile`, `file1`, `file2`, `file3` et `filebfile`.
`ls *file`	`afile`, `cfile`, `file1file`, `file2file`, `fileafile`, `bfile` et `filebfile`.
`ls file[1-3]`	`file1`, `file2` et `file3`.
`ls file[1-3]*`	`file1`, `file2`, `file3`, `file1file` et `file2file`.
`ls file[1,a]*`	`file1`, `file1file` et `fileafile`.

TRUC

Le shell `bash` possède la caractéristique de terminer les noms de fichiers à votre place. Si vous devez saisir un nom de fichier long sur la ligne de commande, entrez les premières lettres puis appuyez sur la touche Tab, le shell `bash` fera le reste. Vous pouvez, de la même manière, compléter les commandes en appuyant sur la touche Tab, il faut seulement que vous tapiez suffisamment de lettres pour que l'élément soit unique.

Les gestionnaires de fichiers

Vous êtes peut-être fatigué de taper des commandes au clavier ! Heureusement, il y a l'interface graphique, ou GUI, qui propose un bouquet de *gestionnaires de fichiers* que vous allez pouvoir tester. Un gestionnaire de fichiers est un programme, tel que l'Explorateur Windows, qui vous permet de naviguer dans le système de fichiers, et de manipuler les fichiers et les répertoires avec la souris plutôt qu'avec des lignes de commandes. Dans cette section, vous découvrirez les gestionnaires de fichiers par défaut des distributions de Linux les plus courantes.

TRUC

Tant avec GNOME qu'avec KDE, les gestionnaires de fichiers peuvent en réalité faire plus que travailler avec vos fichiers. Usez et abusez des programmes présentés dans cette section !

Présentation de Nautilus

Dans l'environnement graphique du bureau de GNOME, le gestionnaire de fichiers par défaut est Nautilus. Vous pouvez le démarrer sous GNOME en exécutant la commande Applications/Outils système/Navigateur de fichiers. La Figure 9.2 montre un exemple de ce que vous pouvez voir dès l'ouverture de Nautilus.

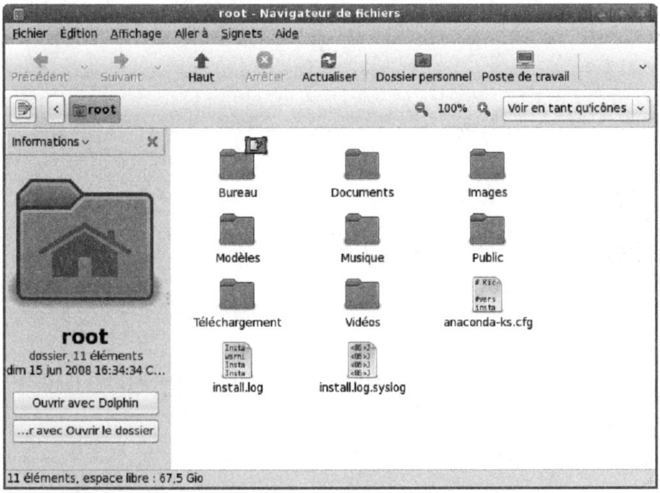

Figure 9.2 : Le gestionnaire de fichiers par défaut, Nautilus.

Le travail avec ce gestionnaire de fichiers devrait vous être familier, il est comparable aux gestionnaires de fichiers des autres systèmes d'exploitation. Pour afficher l'arborescence du système de fichiers dans la partie gauche de la fenêtre, procédez comme suit :

1. **Cliquez sur la coche située à droite du champ Informations.**

   Une liste déroulante présente les options disponibles.

2. **Sélectionnez Arborescence.**

   Vous trouverez dans Nautilus les mêmes dispositions de commandes (voir la Figure 9.3), ainsi que le glisser-déplacer auquel vous êtes sans doute habitué sous Microsoft Internet Explorer.

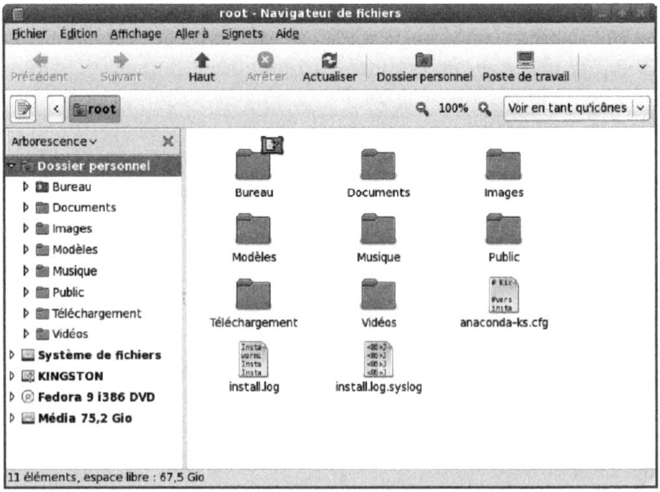

Figure 9.3 : L'affichage de l'arborescence dans Nautilus.

Les paramètres par défaut de Nautilus dépendent de la distribution Linux que vous avez installée.

Navigation dans le système de fichiers

Le déplacement dans le système de fichiers Linux est très simple avec Nautilus. Vous devez garder à l'esprit que les répertoires sont situés à gauche et les fichiers à droite. Voici comment utiliser Nautilus :

- **Pour ouvrir un répertoire à partir du volet gauche**, localisez-le dans la liste et cliquez sur le signe qui lui est associé.
- **Pour ouvrir un répertoire en utilisant le volet droit**, localisez-le dans la fenêtre et double-cliquez dessus. Linux affiche automatiquement les fichiers de ce répertoire.
- **Pour voir le contenu d'un répertoire en utilisant le volet gauche**, cliquez sur l'icône du répertoire ou le nom.
- **Pour voir les contenus d'un fichier ou pour exécuter un programme**, double-cliquez dessus.

TRUC

Avez-vous obtenu trop ou pas assez d'informations ? Faites des expériences avec les choix de la liste déroulante qui se trouve en haut à droite de la fenêtre : Voir en tant qu'icônes, Voir en tant que liste, Voir en tant que...

Copie et déplacement de fichiers

Vous pouvez copier et déplacer des éléments en utilisant deux méthodes différentes dans Nautilus. La première est la méthode habituelle qui vous est probablement familière avec Windows ou Mac OS (seulement à partir du panneau de droite) ; la seconde est l'utilisation des menus du programme. Pour déplacer un fichier en utilisant la méthode du glisser-déplacer, cliquez d'abord sur le fichier à déplacer dans la liste de droite, puis faites glisser le pointeur de la souris sur le dossier du volet droit dans lequel vous voulez déplacer le fichier.

Vous devez procéder de la même manière pour copier un fichier, mais il faut maintenir la touche Ctrl enfoncée lors du glisser-déplacer.

Suppression de fichiers et de répertoires

Pour supprimer, soit un fichier, soit un répertoire, à partir de Nautilus, procédez comme suit :

1. **Accédez au fichier ou au répertoire.**

2. **Sélectionnez le fichier ou le répertoire.**

   Cliquez sur l'élément pour mettre son nom en surbrillance.

3. **Tapez la touche Suppr.**

   Le fichier ou le répertoire disparaît. N'oubliez pas que s'il s'agit d'un répertoire qui contient des fichiers ou des sous-répertoires, ils sont alors supprimés aussi.

Ces éléments supprimés ne sont pas réellement supprimés. Si vous aviez utilisé une ligne de commande, ils auraient été effectivement supprimés. Nautilus place les éléments supprimés dans la Corbeille, sur le Bureau, et vous pouvez l'ouvrir en double-cliquant dessus. Pour vider le contenu de la Corbeille, procédez comme suit :

1. **Cliquez avec le bouton droit sur l'icône de la Corbeille.**

   Un menu contextuel s'ouvre.

2. **Choisissez Vider la Corbeille.**

   Une boîte de dialogue s'ouvre, demandant si vous voulez vraiment supprimer l'élément.

3. **Si vous êtes sûr de vous, cliquez sur Vider.**

   Si vous cliquez sur Vider, l'élément est irrémédiablement supprimé.

Visualisation et modification des droits d'accès

Si vous avez l'habitude de visualiser des fichiers de tous types, vous savez que seul l'affichage personnalisé peut montrer les droits d'accès à un fichier. Si vous essayez de double-cliquer sur ces droits d'accès, vous constaterez que vous ne pouvez pas les modifier de cette façon avec Nautilus. Pour changer les droits d'accès d'un fichier ou d'un répertoire, procédez comme suit :

1. **Accédez au fichier ou au répertoire.**

   Pour faire apparaître le fichier ou le répertoire dans le volet droit, cliquez sur le dossier contenant l'élément.

2. **Sélectionnez le fichier ou le répertoire.**

   Cliquez sur l'élément dans la partie droite pour mettre son nom en surbrillance.

3. **Cliquez avec le bouton droit sur le fichier et choisissez Propriétés dans le menu contextuel qui apparaît.**

   La boîte de dialogue Propriétés s'affiche avec l'onglet Général ouvert.

4. **Cliquez sur l'onglet Permissions.**

   L'onglet Permissions s'affiche, comme le montre la Figure 9.4.

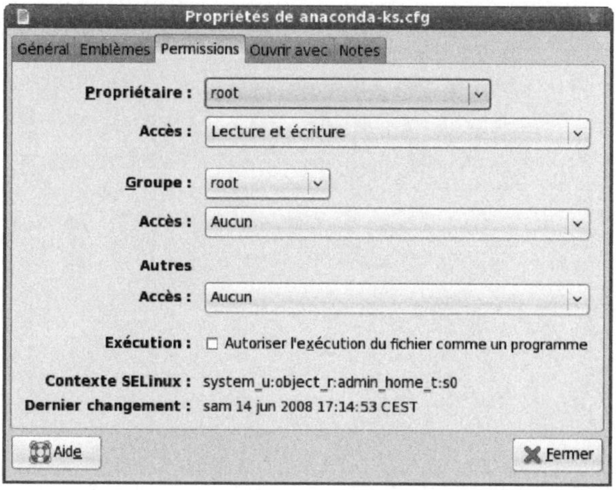

Figure 9.4 : L'onglet Permissions de la boîte de dialogue Propriétés de...

5. **Établissez les nouveaux droits d'accès et le propriétaire.**

   Comme vous pouvez le voir, Nautilus offre des outils pratiques pour définir les droits d'accès, exactement comme vous le souhaitez, sans que vous ayez à vous souvenir de la structure ou de la correspondance entre nombres et lettres. Vous pouvez aussi changer le propriétaire et le groupe.

6. **Fermez la boîte de dialogue.**

Lorsque vous avez tout défini à votre guise, cliquez sur Fermer pour fermer la boîte de dialogue et appliquer les modifications.

Konqueror, le gestionnaire de fichiers de KDE

Sous KDE, le gestionnaire de fichiers par défaut est Konqueror. Vous pouvez démarrer ce programme sous Fedora, en exécutant la commande Applications/Internet/Konqueror (navigateur Web). Cliquez ensuite sur l'icône représentant une maison afin d'accéder à votre répertoire personnel, comme le montre la Figure 9.5.

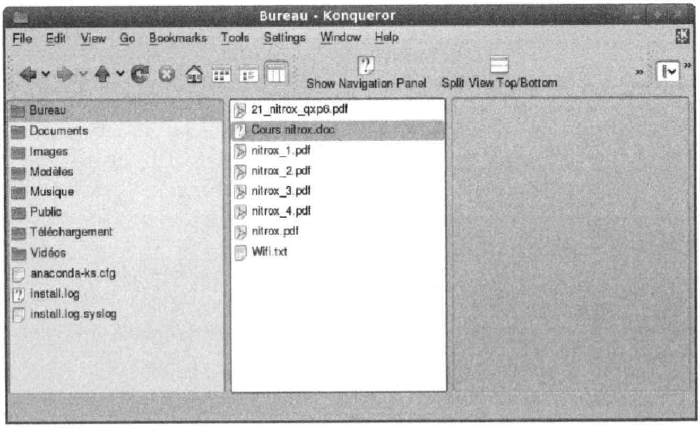

Figure 9.5 : Konqueror, le gestionnaire de fichiers de KDE.

Les fonctions de ce gestionnaire de fichiers devraient vous paraître familières, comparées à celles des autres systèmes d'exploitation. Konqueror possède lui aussi un affichage sur deux volets. Un simple clic sur un répertoire dans le volet de gauche permet de développer l'arborescence et de se déplacer dans la structure du système de fichiers, sans être dépaysé si vous êtes habitué au gestionnaire de fichiers de Windows ou de Mac OS.

Navigation dans le système de fichiers

Konqueror vous permet de vous déplacer avec facilité dans le système de fichiers. Gardez surtout à l'esprit que les répertoires se trouvent dans le panneau de gauche (si vous avez développé l'arborescence), tandis que les fichiers et les sous-répertoires sont dans le panneau de droite. Konqueror vous permet de réaliser les tâches suivantes :

- **Pour ouvrir un répertoire à partir du panneau de gauche**, localisez-le dans la liste et cliquez sur le signe plus placé à sa gauche. Le signe plus est remplacé par un signe moins et, si le répertoire contient des sous-répertoires, ils sont affichés dans le répertoire.
- **Pour ouvrir un répertoire à partir du panneau de droite**, localisez-le dans la fenêtre et cliquez dessus. Linux affiche automatiquement les fichiers de ce répertoire.
- **Pour visualiser les fichiers d'un répertoire à partir du panneau de gauche**, cliquez sur l'icône du répertoire ou sur son nom.
- **Pour regarder le contenu d'un fichier ou exécuter un programme**, cliquez sur l'élément dans la liste. Si le système ne sait pas quel programme employer pour ouvrir un fichier, il affiche la boîte de dialogue Open with (Ouvrir avec), pour vous permettre de spécifier l'application appropriée.

TRUC

Si vous cliquez sur un fichier pour l'ouvrir et que le résultat n'est pas celui que vous attendiez, cliquez sur le bouton Flèche à gauche et cliquez avec le bouton droit sur le fichier que vous voulez ouvrir. Dans le menu contextuel qui s'affiche, sélectionnez le programme que vous voulez utiliser pour visualiser ce fichier.

Modification de la présentation des fichiers

Êtes-vous satisfait des informations que vous affichez sur chaque fichier ? Konqueror met à votre disposition plusieurs modes de présentation des fichiers. Si vous regardez la Figure 9.5, vous pouvez remarquer les boutons Icônes et Affichage en arborescence, à droite de la barre d'outils. Ces boutons ont les fonctions suivantes :

- **Pour passer d'une présentation sous forme d'icônes à un affichage détaillé,** cliquez sur le bouton Arborescence et maintenez le bouton gauche de la souris enfoncé, jusqu'à ce que le menu contextuel s'affiche, puis choisissez Liste détaillée.
- **Pour passer d'un affichage sous forme d'icônes à un affichage multicolonne,** cliquez sur le bouton Icônes et maintenez le bouton gauche de la souris enfoncé, jusqu'à ce que le menu contextuel s'affiche, puis choisissez Icônes ou Multi-colonnes.
- **Pour choisir quelle combinaison de détails vous souhaitez afficher,** cliquez sur le bouton Arborescence et maintenez le bouton gauche de la souris enfoncé, jusqu'à ce que le menu contextuel s'affiche, puis choisissez Arborescence, Liste détaillée ou Texte.

Prenez un peu de temps pour tester les différentes options et voir celle que vous préférez. Sélectionnez-la ensuite par défaut.

Le menu Settings (Configuration) propose un nombre important de choix pour configurer Konqueror à votre goût.

Copie de fichiers

Vous pensez peut-être qu'il est difficile de faire un glisser-déplacer puisqu'un simple clic suffit pour ouvrir un élément. Souvenez-vous seulement de cette caractéristique ! Cliquez sur l'élément à déplacer et maintenez le bouton de la souris enfoncé pendant que vous le déplacez. Évitez surtout de relâcher le bouton !

Pour copier et coller sans utiliser de glisser-déplacer, procédez comme suit :

1. **Cliquez avec le bouton droit sur l'élément et choisissez Copy (Copier) dans le menu contextuel.**

L'élément est copié en mémoire.

2. **Déplacez-vous dans le répertoire de destination.**
3. **Cliquez avec le bouton droit dans ce répertoire, puis choisissez Past (Coller) dans le menu contextuel.**

Le fichier est copié dans le répertoire.

Déplacement et suppression de fichiers et de répertoires

Le déplacement de fichier est similaire à la copie de fichier :

1. **Cliquez avec le bouton droit sur l'élément et choisissez Cut (Couper) dans le menu contextuel qui s'affiche.**

   L'élément est copié en mémoire et son icône est affichée en grisé pour rappeler qu'il est destiné à être déplacé.

2. **Déplacez-vous dans le répertoire de destination.**
3. **Cliquez avec le bouton droit dans ce répertoire, puis choisissez Paste (Coller) dans le menu contextuel.**

Le fichier est déplacé dans le répertoire.

Heureusement, la suppression des fichiers et des répertoires est aussi simple dans Konqueror. Accédez à l'élément à supprimer, cliquez dessus avec le bouton droit et choisissez Move to Trash (Mettre à la Corbeille) ou utilisez la touche Suppr.

Visualisation et modification des droits d'accès

Les modifications des droits d'accès se font avec Konqueror, de la même manière qu'avec Nautilus. Pour visualiser ou modifier les droits d'accès d'un fichier, procédez comme suit :

1. **Accédez au fichier ou au répertoire.**
2. **Cliquez avec le bouton droit sur le fichier ou sur le répertoire et choisissez Properties (Propriétés) dans le menu contextuel.**

La boîte de dialogue propriétés s'ouvre.

3. **Cliquez sur l'onglet Permissions.**

   L'onglet Permissions de la boîte de dialogue Properties (Propriétés) s'ouvre, comme le montre la Figure 9.6.

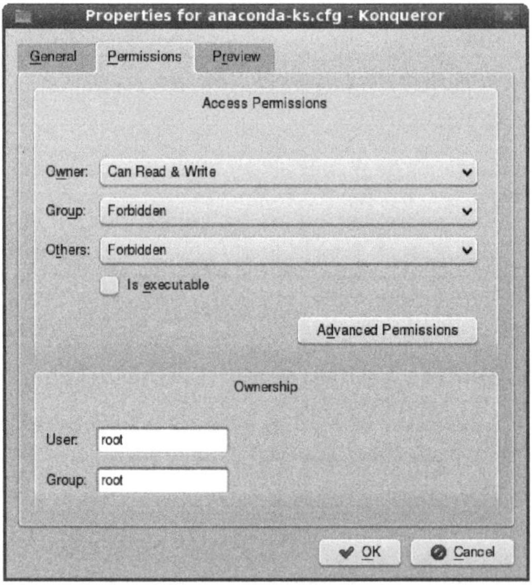

Figure 9.6 : La boîte de dialogue Properties avec l'onglet Access Permissions.

4. **Cliquez sur le bouton Advanced Permissions (Droits d'accès avancés) ; la boîte de dialogue Advanced Permissions apparaît, comme le montre la Figure 9.7.**

5. **Définissez les nouveaux droits d'accès et les nouveaux propriétaires.**

   Konqueror offre des outils pratiques pour définir les droits d'accès comme vous le souhaitez, sans que vous ayez besoin de vous souvenir de la structure et de la correspondance entre nombres et lettres. Vous pouvez, de la même manière, modifier les informations sur le propriétaire et sur le groupe.

6. **Cliquez sur OK pour fermer la boîte de dialogue.**

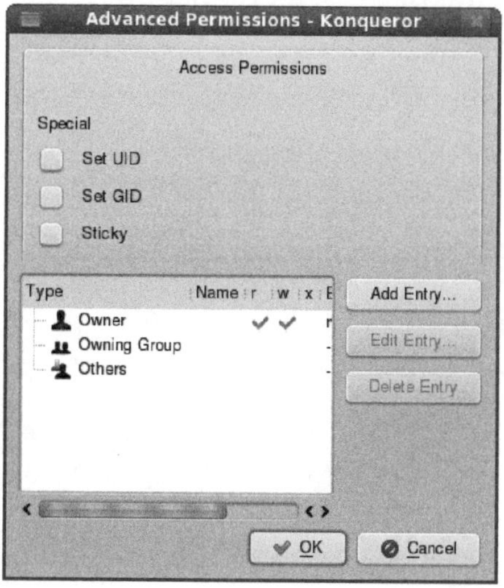

Figure 9.7 : La boîte de dialogue Advanced Permissions.

Chapitre 10

Linux sort de sa coquille

Dans ce chapitre :

- L'environnement utilisateur du shell.
- Personnalisation de l'environnement bash.
- Les commandes.
- Les variables.
- La redirection et les tubes.
- Utilisation approfondie des caractères de remplacement.

Chaque shell possède sa manière de traiter les commandes et son propre jeu d'outils complémentaires. Nous commencerons par expliquer ce qu'est un shell, puis nous nous intéresserons à `bash` et nous vous ferons découvrir ses particularités les plus intéressantes.

Jouons le jeu du shell

Si vous avez configuré votre distribution Linux pour démarrer à partir d'un bureau graphique, tel que GNOME ou KDE, vous n'accédez pas directement à un environnement ligne de commande. Plusieurs méthodes sont à votre disposition pour débuter une session `bash` à l'intérieur du GUI. La plus rapide consiste à cliquer avec le bouton droit de la souris en pointant le fond de l'écran et à choisir Ouvrir un terminal dans le menu contextuel. Vous pouvez aussi activer la commande le menu

Applications/Outils système/Terminal. La Figure 10.1 montre la fenêtre qui s'affiche.

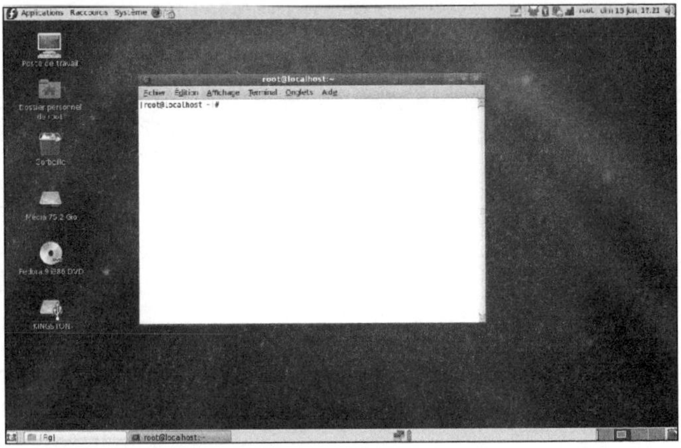

Figure 10.1 : Le bureau GNOME avec une instance de bash.

Le prompt peut inclure quelques informations utiles. Si vous êtes, par exemple, connecté comme `evan` sur la machine `haddock` avec la distribution Fedora 9, votre prompt ressemble à ceci :

```
[evan@haddock evan]$
```

Avant d'examiner quelques-unes des caractéristiques du shell, nous devons aborder une autre méthode pour commencer une session ligne de commande. Tout d'abord, vous remarquez que le shell se trouve à l'intérieur d'une fenêtre qui fait partie du bureau graphique. Supposons que vous vouliez commencer directement une session avec un environnement texte. Pour ce faire, activez simultanément les touches Ctrl+Alt+F1. Ne soyez pas alarmé si votre bureau graphique disparaît, il est toujours présent à l'arrière-plan et vous pouvez y revenir à tout moment. Mais commençons par quelques mots sur cet écran texte austère qui se trouve devant vous.

Il s'agit de l'un des terminaux virtuels disponibles par défaut. Vous voyez probablement une invite de ce genre-ci :

```
haddock login:
```

Dans quelle session suis-je ?

Ce qui est difficile à comprendre, c'est la nécessité de se déplacer constamment à l'intérieur et à l'extérieur des shells Linux. À chaque connexion, vous ouvrez une instance du shell, un shell spécifique avec ses propres paramètres. Cela signifie que si vous avez ouvert une session sur deux terminaux virtuels à des moments différents, vous avez en fait ouvert deux shells. Notez que le changement de paramètres dans l'un des deux shells ne s'applique pas à l'autre ! Cependant, si les changements sont permanents, chaque nouveau shell aura ses propres paramètres.

Entrez votre nom d'utilisateur et le mot de passe. L'écran affiche un message indiquant la date de votre dernière connexion, suivie du prompt `bash` :

```
[evan@haddock evan]$
```

Remarquez la similitude entre ce prompt et celui de la fenêtre Terminal que vous avez ouverte dans l'environnement graphique. Tous les deux indiquent que vous avez démarré une session `bash`, ce sont deux *instances* d'un même programme.

Vous vous demandez où votre bureau graphique a bien pu partir ? Le bureau graphique correspond au terminal virtuel (VT) numéro 7 par défaut et vous vous trouvez actuellement dans le terminal virtuel VT-1. Pour accéder à l'environnement graphique (VT-7), activez les touches Ctrl+Alt+F7. Vous revenez alors immédiatement au bureau graphique et à la fenêtre Terminal avec `bash`. La session ligne de commande est toujours ouverte sur le terminal virtuel VT-1, vous pouvez y revenir en activant les touches Ctrl+Alt+F1. N'hésitez pas à passer d'une session à l'autre. Les séquences de touches Ctrl+Alt+F1 à Ctrl+Alt+F6 permettent d'ouvrir six sessions en mode ligne texte.

Syntaxe et structure des commandes du shell bash

Une commande peut être décomposée en trois parties distinctes :

- Le nom de la commande.
- Les options ou paramètres.
- Les arguments.

Considérons l'exemple suivant. Il commence avec une commande simple. La commande `du` affiche le contenu du répertoire en cours, de ses sous-répertoires et de l'espace que chacun occupe sur le disque. Tapez cette commande seule :

```
du
```

C'est bien, mais un tel résultat risque plus de poser de questions que d'apporter de réponses. Vous avez obtenu une liste d'éléments, s'agit-il de répertoires, de fichiers ou de messages venant de l'espace ? Ajoutez une option simple à la commande pour tenter de clarifier le résultat :

```
du -h
```

La commande est toujours la même mais vous demandez des précisions sur le résultat. L'option `-h` indique à la commande `du` d'être plus explicite sur le résultat de son exécution. Vous obtenez donc des renseignements plus détaillés sur le contenu du répertoire en cours. Les noms des répertoires sont suivis par leur taille exprimée en Go, Mo ou Ko. Si vous souhaitez connaître la taille totale du répertoire en cours et de ses sous-répertoires, utilisez l'option `-s` :

```
du -s
```

Si vous êtes intéressé par un répertoire particulier, il faut le spécifier. Par exemple, pour connaître la taille du répertoire `/etc` avec ses sous-répertoires, utilisez la commande :

```
du sh /etc
```

Dans cet exemple, `du` est le nom de la commande, `-s` et `-h` sont des options et `/etc` est un argument. De nombreuses options s'appliquent à cette commande.

L'option `-help` génère souvent une liste d'options très laconique, elle permet cependant d'obtenir très rapidement des informations qui vous remettent en mémoire l'usage de la commande. Exécutez-la de la manière suivante :

```
du-help
```

Sympa !

Exécution de commandes à partir du shell

Si vous êtes loggé sous l'environnement GNOME, cliquez sur l'applet Terminal à partir du tableau de bord ou sur le menu Applications/Outils système/Terminal. La fenêtre Terminal s'affiche, entrez la commande suivante à partir de l'invite :

```
mahjongg
```

Après quelques secondes, le jeu Mahjongg est affiché. Vous pouvez démarrer n'importe quel programme à partir de la ligne de commande ou cliquer sur son icône ou son applet à partir d'un menu ou sous-menu GNOME. Si vous êtes dans un terminal virtuel (Alt+Ctrl+F1), donc sous un environnement texte, vous pouvez obtenir un message d'erreur, étant donné que le programme doit être exécuté sous un environnement graphique.

Utilisation de caractères de substitution

La vie serait très ennuyeuse si nous devions répéter la même commande sur des fichiers multiples. Après tout, l'ordinateur n'a-t-il pas été conçu pour s'acquitter des tâches répétitives ? Les caractères de remplacement se réfèrent à la capacité d'une commande à être exécutée avec de nombreux fichiers. L'astérisque (`*`) et le point d'interrogation (`?`) sont deux caractères de remplacement destinés à remplacer n'importe quel nom ou partie de nom de fichier. Par exemple, vous pouvez utiliser la commande suivante pour afficher, en présentant un fichier par ligne, la liste des fichiers portant l'extension `.doc` :

```
ls -l *.doc
```

Si vous êtes habitué à Windows, sachez que, sous Linux, aucune signification spéciale n'est attribuée aux extensions de fichier, telles que `.doc`, `.exe` et `.txt`. Par exemple, dans un nom de fichier Linux, le caractère point `(.;) dans l'extension .doc` est traité comme n'importe quel autre caractère. Cependant, l'habitude consistant à utiliser le point comme séparateur de l'extension est assez pratique et elle est largement utilisée. Rappelez-vous simplement qu'il ne s'agit pas d'une convention et que le système de fichiers Linux n'exige pas qu'elle soit appliquée.

Travail avec les commandes longues

Maintenant que vous prenez l'habitude de la ligne de commande, vous voudrez apprendre quelques raccourcis pour soulager votre travail de frappe. Dans cette section, vous découvrirez quelques fonctions du shell bash qui vous rendront la vie plus facile et plus agréable. Ces fonctions incluent le complément de la saisie des commandes et l'accès à l'historique des commandes.

Linux complète une commande ou un nom de fichier

Considérant qu'à partir de la ligne de commande, vous devez saisir beaucoup plus de texte qu'à partir de l'environnement graphique, Linux met à votre disposition des raccourcis et des simplifications, partout où cela est possible. L'achèvement de commande est une fonction du shell qui complète les commandes système et/ou un nom de fichier.

La capacité du système de fichiers Linux pour traiter des noms de fichiers ayant une taille pratiquement illimitée signifie que certains noms de fichier peuvent devenir démesurés, ce qui rend la saisie de ces noms longs de fichier délicate et fastidieuse. Heureusement, avec la fonction d'achèvement de saisie de commandes, la rédaction d'une commande ou d'un nom long de fichier est simplifiée. Cette fonction est utile dans les situations suivantes : entrer une commande ou achever un nom de fichier.

Compléter une commande

Supposons que vous vouliez exécuter une commande qui affiche depuis combien de temps le système a été démarré. Hélas, vous ne vous souvenez que des deux premières lettres qui sont `up`. Entrez `up` à partir du prompt et tapez sur la touche Tab :

```
[evan@haddock evan]$ up[Tab)
```

Voici ce qui se passe :

- Si une seule commande (accessible dans le chemin de recherche) commence par `up`, la ligne de commande est complétée avec cette commande et le système attend que vous tapiez sur la touche Entrée pour l'exécuter.
- Si vous entendez un signal sonore, cela signifie que plus d'une commande commence par `up`. Si tel est le cas, tapez de nouveau sur la touche Tab, afin que toutes les commandes qui correspondent soient affichées. Entrez de nouveau les lettres `up`, puis `t`, et pressez la touche Tab. La commande `uptime` est complétée.

Compléter un nom de fichier

Le complément automatique ne s'applique pas seulement aux commandes. Si vous devez entrer un nom de fichier sur la ligne de commande, saisissez seulement les premiers caractères et tapez sur la touche Tab. Le shell recherche dans le répertoire en cours les noms de fichiers qui correspondent à ce qui a été saisi et complète avec les caractères manquants. Cette fonction se comporte de la même manière que la fonction d'achèvement de commande. Si plus d'un fichier commence par les caractères saisis, le système émet un signal sonore et vous devez presser de nouveau sur la touche Tab pour que les fichiers correspondants soient affichés.

L'historique des commandes

Le shell a une mémoire d'éléphant, il se souvient de tout ce que vous avez fait ! Il conserve la trace de toutes les commandes qui ont été exécutées et la met à votre disposition. Supposons que vous ayez réussi à écrire une commande qui recherche sur le système tous les fichiers `core` et les supprime. Cette commande doit ressembler à ceci :

```
find / -name core -exec rm {} \;
```

Si vous souhaitez réitérer cette commande, il suffit de la rechercher dans la liste de l'historique des commandes et de l'exécuter de nouveau. Pour ce faire, activez la touche de direction Flèche vers le haut, jusqu'à ce que vous ayez localisé la commande, puis tapez sur la touche Entrée pour l'exécuter. Deux méthodes sont à votre disposition pour accéder à l'historique des commandes :

- **Activation de la touche de direction Flèche vers le haut :** C'est la manière la plus simple d'accéder à l'historique. À chaque fois que vous appuyez sur cette touche, les commandes défilent une par une sur la ligne de commande. Dès que vous rencontrez la commande que vous recherchez, il suffit de taper sur la touche Entrée pour qu'elle soit exécutée de nouveau.
- **Entrez la commande** `history` **:** La liste des vingt dernières commandes est affichée.

Les alias de commandes

Feignez pour un instant d'être un pionnier de MS-DOS, un de ceux pour lesquels les commandes DOS, telles que DIR, n'ont aucun secret ! `bash` met à votre disposition les alias pour créer des pseudonymes. Par exemple, pour créer un alias qui affiche une liste détaillée du contenu d'un répertoire à la manière du DOS, entrez la commande suivante :

```
[evan@haddock Evan] alias dir='ls -l'
```

La commande `dir` affichera de manière détaillée le contenu du répertoire en cours.

Les alias permettent de créer des raccourcis pour des commandes très longues qui sont utilisées fréquemment. Pour voir les alias définis par défaut dans la distribution Fedora, tapez simplement la commande `alias`.

À la fin de la session en cours, ou si vous démarrez une nouvelle instance du shell, les alias que vous avez créés ne seront pas disponibles. Nous expliquerons plus tard comment les conserver et leur ajouter des commandes qui seront disponibles à chaque démarrage.

Les variables

Les *variables* sont des mots ou des chaînes de texte qui représentent un groupe de données (comme l'emploi de la variable `fruit` pour contenir le texte `pomme`). Elles contiennent des informations sur votre compte et vos paramètres d'environnement. Le shell `bash` dispose d'un ensemble spécifique de variables et a une manière spécifique de les utiliser et de les affecter.

Variables et variables d'environnement

Il existe deux classes de variables :

- **Les variables :** Une variable est utilisée dans un programme ou dans une session shell ; elle n'existe que dans le programme ou dans la session, elle disparaît à l'extérieur, elle est oubliée.
- **Les variables d'environnement** : Une variable d'environnement est utilisée par le shell ou par un programme ; elle est en quelque sorte spécifique à votre environnement de travail. Les variables d'environnement contiennent des informations sur votre compte, sur vos paramètres, etc.

TRUC

D'un seul coup d'œil, le shell bash vous montre la différence entre ces deux types de variables : une variable peut être écrite entièrement en minuscules ou en minuscules, mais avec l'initiale en majuscule ; une variable d'environnement est toujours en majuscules.

Variables d'environnement courantes de bash

Le shell bash possède plusieurs variables d'environnement. Vous pouvez en créer d'autres pour stocker différents éléments. Un élément stocké dans une variable peut être changé pour répondre à vos besoins ! Le Tableau 10.1 montre une liste des variables d'environnement les plus utilisées.

Tableau 10.1 : Variables d'environnement du shell bash couramment utilisées.

Variable d'environnement	Fonction	Valeur
HISTSIZE	Se souvient du nombre de commandes	Nombre de commandes. tapées.
HOME	Définit l'emplacement de votre répertoire de base.	Chemin vers votre répertoire de base.
MAILCHECK	Configure la fréquence de vérification par le shell bash du courrier qui arrive dans votre boîte aux lettres. Si un courrier est arrivé, à la prochaine invite de commandes, vous trouverez un message qui vous indiquera que vous avez un nouveau message.	Nombre de secondes d'attente entre deux vérifications.
PATH	Définit les répertoires que le shell bash consulte et l'ordre de recherche p our trouver un nom de programme tapé à partir de l'invite de commandes.	Série de répertoires séparés par des signes deux-points (:).
PS1	Configure l'invite de commandes.	Série de commandes et de caractères pour former l'invite.

Valeurs des variables

Une variable, comme son nom l'indique, est une entité dont le contenu peut varier. Pour attribuer une valeur à une variable, on utilise le nom de la variable, suivi par le signe égal (=), puis par la valeur à stocker :

```
MaVariable=MaValeur
```

Comment visualiser le contenu des variables ? Vous pouvez utiliser le format `echo $ variable` pour les variables régulières et pour les variables d'environnement. Par exemple, pour voir le contenu de la variable d'environnement de votre invite, tapez `echo $PS1`. Si vous utilisez Fedora, vous obtiendrez :

```
[\u@\h \W]\$
```

Le Tableau 10.2 montre les composants disponibles pour la variable d'environnement de l'invite `bash`. Vous pouvez utiliser ces informations pour modifier l'apparence des invites de commande de vos utilisateurs.

Tableau 10.2 : Pièces du puzzle PS1.

Composant	Résultat
\!	Affiche la position de la commande dans la liste historique.
\#	Affiche le nombre de commandes que vous avez utilisées pendant la session shell courante.
\$	Affiche un $ pour les comptes d'utilisateurs ou un # pour le compte superutilisateur.
\d	Affiche la date dans le format jour, mois, date.
\h	Affiche le nom de la machine sur laquelle vous êtes connecté.
\n	Passe à la ligne suivante.
\s	Affiche `bash` pour le shell `bash`.
\t	Affiche l'heure en cours au format 24 heures.
\u	Affiche le nom d'utilisateur.
\w	Affiche le plus bas niveau du répertoire en cours.
\W	Affiche le répertoire en cours complet.

Vous vous demandez peut-être quelles sont les autres variables de votre système ? Pour visualiser toutes les variables d'environnement, tapez la commande `env`.

Vous n'êtes pas obligé de conserver votre shell original ; vous pouvez le modifier. Pour changer la valeur d'une variable d'environnement, utilisez le format `variable=valeur`. Par exemple, le paramètre par défaut de `HISTSIZE` peut être fixé à 500. Pour le réduire aux 250 dernières instructions, tapez la commande `HISTSIZE=250`.

Une chaîne de caractères littérale est simplement ce qu'elle indique ; elle est placée entre guillemets simples (') comme dans l'exemple suivant :

```
echo 'Hello, mon nom est $USER'
```

Jetons maintenant un coup d'œil à une catégorie de chaîne de caractères différente, les chaînes de caractères interpolées.

Ce sont de bien grands mots, mais leur signification est simple. Une valeur *interpolée* est une valeur pour laquelle le shell interprète les signes spéciaux, avant de la traiter. Au lieu d'utiliser des guillemets simples, vous utilisez cette fois des doubles guillemets (") :

```
echo "Hello, mon nom est $USER"
```

Observez le résultat ! Cette fois, le nom de la variable `$USER` est remplacé par la valeur réelle stockée dans cette variable.

Si vous décidez de vous amuser avec les variables d'environnement, nous recommandons d'appliquer les méthodes présentées dans cette section. Lorsque vous serez à l'aise avec ces manipulations, vous pourrez pérenniser vos modifications en les stockant dans le fichier `~/.bash_profile`. La prochaine fois que vous ouvrirez une session, les changements entreront en vigueur. Ces personnalisations seront traitées ultérieurement. Ne soyez pas trop découragé si vous ne comprenez pas immédiatement toutes les finesses des variables. Vous devez vous familiariser avec Linux et explorer le shell ainsi que les fichiers de script ; c'est l'art de créer des programmes de commande avec le shell. La plupart des administrateurs Linux et UNIX manipulent les éléments du langage de script, comme vous maniez les mots de votre langue maternelle.

Les redirections et les pipes

Les redirections et les pipes facilitent la gestion du flux d'informations ; ils dirigent la sortie d'un programme vers l'entrée d'un autre programme. La plupart des utilitaires Linux qui exigent des entrées et des sorties ont été associés aux interfaces communes `<STDIN>` (*dans* standard), `<STDOUT>` (*de* standard) et `<STDERR>` (*erreur* standard). En appliquant cette méthode pour alimenter l'entrée des programmes ou lire des données en provenance de programmes, vous pouvez combiner des utilitaires et élaborer des solutions élégantes et sophistiquées.

La redirection

Le shell `bash` accepte un signe de "détour" en relation avec la commande. L'ensemble de ces signes est connu sous le terme de *redirection*. Nous allons spécifiquement nous limiter à la redirection de la sortie de commande, car c'est la forme la plus courante d'une redirection. La redirection de la sortie indique à la commande d'envoyer ses résultats vers un fichier et non pas vers l'écran. Par exemple, tapez `ls -la ~` et validez en appuyant sur la touche Entrée, vous obtenez le résultat suivant :

```
total 20
drwx------    2 sue  users 4096 Oct 30 07:48 .
drwxr-xr-x    5 root root  4096 Oct 30 11:57 ..
   rw-r----- 1 sue  users   24 Oct 30 06:50 .bash_logout
   rw-r----- 1 sue  users  230 Oct 30 06:50 .bash_profile
   rw-r----- 1 sue  users  124 Oct 30 06:50 .bashrc
   rw-rw-r-- 1 sue  users    0 Jan 2 07:48 wishlist
```

Si vous voulez envoyer cette information vers un fichier plutôt que vers l'écran, entrez la commande :

```
ls -la ~ > listing
```

Le > est le signe de redirection, il indique au shell bash d'envoyer le résultat de la commande dans le fichier nommé listing, au lieu de l'afficher à l'écran. Pour visualiser le contenu du fichier listing, entrez la commande suivante :

```
cat listing
```

Si vous tapez de nouveau ls -la ~ > listing, les données sont écrasées. Le contenu du fichier est effacé et remplacé par la nouvelle sortie. Vous pouvez éviter cela en utilisant >> comme signe de redirection. >> indique à bash d'ajouter la sortie de commande à la fin du fichier spécifié. Ainsi, si vous tapez ls -la ~ >> listing dans le même répertoire, sans avoir fait aucune modification, le contenu du fichier listing sera le suivant :

```
total 20
drwx------   2 sue  users 4096 Oct 30 07:48 .
drwxr-xr-x   5 root root  4096 Oct 30 11:57 ..
   rw-r----- 1 sue  users   24 Oct 30 06:50 .bash_logout
   rw-r----- 1 sue  users  230 Oct 30 06:50 .bash_profile
   rw-r----- 1 sue  users  124 Oct 30 06:50 .bashrc
   rw-rw-r-- 1 sue  users    0 Jan 2 07:48 wishlist
total 20
drwx------   2 sue  users 4096 Oct 30 07:48 .
drwxr-xr-x   5 root root  4096 Oct 30 11:57 ..
   rw-r-----  1 sue  users  24 Oct 30 06:50 .bash_logout
   rw-r-----  1 sue  users 230 Oct 30 06:50 .bash_profile
   rw-r-----  1 sue  users 124 Oct 30 06:50 .bashrc
   rw-rw-r--  1 sue  users   0 Jan 2 07:48 wishlist
```

Les tubes ou pipes

Le shell bash permet de connecter les commandes, de telle sorte que la sortie de l'une devienne l'entrée de l'autre. Cette caractéristique est connue sous le nom de *tube* ou *pipe*. Si vous voulez visualiser en détail le contenu du répertoire /etc, tapez la commande ls -la /etc ; une longue liste apparaît alors. Une quantité importante d'informations défile à l'écran, et, même si vous pouvez visualiser les écrans précédents en utilisant les touches Maj+Page précédente, il vous est impossible de tout voir.

Vous avez alors le choix entre deux méthodes :

- Vous pouvez envoyer les données vers un fichier avec redirection en tapant la commande `ls -la /etc > ~/etclisting` (en remplaçant le répertoire et le nom de fichier).
- Vous pouvez diriger la sortie vers la commande `more` qui va faire en sorte que le texte soit affiché écran par écran. Vous devrez alors appuyer sur la barre d'espace pour accéder à l'écran suivant.

Pour diriger la sortie vers `more`, tapez la commande `ls -la répertoire | more`, où *répertoire* est le répertoire dont vous voulez lister le contenu. Le symbole | (la touche barre verticale) indique au shell `bash` que vous voulez utiliser un tube.

Les modifications de l'environnement

Plusieurs fichiers de configuration contribuent à l'environnement de `bash`, ce sont des fichiers texte qui peuvent être modifiés avec n'importe quel éditeur de texte. Vous pouvez les modifier ou ajouter des instructions pour les personnaliser.

- `/etc/profile` est un fichier de configuration qui s'applique à l'ensemble du système. Les paramètres globaux de `bash` communs à tous les utilisateurs du système sont définis ici.
- `.bash_profile` est placé dans le répertoire de base de chaque utilisateur. Ce fichier de configuration permet aux utilisateurs de personnaliser leur environnement shell, en plus des paramètres globaux définis par le fichier `/etc/profile`.
- `.bashrc` est un fichier de configuration de sous-shell, lu à chaque fois qu'une instance de shell est démarrée. Ce fichier fournit simplement un autre niveau de configuration de shell pour cet événement.
- `.bash_logout` est un fichier qui est exécuté lorsque l'utilisateur termine la session en cours, il supprime les fichiers de travail temporaires.

Les trois derniers fichiers se trouvent dans le répertoire personnel de l'utilisateur, ils sont cachés comme le montre le point placé au début de chacun des noms.

Chapitre 11

Les interfaces utilisateur graphiques

Dans ce chapitre :

- Ajouter des applets au tableau de bord.
- Ajouter des applications au Bureau.
- Charger et installer des thèmes.
- Configurer le système X Window.

Le système X Window (ou X) offre une infinité de possibilités. En général, X est un assortiment d'applications qui travaillent ensemble pour constituer une interface graphique. Certaines applications dessinent les fenêtres, d'autres gèrent l'apparence et les caractéristiques spécifiques de l'interface et d'autres encore prennent en charge certains aspects du monde graphique. Sous Linux, vous pouvez configurer tous ces paramètres, ce qui "dépasse" de nombreux utilisateurs.

Dans ce chapitre, vous apprendrez à paramétrer ces interfaces graphiques pour qu'elles répondent à vos besoins propres. Par exemple, si vous avez des difficultés pour lire le texte dans certaines boîtes de dialogue, vous pourrez augmenter la taille des polices de caractères.

N'utilisez la séquence Ctrl+Alt+Retour arrière qu'en cas d'urgence. Cette combinaison de touches n'arrête pas proprement les programmes en cours.

Modification de l'apparence et des caractéristiques spécifiques de GNOME

L'environnement de bureau GNOME possède une quantité impressionnante de caractéristiques qui vous permettront de modifier l'apparence générale de l'interface.

Aimez-vous les applets ?

Les *applets* sont des miniprogrammes qui peuvent afficher l'heure, montrer l'état du système, et même fournir des programmes de divertissement. Des programmeurs ont écrit des applets spécifiques à l'environnement de bureau GNOME. De ce fait, certaines applets sont incluses dans votre installation GNOME. Vous remarquerez qu'il en est de plus intéressantes que d'autres.

Si vous utilisez Linux Red Hat Enterprise ou Fedora, GNOME est votre environnement par défaut.

Ajout d'une icône d'applet au tableau de bord

Vous pouvez vous amuser à tester les applets disponibles et accessibles à partir du menu principal. Mieux encore, vous pouvez les ajouter ou les supprimer du tableau de bord, selon vos besoins. Pour ajouter une applet sur le tableau de bord, procédez comme suit :

1. **Cliquez avec le bouton droit dans n'importe quel espace libre sur le tableau de bord et choisissez Ajouter au tableau de bord... à partir du menu contextuel affiché.**

   La fenêtre Ajouter au tableau de bord apparaît.

2. **Déplacez-vous dans la liste des applets disponibles.**

3. **Cliquez sur l'applet que vous souhaitez ajouter au tableau de bord.**

L'applet est maintenant sur le tableau de bord.

Configuration d'une applet

Lorsqu'une applet est affectée au tableau de bord, des options de configuration sont en général disponibles. Certaines permettent de modifier l'information affichée, d'autres concernent les paramètres généraux. En principe, vous pouvez les déplacer où vous voulez sur le tableau de bord. Pour ce faire, suivez les instructions ci-dessous :

1. **Cliquez avec le bouton droit sur l'applet et examinez le menu contextuel qui apparaît.**

   Le sous-menu affiché diffère sensiblement d'une applet à l'autre. Cependant, la partie inférieure est toujours la même, elle propose les commandes Enlever du tableau de bord, Déplacer et Verrouiller au tableau de bord.

2. **Sélectionnez Préférences.**

   Cette commande n'existe pas pour toutes les applets. Si elle existe, la boîte de dialogue Préférences est affichée avec la configuration par défaut. La Figure 11.1 montre la boîte de dialogue Préférences de Tomboy.

3. **Modifiez les paramètres à votre convenance.**

   Vous pouvez vous amuser à faire des modifications pour tester comment se comporte l'applet : chaque applet a ses propres caractéristiques.

4. **Cliquez sur Fermer pour valider les modifications et fermer la boîte de dialogue.**

TRUC

La commande Déplacer permet de positionner l'applet à un endroit quelconque du tableau de bord.

Suppression d'une applet

L'espace disponible pour les applets est assez restreint. Il est probable que vous souhaiterez ne pas l'encombrer d'éléments dont vous n'avez plus besoin. Pour enlever une applet du tableau de bord, cliquez dessus avec le bouton droit de la

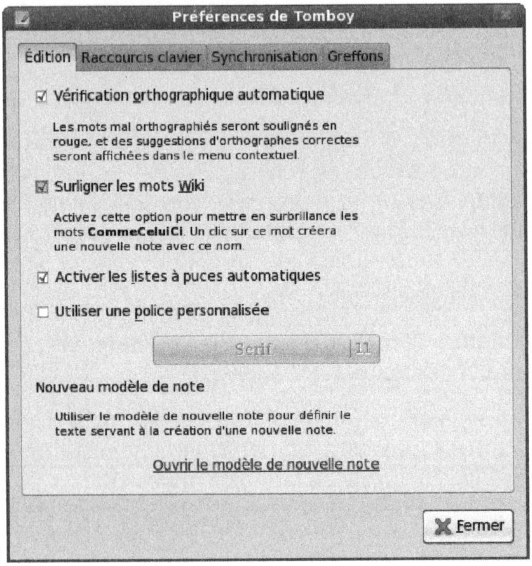

Figure 11.1 : La boîte de dialogue Préférences de Tomboy.

souris, puis sélectionnez Enlever du tableau de bord dans le menu contextuel. L'applet disparaît du tableau de bord, sans autre forme de procès.

N'oubliez pas le programme

Vous vous demandez pourquoi vous pouvez ajouter des applets sur le tableau de bord et non des programmes. Après tout, il y a bien quelques icônes de programme affichées par défaut dans le tableau de bord. Réjouissez-vous, vous pouvez modifier les programmes du tableau de bord ! Ils s'insèrent dans les mêmes espaces libres que les applets. Cependant, à la différence des applets, vous n'êtes pas limité au tableau de bord, vous pouvez aussi avoir un raccourci sur le Bureau.

Ajout d'un programme sur le tableau de bord

S'il y a un programme que vous utilisez fréquemment, vous pouvez l'ajouter au tableau de bord de la manière suivante :

1. **Déroulez le menu de votre choix (Applications, Système, etc.) et sélectionnez le programme à ajouter.**

   N'ouvrez pas le programme, sélectionnez-le simplement avec la souris.

2. **Cliquez avec le bouton droit sur le programme et choisissez Ajouter ce lanceur au tableau de bord dans le menu contextuel comme le montre la Figure 11.2.**

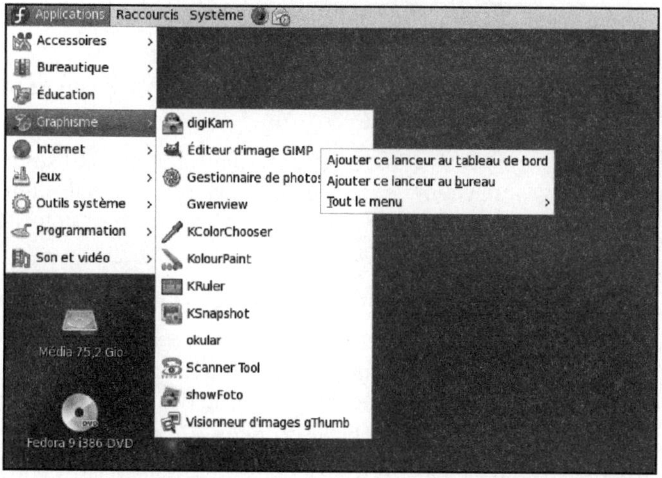

Figure 11.2 : Ajout du lanceur de l'éditeur d'image GIMP dans le tableau de bord.

   Une icône apparaît maintenant dans le tableau de bord pour ce programme.

Quand le programme est sur le tableau de bord, vous pouvez l'exécuter en cliquant sur l'icône.

Suppression d'un programme du tableau de bord

Si vous voulez supprimer un des programmes du tableau de bord, cliquez avec le bouton droit sur l'icône du programme et choisissez Enlever du tableau de bord dans le menu contextuel. L'icône disparaît alors du tableau de bord.

Ajout d'un programme sur le Bureau

L'espace sur le tableau de bord est assez limité, aussi, vous souhaiterez peut-être avoir les raccourcis de vos programmes sur le Bureau, comme c'est le cas avec Windows. Pour ajouter ces raccourcis, procédez comme suit :

1. **Déroulez le menu de votre choix Applications, Système, etc.**

2. **Recherchez le programme que vous voulez ajouter sur le Bureau.**

3. **Sélectionnez le programme que vous voulez ajouter au Bureau.**

   Si vous voulez, par exemple, ajouter GIMP sur le Bureau, sélectionnez le sous-menu Graphisme puis Éditeur d'image GIMP. Ne démarrez pas le programme, sélectionnez-le seulement.

4. **Cliquez sur le nom du programme et déplacez-le sur le Bureau.**

   Une petite feuille de papier suit le pointeur, jusqu'à ce que vous relâchiez le bouton de la souris. Le nouveau raccourci est ensuite ajouté sur le Bureau.

TRUC

Si l'emplacement d'une icône du Bureau ne vous convient pas, cliquez dessus et déplacez-la vers un nouvel endroit.

Suppression d'un programme du Bureau

Pour vous débarrasser d'une icône du Bureau, cliquez avec le bouton droit sur l'icône et sélectionnez Mettre à la Corbeille dans le menu contextuel affiché.

Personnalisation de KDE

Que les inconditionnels de KDE ne s'inquiètent pas, KDE propose une pléthore d'options et nous allons voir comment personnaliser cet environnement à votre convenance. En fait, comme avec GNOME, vous avez à votre disposition une surabondance de fonctionnalités. Si vous êtes audacieux et que vous avez un peu de temps, amusez-vous à les explorer !

Les applets ou plasmoïdes

Les *plasmoïdes* (appelés *applets* dans GNOME) sont des miniprogrammes qui font toutes sortes de choses. Un plasmoïde peut afficher l'heure, informer sur l'état du système ou offrir un peu de détente sous forme de jeux. Un certain nombre de plasmoïdes font partie de l'installation par défaut de KDE, certaines étant, bien sûr, plus utiles que d'autres.

Ajout d'une icône de plasmoïde au tableau de bord

Une combinaison intéressante de plasmoïdes est disponible dans KDE et vous pouvez facilement ajouter et enlever ces petites gemmes de votre tableau de bord KDE suivant vos besoins. Pour ajouter un plasmoïde sur le tableau de bord, procédez comme suit :

1. **Cliquez avec le bouton droit dans n'importe quel espace libre sur le tableau de bord.**

   Un menu contextuel s'ouvre.

2. **Choisissez Ajouter des plasmoïdes.**

   Un sous-menu s'ouvre avec une série de plasmoïdes, comme le montre la Figure 11.3.

3. **Choisissez le plasmoïde que vous voulez ajouter au tableau de bord.**

   Si le plasmoïde a des options de configuration disponibles, une boîte de dialogue s'ouvre.

Si le tableau de bord est particulièrement chargé, vous devrez utiliser les flèches placées à l'extrémité droite du tableau de bord pour déplacer les plasmoïdes. En fait, il est parfois plus simple de supprimer du tableau de bord les articles que vous n'utilisez pas (consultez la section "Suppression d'un plasmoïde").

Figure 11.3 : Ajout de plasmoïdes au tableau de bord.

TRUC

Des barres verticales sont affichées entre des entrées du tableau de bord. Lorsque vous cliquez dessus, le pointeur de la souris est remplacé par un pointeur à quatre flèches. Si vous maintenez le bouton de la souris enfoncé, vous pouvez les déplacer à gauche ou à droite. Lorsque le plasmoïde se trouve à la position souhaitée, relâchez le bouton de la souris.

Configuration d'un plasmoïde

Certains plasmoïdes proposent des options pour personnaliser leur aspect et leur comportement, d'autres sont moins élaborés et il est impossible de les configurer à votre convenance. Pour vérifier la configuration et les options disponibles, suivez les instructions ci-dessous :

1. **Cliquez avec le bouton droit sur le plasmoïde et examinez le menu contextuel qui apparaît.**

Ce menu contextuel diffère d'un plasmoïde à l'autre. En fait, il n'y a pas de réelle cohérence dans les options de menu (d'ailleurs certains plasmoïdes ne sont pas associés à un menu contextuel). Recherchez des entrées comme Préférences, Configuration, etc.

2. **Choisissez l'article approprié dans le menu contextuel.**

   Si une boîte de dialogue de configuration s'affiche, vous pourrez faire les modifications et cliquer sur le bouton Appliquer pour voir comment cela affecte le plasmoïde, sans fermer la boîte de dialogue. Il peut y avoir plus d'une boîte de dialogue de configuration ou plus d'un sous-menu comme c'est le cas pour le plasmoïde KNewsTicker.

3. **Effectuez les modifications pour personnaliser le plasmoïde.**

   Rappelez-vous que vous pourrez revenir à cette boîte de dialogue et corriger éventuellement les paramètres ou enlever le plasmoïde du tableau de bord.

4. **Fermez la boîte de dialogue.**

   Dans les boîtes de dialogue Préférences ou Configuration, cliquez sur OK pour fermer la fenêtre. Les boîtes de dialogue de personnalisation possèdent en général un bouton qui permet de rétablir les paramètres par défaut.

Suppression d'un plasmoïde

Si vous n'avez plus de place dans le tableau de bord, il faudra vous résoudre à faire un peu de ménage et à supprimer les plasmoïdes qui ne sont plus ou peu utilisés. Pour enlever un plasmoïde du tableau de bord, suivez les instructions ci-dessous :

1. **Cliquez avec le bouton droit dans le tableau de bord, sur le plasmoïde.**

2. **Choisissez Supprimer : *plasmoïde*.**

   Le plasmoïde est supprimé du tableau de bord.

Affichage des icônes sur le Bureau

KDE autorise l'affichage d'icônes de plasmoïdes et de programmes sur le tableau de bord et sur le Bureau. La gestion de ces raccourcis est une opération assez simple dès que vous aurez compris comment KDE travaille.

Ajout d'un programme sur le Bureau

Si le tableau de bord commence à déborder, vous pouvez installer des raccourcis de programme sur le Bureau. Pour ce faire, suivez les instructions ci-dessous :

1. **Cliquez sur le bouton menu principal (menu K).**
2. **Ouvrez le sous-menu contenant le programme pour lequel vous voulez créer un raccourci.**

   Par exemple, pour ajouter The GIMP, ouvrez le sous-menu Graphisme.
3. **Sélectionnez le programme dont vous voulez faire un raccourci.**

   Ne démarrez pas le programme, sélectionnez-le seulement. Par exemple, déplacez le pointeur de la souris sur GIMP pour que le programme soit affiché en vidéo inverse.
4. **Faites un clic droit sur le nom du programme et choisissez Ajouter au bureau dans le menu contextuel.**

   L'icône, une petite tête de renard (le symbole de GIMP), est ajoutée sur le Bureau.

TRUC

Si l'emplacement d'une icône du Bureau ne vous convient pas, cliquez dessus et déplacez-la vers un nouvel endroit.

Suppression d'un programme du Bureau ou du tableau de bord

Pour vous débarrasser d'une icône du Bureau ou du tableau de bord, cliquez avec le bouton droit sur l'icône et sélectionnez Supprimer dans le menu contextuel affiché.

Décoration du Bureau

La notion de thèmes de Bureau sous Windows vous est sans doute familière. Un thème attribue des combinaisons de couleurs, des images de fond d'écran, des sons à toutes les parties du Bureau ; il caractérise l'aspect des bordures des fenêtres, les polices de caractères, les icônes, les bruitages, etc. De nombreux utilisateurs seront heureux de savoir que les thèmes sont aussi disponibles dans le monde Linux.

Téléchargement de thèmes

Un grand nombre de thèmes sont disponibles sur Internet, tant pour GNOME que pour KDE. Voici la méthode à suivre pour télécharger ces thèmes :

1. **Connectez-vous au site Web freshmeat.net, à l'adresse** `http://art.gnome.org`**, illustré à la Figure 11.4.**

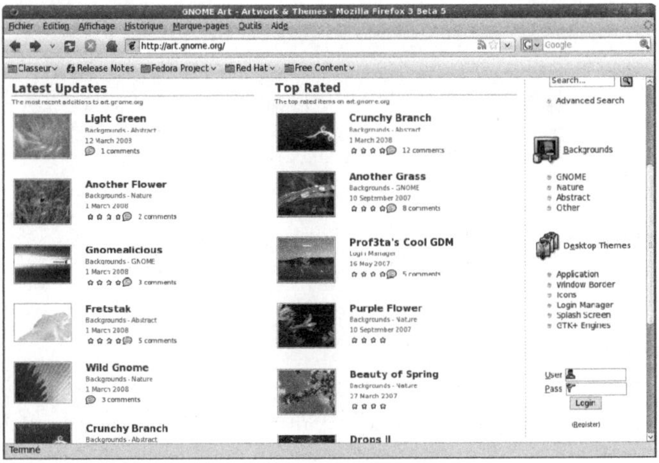

Figure 11.4 : Téléchargement de thèmes.

Ce site consacré aux applications open source propose des thèmes pour personnaliser les environnements graphiques.

2. **Si vous n'êtes pas dans la partie Thèmes, cliquez le lien Desktop themes dans la partie inférieure droite de l'écran.**

   Vous êtes à présent dans la section Thèmes du site.

3. **Examinez et choisissez le thème que vous souhaitez télécharger.**

   Vous pouvez trier les thèmes à partir de la liste déroulante de la zone Sort order. Certains thèmes exigent des "moteurs" complémentaires. Dans un premier temps, évitez de choisir de tels thèmes.

4. **Après avoir choisi un thème, cliquez sur son nom pour accéder à sa page spécifique, comme le montre la Figure 11.5.**

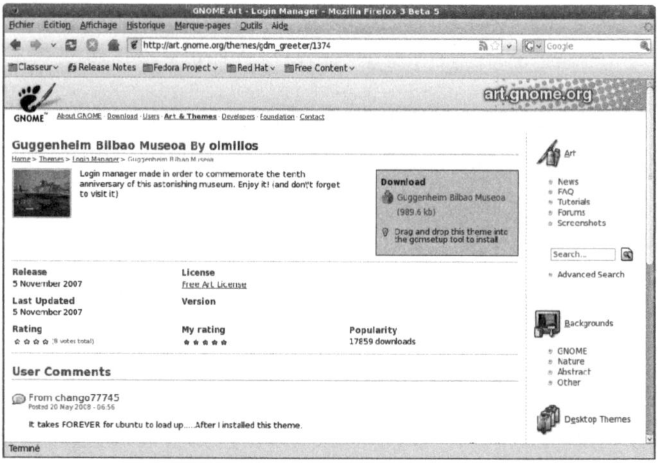

Figure 11.5 : Téléchargement d'un thème.

   Cette page peut contenir des commentaires rédigés par des utilisateurs.

5. **Cliquez le thème dans la zone Download.**

   Votre navigateur vous demande où copier le fichier. Si ce thème est destiné à votre usage seul, placez-le dans votre répertoire personnel. Si vous voulez partager le thème avec d'autres utilisateurs, placez-le dans un répertoire accessible à d'autres utilisateurs.

Les deux prochaines sections expliquent comment installer ce nouveau thème.

Installation de votre thème dans KDE

La plupart des distributions Linux sont installées avec une collection de thèmes prêts à être installés. La distribution Fedora ne fait pas exception. Pour examiner les thèmes disponibles sous KDE, exécutez les instructions suivantes :

1. **Cliquez sur l'icône menu principal et exécutez la commande Applications/Configuration/Configuration du système.**

2. **Dans la partie gauche de la fenêtre, accédez à la rubrique Apparence dans l'onglet Général.**

   Cette action ouvre le Gestionnaire de thèmes KDE, comme le montre la Figure 11.6. Si vous souhaitez télécharger un thème, vous pouvez l'ajouter maintenant au Gestionnaire de thèmes. Sinon, vous pouvez passer directement à l'Étape 11.

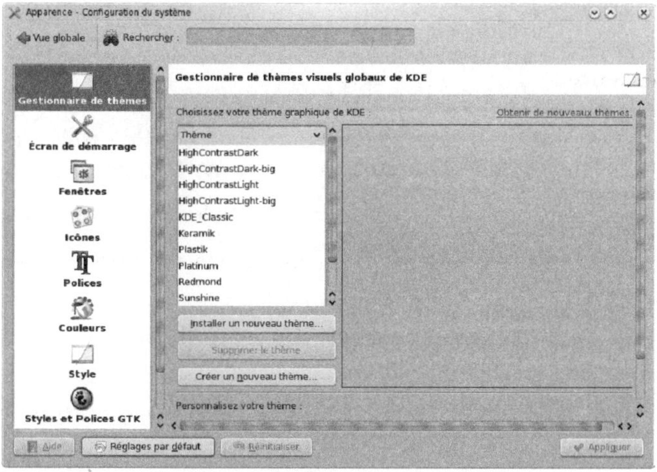

Figure 11.6 : Le Gestionnaire de thèmes KDE.

3. **Connectez-vous au site Web freshmeat.net, à l'adresse** `http://themes.freshmeat.net`**, et accédez à la partie Thèmes à partir de liste déroulante de la zone Section puis cliquez sur KDE et choisissez KDE 3.x.**

4. **Examinez et choisissez le thème que vous souhaitez télécharger en cliquant sur le lien qui se trouve sous Tar/GZ.**

5. **Exécutez la commande Applications/Système/Terminal.**

   Une fenêtre Terminal s'affiche.

6. **Utilisez la commande** `cd` **pour accéder au répertoire où vous avez stocké le thème téléchargé (il porte toujours l'extension** `.tar.gz`**).**

7. **Tapez la commande** `gunzip fichier_theme` **pour décompresser le thème.**

   Vous obtenez un fichier portant le même nom, mais avec l'extension `.tar`.

8. **Entrez la commande** `tar xvf fichier_theme` **pour décompresser le fichier.**

   Vous obtenez alors un fichier portant le même nom mais avec l'extension `.ktheme`.

9. **Dans la fenêtre Gestionnaire de thèmes, cliquez sur Ajouter.**

   La boîte de dialogue Ajouter un thème s'ouvre.

10. **Accédez au répertoire contenant le fichier** `.ktheme`**, sélectionnez-le et cliquez sur OK pour l'ajouter.**

    Si votre thème est compatible, il sera ajouté à la liste.

11. **Cliquez sur le thème que vous souhaitez visualiser.**

    Le thème est affiché dans la zone de prévisualisation de la fenêtre du Gestionnaire de thèmes, comme le montre la Figure 11.7.

12. **Testez d'autres thèmes, jusqu'à ce que vous ayez trouvé celui qui vous convient.**

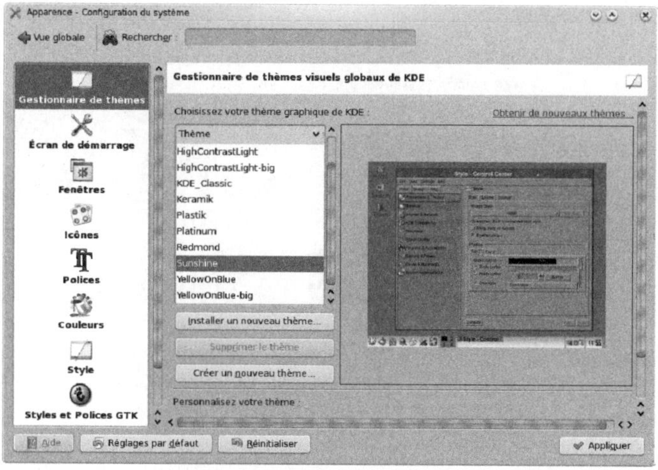

Figure 11.7 : La prévisualisation d'un nouveau thème.

13. **Le bouton Appliquer, situé sous la zone de prévisualisation, affecte le thème à votre Bureau.**

14. **Cliquez sur la case de fermeture, le X dans l'angle supérieur droit, pour fermer le Gestionnaire de thèmes.**

Installation de votre thème dans GNOME

La plupart des distributions Linux sont installées avec une collection de thèmes prêts à être installés. La distribution Fedora ne fait pas exception. Pour examiner les thèmes disponibles sous GNOME, exécutez les instructions suivantes :

1. **Cliquez sur le bouton Système puis sélectionnez la commande Préférences/Apparence/Apparence, cliquez ensuite sur l'onglet Arrière-plan comme le montre la Figure 11.8.**

2. **Cliquez sur le bouton Ajouter et déplacez-vous dans l'arborescence pour accéder au fond d'écran que vous avez chargé comme le montre la Figure 11.9.**

3. **Cliquez sur le bouton Ouvrir.**

   Le fichier que vous avez sélectionné devient votre nouveau fond d'écran comme le montre la Figure 11.10.

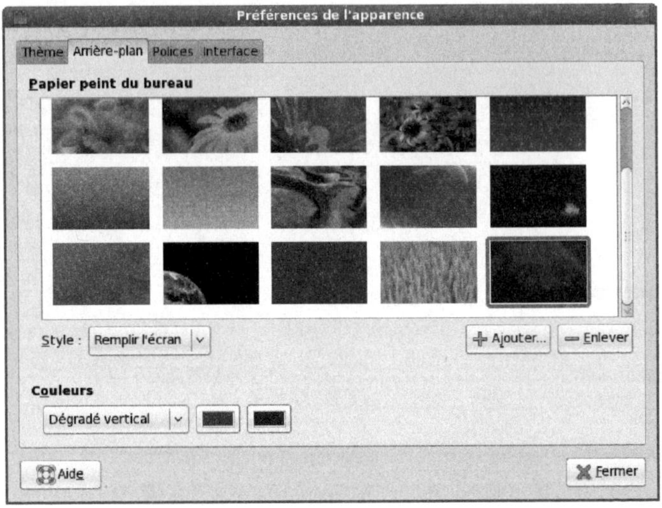

Figure 11.8 : L'accès à l'onglet Arrière-plan.

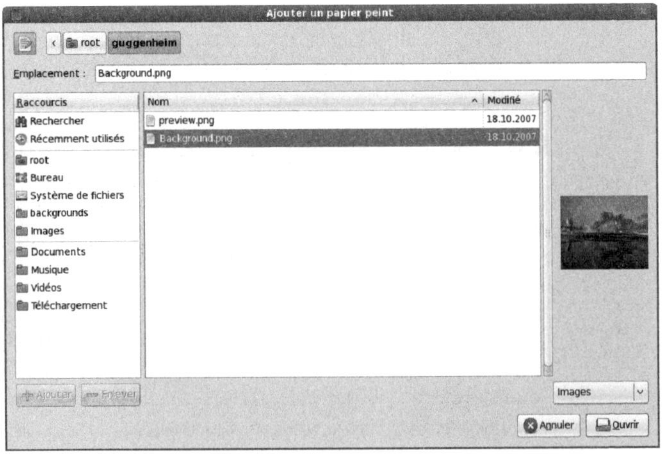

Figure 11.9 : Accès au nouveau fond d'écran.

Configuration du système graphique

Quand vous configurez X Window, vous identifiez la carte vidéo ainsi que le moniteur pour X Window et vous choisissez

Figure 11.10 : Mise en place du nouveau fond d'écran.

les paramètres visuels qui répondent à vos besoins et à vos préférences. Dans cette section, nous vous présentons les composants critiques de X et quelques outils de configuration X Window utiles.

Le fichier `/etc/X11/xorg.conf` (ou `/etc/x11/xf86config` suivant la distribution) contient votre configuration X. Bien que ce soit un fichier texte normal, le format est compliqué et assez déroutant. Pour vous éviter de travailler directement avec ce fichier, de nombreuses distributions Linux fournissent un certain nombre d'outils. Le tableau suivant vous aidera à identifier quels outils vous pouvez utiliser pour modifier votre configuration X en fonction de la distribution.

Distribution Linux	Outils
Red Hat Enterprise ou Fedora	`xorgcfg`, `Xconfigurator` et `redhat-config-xfree86` suivant la version en cours
Mandriva Linux	Le Centre de Contrôle Mandriva Linux ou bien `DrakX`
SuZE	`SAX` et `SAX2`

Le programme xorgcfg n'existe plus dans la version 9 de la distribution Fedora ; à la place, vous pouvez utiliser les commandes Système/Préférences/Matériel/Résolution de l'écran ou Système/Préférences/Matériel/Clavier (voir la Figure 11.11) pour modifier votre configuration X.

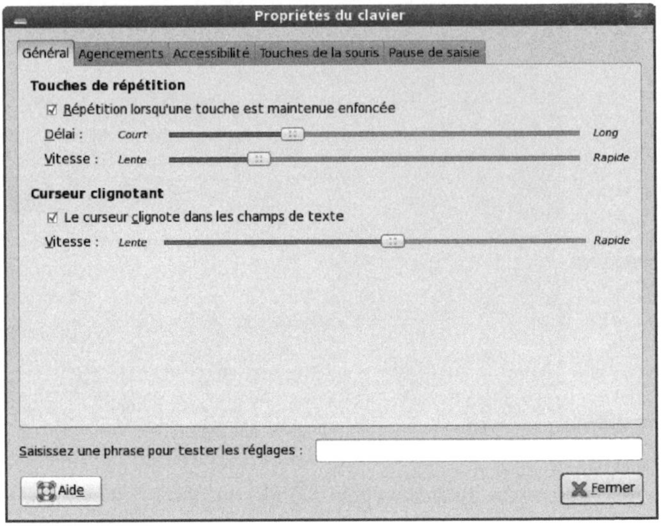

Figure 11.11 : Les programmes de gestion du clavier et de la souris.

Le système X Window cherche le fichier `xorg.conf` (ou `XF86Config` suivant la distribution) à plusieurs endroits différents et charge le premier qu'il trouve. Dans le cas d'un serveur XFree, le fichier `XF86Config-4` a la priorité sur `XF86Config` dans les distributions avec lesquelles il est fourni ; ainsi, si vous trouvez ces deux fichiers, c'est `XF86Config-4` qui sera pertinent.

Des outils de configuration X complémentaires sont proposés avec chaque distribution Linux. Ils ne sont pas aussi pratiques et conviviaux que ceux qui ont été présentés dans le tableau précédent, ce sont :

- **xorgconfig** ou **xorg.conf-4** suivant la distribution : Un outil de configuration X en mode texte pour les serveurs X Xorg.
- **XF86Setup :** Un outil d'installation graphique populaire pour les serveurs XFree. Il utilise un environnement graphique simple, il peut donc être exécuté avec une installation VGA, son interface graphique est agréable. La norme VGA est une norme graphique assez ancienne, elle offre moins de possibilités que les cartes SVGA qui sont

communes dans la plupart des ordinateurs individuels aujourd'hui.

- **xf86config :** Un outil de configuration X en mode texte pour les serveurs XFree.

Si vous aimez vraiment tester et "bricoler" les environnements graphiques, consultez les sites `http://wiki.traduc.org/`, `fr.tldp.org/`, `http://www.gnome.org` et `http://www.kde.org` sur lesquels vous trouverez les HOWTO relatifs au système X Window, à xorg.conf et à XFree86. Certains sont très techniques, d'autres plus abordables.

Chapitre 12

Les éditeurs de texte

Dans ce chapitre :

- Visualisation du contenu d'un fichier.
- Édition d'un fichier avec vi.
- Édition d'un fichier avec gedit.

Des éditeurs de texte aux logiciels de traitement de texte, Linux offre une large variété d'options pour manipuler les mots. Dans ce chapitre, nous présentons les différentes manières d'accéder au contenu d'un fichier texte avec des éditeurs de texte simples, tant pour l'environnement ligne de commande, que pour l'environnement graphique.

Visualisation du contenu d'un fichier texte

La plupart des fichiers de configuration de Linux sont des fichiers texte. De plus, tous les pseudo-programmes (appelés *scripts de shell*), la documentation HTML et beaucoup d'autres articles de votre système sont des fichiers texte. Heureusement, pour visualiser le contenu d'un fichier texte, sans avoir à le modifier, vous n'avez pas besoin d'un éditeur de texte ni d'un logiciel de traitement de texte. Vous disposez pour cela de trois commandes : `cat`, `less` et `more`.

La première commande, `cat`, vient du mot *concatenate* qui signifie "rassembler d'un bout à l'autre". Cette commande est généralement utilisée dans le monde Linux sous le format `cat nom_de_fichier`, où *nom_de_fichier* est le nom du fichier à visualiser sur l'écran. Par exemple, si vous avez créé un petit fichier texte appelé `salutations`, la commande `cat salutations` affiche son contenu :

```
$ cat salutations
Voici le contenu du fichier de salutations.
Fin.
$ _
```

Bien sûr, si le fichier contient un texte dont la taille dépasse la capacité de l'écran, celui-ci défilera jusqu'à la fin du fichier. Pour pallier ce problème, vous pouvez utiliser la commande `less` qui affichera le contenu du fichier écran par écran. Pour passer d'un écran au suivant, il suffit d'appuyer sur la barre d'espace. Vous pouvez aussi utiliser les touches fléchées pour vous déplacer d'une ligne à la fois.

La commande `more` est une alternative de `less`. Cependant, elle est beaucoup plus ancienne que `less` et ne permet qu'un défilement écran par écran : il est impossible de revenir en arrière. La mise en œuvre de `less` et `more` est semblable à celle de `cat` : `less nom_de_fichier` et `more nom_de_fichier`.

Retour à la préhistoire avec l'éditeur vi

Certains ont tendance à éprouver de la répulsion envers l'éditeur `vi`, d'autres pensent que c'est un outil formidable, efficace et rapide (surtout ceux qui le maîtrisent), d'autres encore le trouvent trop complexe. Que vous l'appréciiez ou non, il est indéniable qu'il est le seul éditeur accessible si votre ordinateur a un problème. Sa taille réduite permet de l'enregistrer sur une disquette, fait rare de nos jours ! Nous vous suggérons de prendre le temps de vous familiariser avec lui, puis d'en essayer d'autres avant de décider lequel choisir.

Ouverture de fichiers

L'éditeur `vi` est un éditeur de texte. L'ouverture d'un fichier est très simple. Il suffit de taper la commande `vi nom_de_fichier` (*nom_de_fichier* correspond au fichier que vous souhaitez éditer). S'il existe déjà (il a un contenu), vous pouvez le visualiser. Sinon, vous obtenez un écran vide, comme le montre la Figure 12.1.

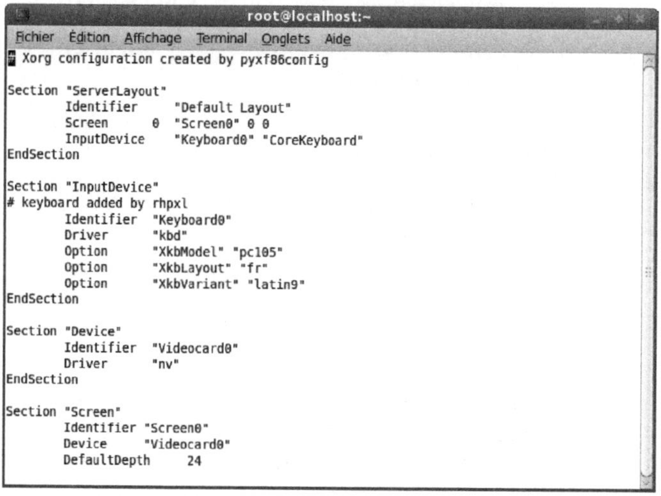

```
root@localhost:~
Fichier Édition Affichage Terminal Onglets Aide
# Xorg configuration created by pyxf86config

Section "ServerLayout"
        Identifier     "Default Layout"
        Screen      0  "Screen0" 0 0
        InputDevice    "Keyboard0" "CoreKeyboard"
EndSection

Section "InputDevice"
# keyboard added by rhpxl
        Identifier  "Keyboard0"
        Driver      "kbd"
        Option      "XkbModel" "pc105"
        Option      "XkbLayout" "fr"
        Option      "XkbVariant" "latin9"
EndSection

Section "Device"
        Identifier  "Videocard0"
        Driver      "nv"
EndSection

Section "Screen"
        Identifier "Screen0"
        Device     "Videocard0"
        DefaultDepth     24
```

Figure 12.1 : L'éditeur vi avec le fichier /etc/X11/xorg.conf.

Vous cherchez un menu ? Vous n'en trouverez pas ! L'éditeur `vi` propose des informations d'aide mais pas de menu. À la place, il offre trois modes de base :

- **Mode commande** : L'éditeur `vi` suppose que tout ce que vous tapez est une commande `vi`.
- **Mode insertion** : L'éditeur `vi` interprète tout ce que vous tapez dans ce mode comme étant un texte à insérer.
- **Mode** `ex` : Avec ce mode, vous pouvez utiliser encore les commandes de l'éditeur `ex`.

TRUC

Si vous avez un fichier ouvert dans l'éditeur `vi`, vous pouvez accéder à l'aide en appuyant sur la touche F1. Pour en sortir, tapez :**q** et appuyez sur Entrée pour revenir au mode commande.

Saisie de texte

Pour saisir un texte avec l'éditeur `vi`, vous devez activer le mode insertion. Pour cela, procédez comme suit :

1. **Appuyez sur Échap pour accéder au mode commande à partir de n'importe quel mode.**

   L'affichage vous est familier (voir la Figure 12.1).

2. **Appuyez sur I pour entrer en mode insertion à partir du mode commande.**

   Remarquez que l'écran subit un léger changement d'un mode à l'autre.

À partir de là, vous n'avez plus qu'à saisir le texte.

Modification de texte

Vous avez plusieurs façons de modifier du texte dans l'éditeur `vi`. Vous pouvez le faire en entrant dans le mode insertion et en modifiant le texte à l'aide des touches Suppr, Inser, etc. Cependant, l'éditeur `vi` dispose d'autres options. Pour utiliser l'une de ces options, procédez comme suit :

1. **Appuyez sur Échap pour entrer en mode commande à partir de n'importe quel mode.**

   L'affichage vous est familier (voir la Figure 12.1).

2. **Utilisez les touches de direction pour amener le curseur sur la zone à modifier.**

   Consultez dans le Tableau 12.1 les commandes de déplacement de texte.

3. **Appuyez sur la touche ou sur la combinaison de touches qui vous permettra d'exécuter une action.**

   Le Tableau 12.1 affiche un groupe de commandes que vous pouvez utiliser.

Un signe # correspond à la saisie d'un nombre, afin que la commande s'applique à plusieurs lignes, mots ou caractères. Si vous ne spécifiez pas de valeur, `vi` suppose que la valeur par défaut est 1. À chaque fois que vous voyez un caractère de soulignement (_), vous devez spécifier un caractère qui exécutera la commande. Par exemple, pour remplacer le caractère en cours et les cinq suivants par des tirets, vous devez indiquer `5r-`.

Tableau 12.1 : Commandes d'édition de l'éditeur vi couramment utilisées.

Touches	Position initiale du curseur	Résultat
a	Un espace avant l'ajout d'un texte.	L'éditeur `vi` entre directement en mode insertion après la position du curseur.
p	À la position d'insertion du texte.	L'éditeur `vi` copie le texte mémorisé dans le document.
#o	N'importe où, directement au-dessus de l'endroit où vous voulez que la nouvelle ligne apparaisse.	L'éditeur `vi` ajoute une ou plusieurs lignes vides sous la position du curseur, puis accède au mode insertion avec le curseur sur cette nouvelle ligne.
#r_	Directement, au début du (premier) caractère que vous voulez remplacer.	L'éditeur `vi` remplace le caractère courant, plus #-1 juste après, avec le caractère spécifié.
#yl	Directement, au début du (premier) caractère que vous voulez copier.	L'éditeur `vi` copie les caractères spécifiés dans la mémoire tampon.
#yy	N'importe où, sur la (première) ligne que vous voulez copier.	L'éditeur `vi` copie les lignes spécifiées dans la mémoire tampon.
u	N'importe où dans le fichier.	L'éditeur `vi` annule la dernière action.

Rappelez-vous que lorsqu'une option vous place en mode insertion, vous devez revenir en mode commande, avant de pouvoir utiliser de nouveau les commandes d'édition.

Suppression de texte

L'éditeur `vi` dispose d'un ensemble de commandes pour la suppression de texte. Vous pouvez utiliser les touches Retour arrière ou Suppr, mais vous disposez aussi d'autres options. Pour utiliser les caractéristiques de suppression de l'éditeur `vi`, procédez comme suit :

1. **Appuyez sur Échap pour entrer en mode commande.**

   L'affichage sur l'écran vous est familier (voir la Figure 12.1).

2. **Utilisez les touches de direction pour placer correctement le curseur à la position souhaitée.**

   Reportez-vous au Tableau 12.2 pour plus d'explications sur le positionnement du curseur.

3. **Appuyez sur la touche ou sur la combinaison de touches pour exécuter l'action.**

   Le Tableau 12.2 affiche un groupe de commandes que vous pouvez utiliser.

Tableau 12.2 : Commandes de suppression de l'éditeur vi couramment utilisées.

Touches	Position initiale du curseur	Résultat
#cc	N'importe où sur la ligne (la première) que vous voulez supprimer.	L'éditeur `vi` supprime toutes les lignes sélectionnées.
#dl	Au début du (premier) caractère que vous voulez supprimer.	L'éditeur `vi` supprime les caractères spécifiés.
#dd	N'importe où sur la (première) ligne que vous voulez supprimer.	L'éditeur `vi` supprime toutes les lignes sélectionnées.
p	À l'endroit où vous voulez que le texte apparaisse.	L'éditeur `vi` copie le texte de la mémoire tampon vers le document.
#x	Au début du (premier) caractère que vous voulez supprimer.	L'éditeur `vi` supprime les caractères spécifiés dans la mémoire tampon.

TRUC

Un signe # indique que la commande opère sur plus d'un élément si vous indiquez une valeur.

N'OUBLIEZ PAS

Lorsqu'une option vous place en mode insertion, vous devez revenir en mode commande avant de pouvoir réutiliser les commandes de suppression.

Sauvegarde des fichiers

La plupart des éditeurs de texte disposent d'au moins deux moyens pour sauvegarder un fichier. La première méthode consiste à sauvegarder et à fermer le document à partir de l'éditeur `vi` en procédant comme suit :

1. **Appuyez sur Échap pour accéder au mode commande à partir de n'importe quel mode en cours.**

   L'affichage à l'écran vous est familier (voir la Figure 12.1).

2. **Tapez `ZZ` pour sauvegarder et fermer le fichier.**

   Le fichier est fermé et vous vous retrouvez à l'invite de commandes.

La seconde méthode consiste à faire la sauvegarde sans avoir à fermer le document. Pour sauvegarder un fichier en cours de saisie, procédez comme suit :

1. **Appuyez sur Échap pour entrer en mode commande à partir de n'importe quel mode.**

   L'affichage sur l'écran vous est familier (voir la Figure 12.1).

2. **Tapez : (deux-points) pour entrer en mode `ex`.**

   L'écran subit un léger changement, puis affiche un fichier vide.

3. **Tapez `w`, puis appuyez sur Entrée.**

   Le `w` signifie *écrire* (ou sauvegarder). Vous êtes maintenant de retour dans le fichier en mode commande.

TRUC

Vous souhaitez fermer le fichier sans sauvegarder les modifications ? Alors suivez les deux premières étapes précédentes. Quand vous arrivez à l'Étape 3, tapez `q!` au lieu de `w`.

gedit

Certains éditeurs de texte sont des éditeurs en mode texte, d'autres des éditeurs en mode graphique. Dans cette section, nous allons parler de `gedit` pour ceux qui préfèrent travailler en mode graphique. Ce programme est fourni par défaut avec GNOME, son homologue sous KDE s'appelle `kedit`.

TRUC

Rappelez-vous que si votre ordinateur ne démarre pas automatiquement avec l'interface graphique, vous pouvez l'activer à partir de l'invite de commandes en tapant la commande `startx`.

Démarrage de gedit

Pour démarrer l'éditeur `gedit` à partir de GNOME, procédez comme suit :

1. **Cliquez sur l'icône Applications.**
2. **Choisissez Accessoires/Éditeur de texte.**

   Le programme s'ouvre, comme l'indique la Figure 12.2.

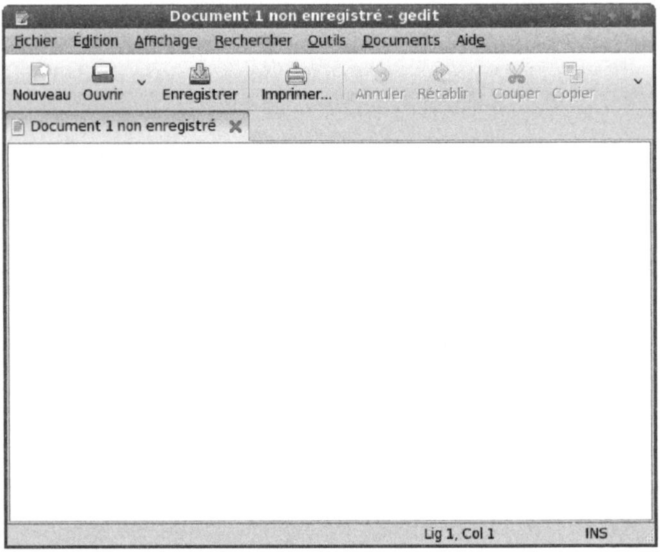

Figure 12.2 : Un fichier vide dans l'éditeur gedit.

Mise en forme d'un texte

L'éditeur `gedit` est un éditeur de texte dans la mesure où vous entrez du texte brut sans chercher à le mettre en forme. Un logiciel de traitement de texte crée un document qui ne peut être ouvert que par les programmes qui savent lire ce type de fichier.

Pour entrer du texte, cliquez à l'intérieur de la page blanche et commencez à taper. Vous avez accès à la collection des outils standard d'édition : Couper, Copier, Coller, Supprimer, etc.

Sélectionnez le texte sur lequel vous souhaitez travailler et cliquez ensuite sur le bouton approprié dans la barre d'outils gedit. Cet éditeur de texte est très intéressant dans la mesure où il est possible de lui ajouter des modules d'extension. Voici comment les installer :

1. **Activez la commande Édition/Préférences.**

   Cette action ouvre la boîte de dialogue Préférences, comme le montre la Figure 12.3.

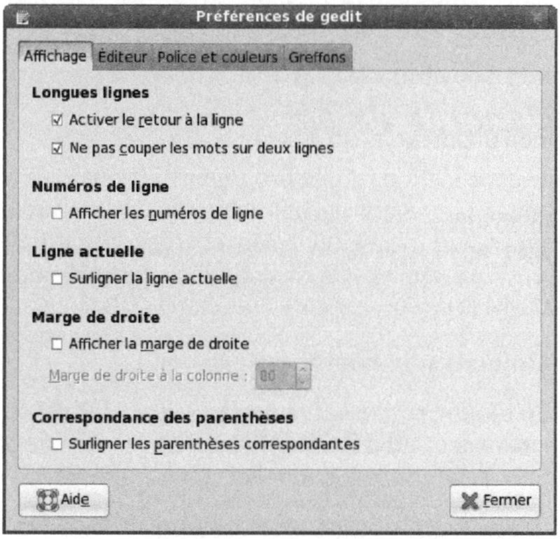

Figure 12.3 : La boîte de dialogue Préférences de gedit.

2. **Cliquez sur l'onglet Greffons dans la partie droite de la boîte de dialogue.**

   La liste des modules disponibles apparaît.

3. **Sélectionnez chacun des greffons pour connaître sa fonction et cliquez le bouton À propos du greffon.**

4. **Cochez la case d'activation de chacun des modules que vous voulez utiliser.**

5. **Si le bouton Configurer le greffon devient actif pour un module d'extension, cliquez dessus et configurez-le à partir de la boîte de dialogue Configurer le greffon qui s'ouvre.**

Ces modules d'extension ont une ou plusieurs fonctions que vous pouvez personnaliser.

6. **Lorsque vous avez terminé, cliquez sur Valider pour revenir à la boîte de dialogue Préférences.**

7. **Quand les modules d'extension ont été sélectionnés et configurés, cliquez sur Fermer pour quitter la boîte de dialogue Préférences.**

À présent, vous avez accès aux modules d'extension `gedit`. Chacun a été placé dans un menu approprié. La Table ASCII se trouve, par exemple, dans le menu Vue.

Sauvegarde de votre travail

Comme avec la plupart des programmes, vous avez deux possibilités pour sauvegarder votre travail : le sauvegarder et continuer votre travail, ou le sauvegarder et quitter le programme. Pour sauvegarder le fichier en cours d'édition et rester dans l'éditeur, exécutez les étapes suivantes :

1. **Cliquez sur le bouton Enregistrer.**

   Ce bouton représente une disquette. Si le fichier n'a jamais été sauvegardé auparavant, la boîte de dialogue Enregistrer sous est affichée.

2. **Déplacez-vous dans la partie gauche de la boîte de dialogue, jusqu'à ce que vous ayez trouvé le répertoire dans lequel sauvegarder le fichier.**

   Double-cliquez sur le nom d'un répertoire pour y accéder ou cliquez sur `..` pour remonter au répertoire parent.

3. **Entrez le nom du fichier dans la zone Nom.**

4. **Cliquez sur Enregistrer pour sauvegarder le fichier.**

   La boîte de dialogue est fermée.

Pour fermer `gedit`, procédez comme suit :

1. **Activez la commande Fichier/Quitter.**

Si vous n'avez pas sauvegardé ce fichier auparavant, une boîte de dialogue s'ouvre.

2. **Si la boîte de dialogue est affichée, cliquez sur Enregistrer sous pour copier votre travail sur le disque ou sur Fermer sans enregistrer pour l'abandonner.**

   Le programme est fermé, à moins que vous n'ayez plus d'un fichier ouvert. Dans ce cas, la boîte de dialogue s'ouvre pour chaque fichier qui a besoin d'être sauvegardé.

Chapitre 13

Bien au-delà du traitement de texte avec OpenOffice.org

Dans ce chapitre :

- Présentation de la suite OpenOffice.org.
- Traitement de texte OpenOffice.org Writer.
- Feuille de calcul avec OpenOffice.org Calc.
- Présentation avec OpenOffice.org Impress.
- Dessin avec OpenOffice.org Draw.
- Gestion de bases de données OpenOffice.org Base.

À l'heure actuelle, tout utilisateur d'un ordinateur travaille immanquablement avec une suite bureautique et sous Windows, cette suite est probablement Microsoft Office. Sous Linux, la communauté du logiciel libre propose un véritable petit bijou, la suite OpenOffice.org ; une suite bureautique complète qui est actuellement en version 2.4 et qui a atteint à présent une maturité telle qu'elle ne souffre plus d'une quelconque comparaison avec ses homologues commercialisées. Disponible pour les systèmes d'exploitation Linux, Macintosh, Solaris, FreeBSD et Windows, elle propose les fonctionnalités suivantes :

- un traitement de texte, OpenOffice.org Writer ;
- un tableur, OpenOffice.org Calc ;

- un logiciel de présentation, OpenOffice.org Impress ;
- un logiciel de dessin vectoriel et de PAO et un éditeur de pages web, OpenOffice.org Draw ;
- un module de création et de gestion de bases de données (OpenOffice.org base).

Une fois que vous aurez terminé l'apprentissage d'un des programmes de la suite, vous serez heureux de constater que les autres sont conçus suivant la même philosophie. Les menus et les fonctions sont semblables d'un programme à l'autre. Vous pouvez même enregistrer des fichiers dans le format Microsoft Office, la suite est compatible en lecture et en écriture (donc en modification) avec les fichiers conçus avec la suite bureautique Microsoft Office ; ainsi, vous pourrez partager des informations avec des personnes l'utilisant. Cette compatibilité entre OpenOffice.org et les fichiers de la suite Microsoft Office est excellente : elle autorise donc le passage en douceur de l'une à l'autre, ce que nous vous encourageons à faire sans restriction. En outre, son format de fichier demeure ouvert et basé sur le langage XML, ce qui constitue une garantie de pérennité, d'indépendance, d'interopérabilité et d'accès à l'information pour tous les utilisateurs.

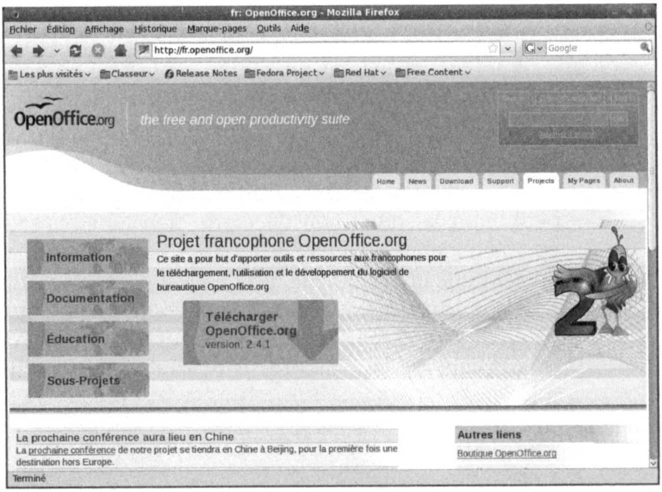

Figure 13.1 : Le français d'OpenOffice.org.

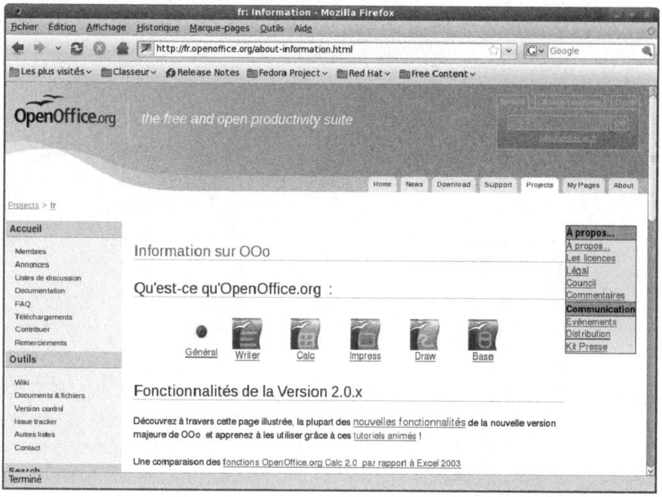

Figure 13.2 : La présentation d'OpenOffice.org.

Mise en service d'OpenOffice.org

La plupart des distributions de Linux installent cette suite logicielle par défaut, mais cela ne signifie pas qu'elle se trouve sur votre système. Avant que vous ne commenciez inutilement un téléchargement énorme, vérifiez si OpenOffice.org n'est pas déjà installée.

Sous Fedora Core 9, ouvrez le menu Applications/Bureautique ; les icônes OpenOffice.org Base, OpenOffice.org Calc, OpenOffice.org Draw, OpenOffice.org Impress et OpenOffice.org Writer apparaissent en bas du menu comme le montre la Figure 13.3.

Si elles n'apparaissent pas, OpenOffice.org n'est pas installé, vous pouvez le faire en utilisant les CD ou le DVD de votre distribution ou bien en vous connectant au site Web OpenOffice.org (voir le Chapitre 15). La version 2.4.1 est la dernière version et si vous ne supportez pas l'idée de ne pas avoir la dernière version du logiciel, recherchez les informations relatives à votre version en activant la commande Aide/À propos de OpenOffice.org à partir de n'importe quel logiciel de la suite bureautique.

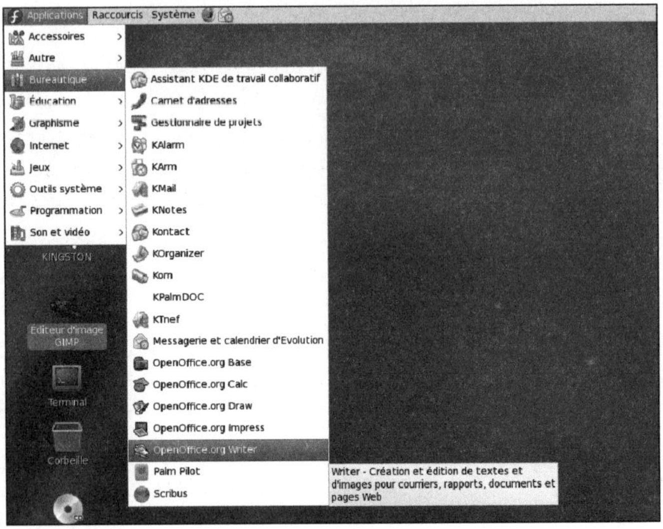

Figure 13.3 : La suite OpenOffice.org.

TRUC

La version 2.4 comprend par défaut le dictionnaire français unifié par défaut (classique + réforme de l'orthographe de 1990), et apporte quelques nouveautés en terme d'ergonomie, telles la barre de langue qui permet de changer la langue de correction d'un paragraphe d'un simple clic, la sélection en bloc, le zoom sous Calc qui peut être réglé indépendamment pour chaque feuille, et le support des données Access 2007 pour Base (au format .accdb).

Si cette version n'est pas celle que vous possédez et si vous souhaitez installer la dernière, consultez la section suivante pour le faire ; sinon, vous pouvez passer à la section Traitement de texte avec OpenOffice.org Writer.

Téléchargement de la suite OpenOffice.org

Pour télécharger OpenOffice.org, exécutez les étapes suivantes :

1. **Ouvrez votre navigateur Web.**

   Le navigateur par défaut de la distribution Fedora Core est Mozilla Firefox.

2. **Accédez à l'URL** `http://fr.openoffice.org/`.

   C'est la page d'accueil du projet OpenOffice.org en français.

3. **Elle propose diverses informations et le téléchargement de la dernière version du produit, OpenOffice.org 2.4.1 ; cliquez sur Téléchargez OpenOffice.org version 2.4.1.**

   Vous accédez à la page de téléchargement qui propose différentes versions en fonction des systèmes d'exploitation et du type de chargement.

4. **Cliquez sur Linux, avec ou sans Java inclus puis sur continuer le téléchargement lorsque la nouvelle page apparaît.**

5. **Déplacez-vous dans la page et cliquez sur la distribution Linux RPM en français (Figure 13.4).**

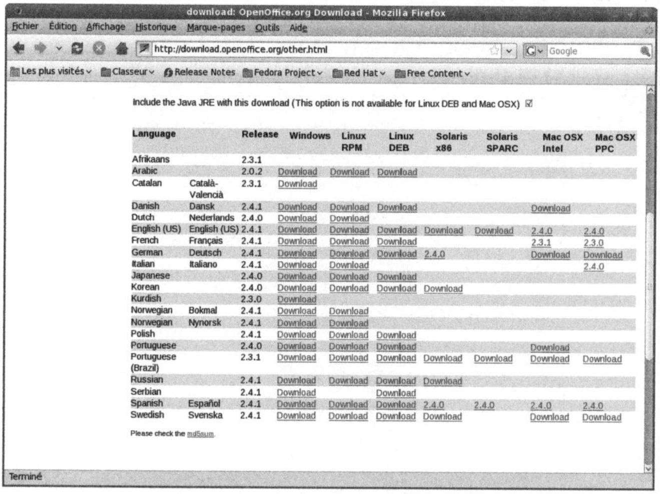

Figure 13.4 : Téléchargement de la suite OpenOffice.org.

6. **Quand la boîte de dialogue de téléchargement s'ouvre, cochez Enregistrer le fichier puis cliquez sur OK sera copié.**

   Le téléchargement du fichier `OOo_2.4.1_LinuxIntel_install_fr.tar.gz` commence, il peut durer de quelques dizaines de minutes à plusieurs heures. Si l'indicateur de progression se déplace très lentement, vous pouvez vaquer à d'autres occupations en attendant.

Installation du logiciel

Maintenant que la suite OpenOffice.org est téléchargée, vous devez la "déballer" et l'installer, comme cela est décrit dans les étapes suivantes :

1. **Ouvrez le Gestionnaire d'archives en exécutant la commande Applications/Accessoires/Gestionnaire d'archives et cliquez le bouton Ouvrir.**

2. **Sélectionnez le fichier que vous venez de télécharger et cliquez sur le bouton Ouvrir.**

   Le fichier est lu.

3. **Cliquez sur Extraire, puis dans la fenêtre Extraire, spécifiez le répertoire dans lequel le fichier sera extrait (voir la Figure 13.5).**

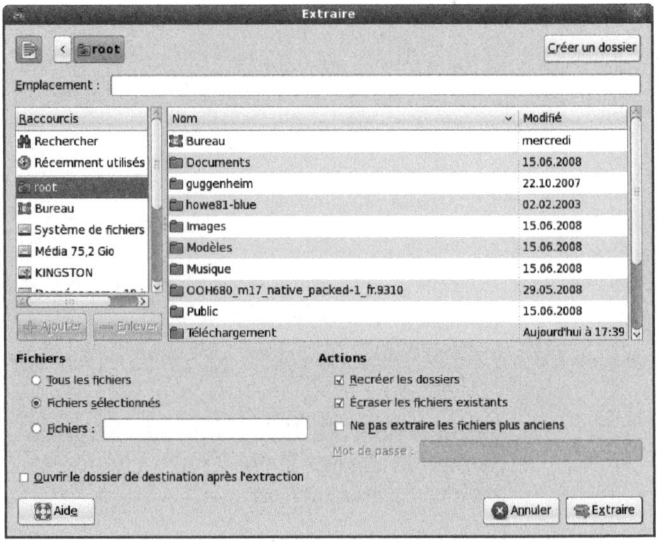

Figure 13.5 : Extraction du fichier.

Suivant la taille du fichier, l'opération peut durer plusieurs minutes.

4. **Fermez la fenêtre du gestionnaire d'archives et cliquez sur la case de fermeture, dans l'angle supérieur droit.**
5. **Démarrez le Navigateur de fichiers avec la commande Applications/Outils système/Navigateur de fichiers.**
6. **Cliquez sur Lancer avec un fichier et accédez au répertoire contenant les fichiers décompressés.**
7. **Accédez au répertoire dans lequel vous avez extrait la suite OpenOffice comme le montre la Figure 13.6.**

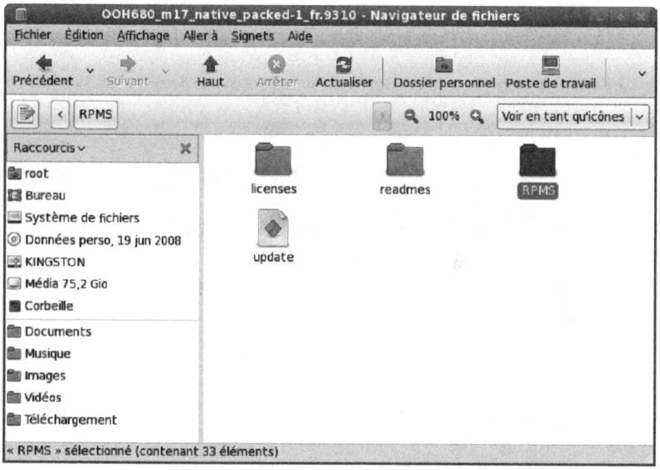

Figure 13.6 : Le répertoire de la suite OpenOffice.

8. **Double-cliquez l'icône update et choisissez Lancer dans un terminal dans la boîte de dialogue qui s'affiche.**

   L'installation démarre ; il est possible que le logiciel vous pose des questions auxquelles vous ne savez pas quoi répondre, ne répondez rien !

9. **Lorsque l'installation est terminée, vous en êtes avisé par une boîte de dialogue. Cliquez sur Terminé.**

   Voilà pour l'installation !

Traitement de texte avec OpenOffice.org Writer

OpenOffice.org Writer est le module de traitement de texte de la suite bureautique, il possède toutes les qualités nécessaires à la rédaction, l'organisation et le formatage de documents texte, de manière moderne et efficace. Il permet, grâce au styliste notamment, de dissocier le contenu de la mise en forme, ce qui est idéal pour l'exportation dans d'autres formats. Il assure ainsi l'interopérabilité et la portabilité des données. La présentation des documents n'est pas non plus oubliée puisque Writer dispose de tous les outils de présentation et de mise en forme : listes, tableaux, images, dessins... Math, le module intégré autorisant la génération de formules mathématiques, s'avère également très utile pour la rédaction de documents scientifiques.

Démarrage et découverte d'OpenOffice.org Writer

Pour démarrer OpenOffice.org Writer, exécutez la commande Applications/Bureautique/OpenOffice.org Writer.

Writer est un logiciel qui ne présente aucune difficulté et ne nécessite qu'un peu de pratique. La Figure 13.7 montre la fenêtre OpenOffice.org Writer 2.4.1.

Les barres d'outils

Par défaut, les barres d'outils Dessin, Formatage et Normal sont affichées ; elles apparaissent horizontalement en haut de l'écran, comme le montre la Figure 13.7 ; la commande Affichage/Barres d'outils permet d'activer ou de désactiver les différentes barres d'outils de l'application (voir la Figure 13.8). Les principales barres d'outils de la version 2.4.1 d'OpenOffice.org Writer sont décrites dans le Tableau 13.1.

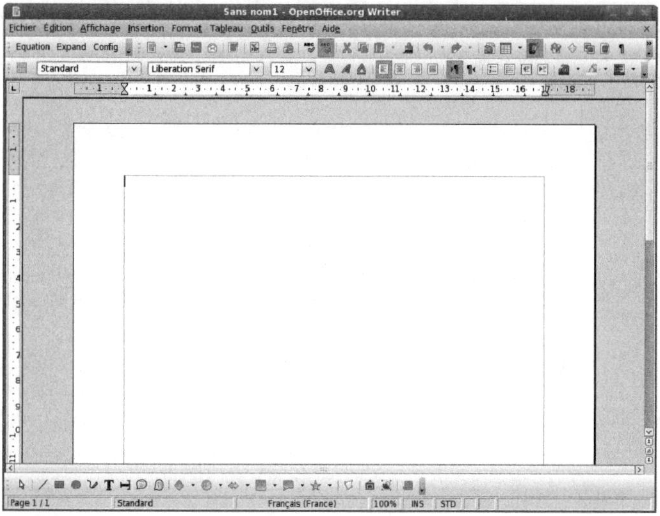

Figure 13.7 : La fenêtre OpenOffice.org Writer 2.4.1.

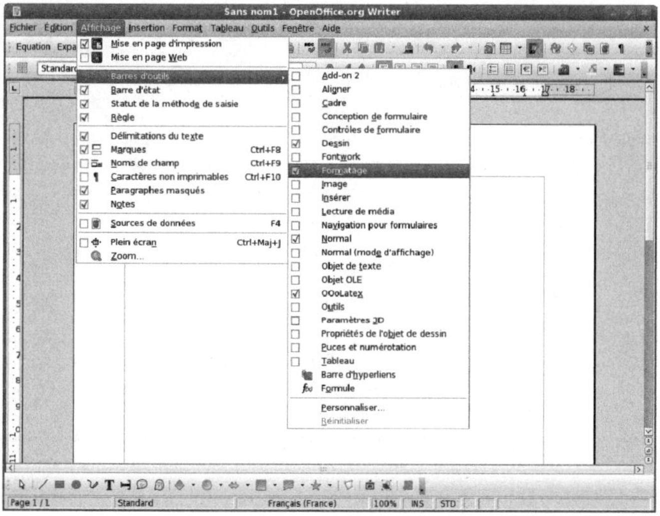

Figure 13.8 : Les barres d'outils d'OpenOffice.org Writer 2.4.1.

Tableau 13.1 : Principales barres d'outils OpenOffice.org Writer 2.4.1.

Barre d'outils	Description
Cadre	Lorsqu'un cadre est sélectionné, la barre Cadre offre les principales fonctions de formatage et de positionnement.
Dessin	La barre Dessin permet de tracer différentes formes, régulières ou non, et des zones de texte dans lesquelles celui-ci pourra être horizontal ou bien vertical.
Formatage	En mode saisie de texte, la barre Formatage comporte plusieurs fonctions de formatage du texte ; elle est activée par défaut.
Image	La barre Image contient des fonctions de formatage et de positionnement des objets graphiques sélectionnés.
Objets de texte	La barre Objets de texte contient des commandes de formatage pour le texte contenu dans un objet de dessin ; elle s'affiche lorsque vous double-cliquez à l'intérieur d'un objet de dessin.
Objet OLE	La barre Objets OLE apparaît lorsque des objets sont sélectionnés ; elle contient les principales fonctions de formatage et de positionnement des objets.
Propriétés de l'objet de dessin	La barre Propriétés de l'objet de dessin qui s'affiche lorsqu'un objet de dessin est sélectionné contient des fonctions d'édition et de positionnement des objets de dessin.
Puces et numérotation	La barre Puces et numérotation comporte des fonctions qui permettent de modifier la structure des paragraphes numérotés, notamment de changer l'ordre des paragraphes et de définir des niveaux de paragraphe différents.
Tableau	La barre Tableau contient les fonctions dont vous avez besoin lorsque vous utilisez des tableaux. Elle s'affiche lorsque vous placez le curseur dans un tableau.
Barre d'hyperliens	La barre d'Hyperliens permet de créer et d'éditer les hyperliens de vos documents, et de spécifier des critères de recherche à partir des moteurs de recherche Internet disponibles.

La barre de menus

La barre de menus se trouve au sommet de la fenêtre, c'est une norme que l'on retrouve dans tous les environnements graphiques, quel que soit le système d'exploitation. OpenOffice.org

Writer propose toutes les fonctions que l'on peut attendre d'un logiciel de traitement de texte moderne. Les options de menu sont trop nombreuses pour que nous les présentions toutes. Voici un résumé de ce que vous trouverez dans les principaux menus :

- **Fichier** : Les habituelles commandes Nouveau, Ouvrir, Fermer, Enregistrer, Enregistrer sous, Exporter, Exporter au format PDF, Aperçu dans le navigateur Web, Aperçu, Imprimer, Paramétrage de l'imprimante, avec un jeu d'assistants, ainsi que la possibilité d'envoyer des documents par courrier électronique, de créer un document maître et de créer un document HTML.
- **Édition** : Les habituelles commandes Tout sélectionner, Rechercher et Remplacer, Modifications, Comparer le document.
- **Affichage** : Les habituelles commandes mise en page en ligne, gestion des barres d'outils et des caractères de contrôle, zoom, etc.
- **Insertion** : Les habituelles commandes Saut manuel, Champ, Caractères spéciaux, Marque de formatage, En-tête, Pied de page, Note de bas de page, Repère de texte, Renvoi, Note, Script, Index, Enveloppe, etc.
- **Format** : Les habituelles commandes Caractère, Paragraphe, Page, Casse, Colonnes, Styles et formatage, etc.
- **Tableau :** Les habituelles commandes de création et de modification de tableau.
- **Outils** : Les habituelles commandes Vérification orthographique, Langue et Coupure des mots, AutoCorrection, Numérotation des lignes, Notes de bas de page, Gallery, Media Player, Base de données bibliographiques, Macros, etc.

La Figure 13.9 montre le menu Outils. Tous les menus ne sont pas énumérés ; regardez le logiciel, ouvrez les menus et découvrez ce qui vous est proposé.

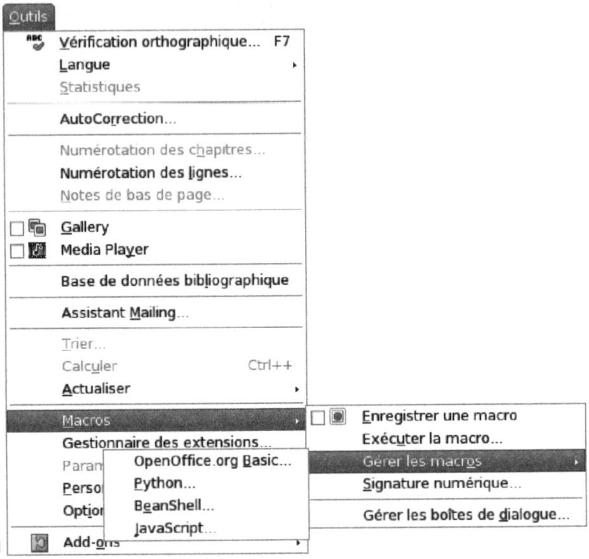

Figure 13.9 : Le menu Outils d'OpenOffice.org Writer 2.4.1.

La barre Normal (appelée aussi barre de fonctions ou encore barre Standard)

Directement sous la barre de menus se trouve la barre Normal (Figure 13.10), que vous pouvez cacher à tout moment à partir du menu Affichage ; elle est disponible dans toutes les applications OpenOffice.org. Une série d'icônes vous permet d'accéder par un simple clic aux commandes les plus courantes des menus Fichier et Édition. Le Tableau 13.2 présente les fonctions de la barre Normal par défaut. Les fonctions extensibles peuvent être étendues pour montrer un nouveau jeu d'options.

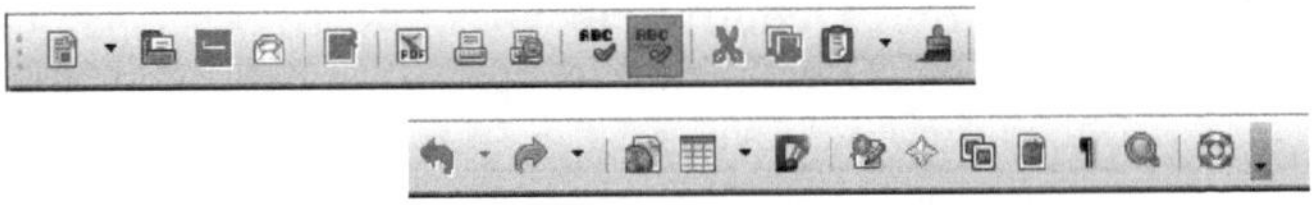

Figure 13.10 : La barre Normal d'OpenOffice.org Writer 2.4.1.

Tableau 13.2 : Éléments de la barre Normal OpenOffice.org Writer.

Élément	Description	Extensible
Nouveau	Crée un nouveau document OpenOffice.org.	Oui.
Ouvrir un fichier	Ouvre ou importe un document existant en lecture ou en modification.	Non.
Enregistrer	Enregistre le document en cours. S'il n'a jamais été sauvegardé, la boîte de dialogue Enregistrer sous est affichée.	Non.
Document par e-mail	Envoie le document en cours en tant que pièce jointe à un e-mail en utilisant le client de messagerie par défaut.	Non.
Édition de fichier	Commutateur permettant d'activer ou de désactiver le mode Édition.	Non.
Export direct au format PDF	Enregistre le fichier en cours au format PDF (*Portable Document Format*). Un fichier PDF peut être visualisé et imprimé sur toute plate-forme, le format d'origine restant inchangé, à condition que le logiciel approprié soit installé.	Non.
Impression rapide	Imprime le document en cours avec les paramètres d'impression par défaut. Vous pouvez consulter ces paramètres dans la boîte de dialogue Paramétrage de l'imprimante ; pour y accéder, utilisez la commande Fichier/Paramétrage de l'imprimante.	Non.
Aperçu	Affiche un aperçu de la page imprimée ou ferme l'aperçu.	Non.
Vérification orthographique	Vérifie l'orthographe du document en cours ou de la sélection.	Non.
Vérification automatique	Vérifie automatiquement l'orthographe au cours de la saisie et souligne les erreurs.	Non.
Couper	Supprime et copie la sélection dans le Presse-papiers.	Non.
Copier	Copie la sélection dans le Presse-papiers.	Non.
Coller	Insère le contenu du Presse-papiers à l'emplacement du curseur et remplace le texte ou les objets sélectionnés le cas échéant. Pour sélectionner le format, cliquez sur la flèche située en regard de l'icône.	Oui.
Appliquer le format	Copie le formatage du texte ou de l'objet sélectionné et l'applique à une autre sélection de texte ou à un autre objet.	Non.
Annuler	Annule la dernière modification effectuée dans le document.	Oui.
Rétablir	Annule la dernière annulation de modification dans le document.	Oui.
Hyperlien	Ouvre une boîte de dialogue permettant de créer et d'éditer des hyperliens.	Non.
Tableau	Insère un tableau dans le document.	Oui.

Élément	Description	Extensible
Afficher les fonctions de dessin	Active ou désactive la barre de dessin.	Non.
Rechercher et remplacer	Recherche ou remplace du texte.	Non.
Navigateur navigateur.	Permute l'activation ou la désactivation de l'affichage du	Non.
Gallery	Ouvre la boîte de dialogue des thèmes dans laquelle vous pouvez sélectionner les images et les sons à insérer dans le document.	Non.
Source de données	Gestion des bases de données enregistrées.	Non.
Caractères non imprimables	Affiche ou masque les caractères non imprimables.	Non.
Zoom	Réduit ou agrandit l'affichage à l'écran d'OpenOffice.org. Le facteur de zoom utilisé s'affiche sous forme de pourcentage dans la barre d'état.	Non.
Aide d'OpenOffice.org	Ouvre la page principale de l'aide d'OpenOffice.org pour l'application active. Vous pouvez faire défiler les pages d'aide et effectuer des recherches sur des termes de l'index ou sur tout autre texte.	Oui.

La barre Formatage

La barre Formatage est placée directement sous la barre de fonctions après l'installation par défaut d'OpenOffice.org (voir la Figure 13.11). Comme d'habitude, vous pouvez l'enlever à tout moment à partir du menu Affichage. Elle contient une série d'icônes sur lesquelles il est possible de cliquer. Certaines d'entre elles sont associées à des boîtes de dialogue ou à des listes déroulantes qui proposent des fonctions de traitement de texte standard, comme les styles, les polices de caractères, les tailles des caractères et diverses instructions de formatage. La plupart des fonctions de la barre Formatage sont identiques à celles qui sont proposées par les logiciels de traitement de texte modernes.

Figure 13.11 : La barre Formatage d'OpenOffice.org Writer 2.4.1.

TRUC

Cette barre d'outils change en réalité selon les actions en cours. Par exemple, si le curseur est placé dans un tableau, la barre Formatage contient des boutons permettant de travailler avec des tableaux.

La règle

Directement sous la barre Formatage, après l'installation par défaut d'OpenOffice.org, on trouve la règle ; en fait, il y en a deux, ce sont la règle horizontale et la règle verticale. Tous les logiciels de traitement de texte modernes offrent ce dispositif, qui matérialise les marges, les taquets de tabulation, etc. de votre document dans le système de mesure de votre choix. Pour changer le système de mesure, cliquez avec le bouton droit sur la règle et sélectionnez l'unité dans le menu contextuel qui s'affiche.

Votre document

Le grand rectangle blanc qui occupe la quasi-totalité de la fenêtre est la zone réservée à vos documents. Cliquez dans cette zone et saisissez votre texte. Si vous cliquez avec le bouton droit dans la zone du document, un menu contextuel de formatage s'affiche (voir la Figure 13.12).

OpenOffice.org Writer supporte au moins les formats de fichier suivants : son format "de texte" propre (ODF, avec l'extension .odt), le format des versions précédentes (SXW), Microsoft Word 95, 6.0, 97, 2000 et XP (DOC) et Microsoft Word 2003 XML (.xml), le format de texte enrichi (RTF), les formats de StarWriter (.sdw et .vor), le format texte (TXT), et les pages Web (HTML).

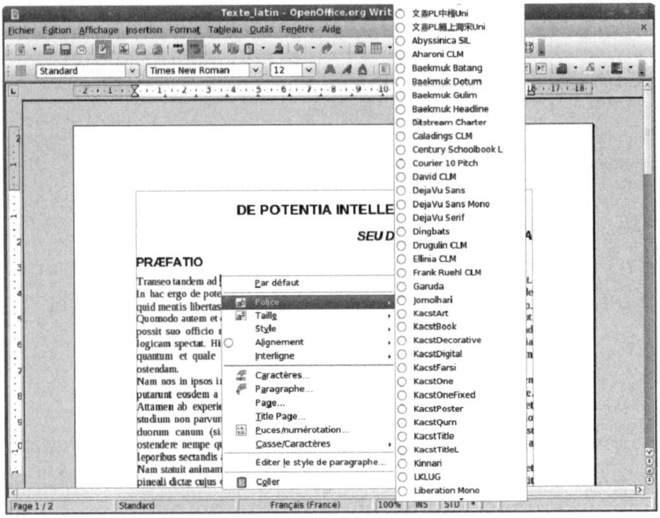

Figure 13.12 : Le menu contextuel de formatage d'OpenOffice.org Writer 2.4.1.

Feuille de calcul avec OpenOffice.org Calc

Certaines personnes aiment gérer leur compte "à la main" ; cependant, à notre époque, il existe des moyens de gestion plus simples et plus pratiques : les tableurs. Cette section est consacrée à la présentation d'OpenOffice.org Calc.

Démarrage et découverte d'OpenOffice.org Calc

Pour démarrer OpenOffice.org Calc, exécutez la commande Applications/Bureautique/OpenOffice.org Calc.

Si vous êtes habitué aux tableurs, la fenêtre d'OpenOffice.org Calc devrait vous être familière (voir la Figure 13.13).

Les barres d'outils

Par défaut, seules les barres d'outils Formatage, Normal et Formule sont affichées ; elles apparaissent horizontalement en

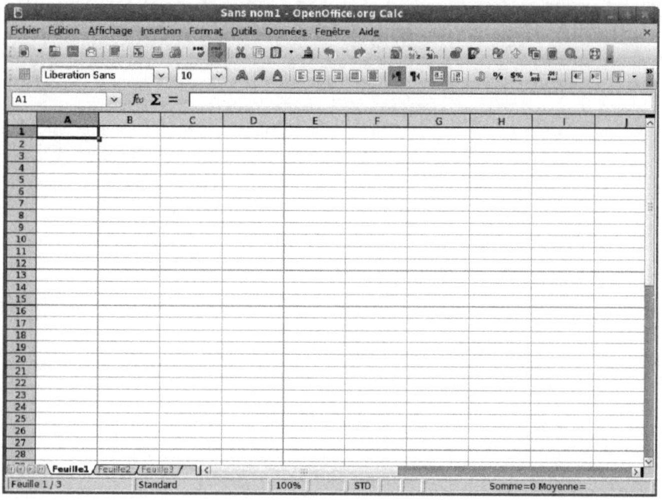

Figure 13.13 : La fenêtre OpenOffice.org Calc 2.4.1.

haut de l'écran, comme le montre la Figure 13.13 ; la commande Affichage/Barres d'outils permet d'activer ou de désactiver les barres d'outils de l'application. Les principales barres d'outils disponibles dans les classeurs de la version 2.4.1 d'OpenOffice.org Calc sont décrites dans le Tableau 13.3. Chaque icône représente une fonctionnalité différente et parfois plus qu'une option. Si une icône est extensible (elle porte dans sa partie supérieure droite un petit triangle vert avec la pointe vers la droite ou vers le bas), lorsque vous cliquez dessus et que vous maintenez le bouton de la souris enfoncé, un menu contextuel s'affiche avec une liste d'options.

La barre de menus

La barre de menus se trouve au sommet de la fenêtre. C'est une norme que l'on retrouve dans tous les environnements graphiques, quel que soit le système d'exploitation. OpenOffice.org Calc propose toutes les fonctions que l'on peut attendre d'un tableur moderne. Les options de menu sont trop nombreuses pour que nous les présentions toutes. Voici un résumé de ce que vous trouverez dans les principaux menus :

Tableau 13.3 : Principales barres d'outils OpenOffice.org Calc 2.4.1.

Barre d'outils	Description
Formatage	La barre Formatage comprend des commandes de base permettant d'appliquer un formatage manuel.
Formatage du texte	La barre Formatage de texte qui s'affiche lorsque le curseur se trouve dans un objet texte (un cadre texte ou un objet de dessin, par exemple) comporte des commandes de formatage et d'alignement.
Image	La barre Image s'affiche lorsque vous insérez ou sélectionnez une image dans une feuille.
Normal	La barre Normal se trouve en haut de la fenêtre OpenOffice.org ; elle est disponible dans toutes les applications OpenOffice.org.
Outils	Cette barre permet d'accéder aux commandes les plus fréquemment utilisées.
Propriétés de l'objet de dessin	La barre Propriétés de l'objet de dessin des objets que vous sélectionnez dans la feuille propose des commandes de formatage et d'alignement.
Barre d'hyperliens	La barre Hyperliens permet de créer et d'éditer les hyperliens de vos documents, et de spécifier des critères de recherche à partir des moteurs de recherche Internet disponibles.
Barre de formule	Cette barre est destinée à la saisie de formules.
Barre d'état	La barre d'état affiche des informations sur la feuille en cours.

- **Fichier** : Les habituelles commandes Nouveau, Ouvrir, Fermer, Enregistrer, Enregistrer sous, Aperçu, Imprimer, Paramétrage de l'imprimante, avec un jeu d'assistants, ainsi que la possibilité d'envoyer des documents par courrier électronique, de créer un document maître et de créer des pages Web.
- **Édition** : Les habituelles commandes Tout sélectionner, Rechercher et Remplacer, Modifications, Comparer le document.
- **Affichage** : Les habituelles commandes de gestion des barres d'outils, des en-têtes de colonnes et de lignes, l'accès aux sources de données et le zoom.

- **Insertion** : Les habituelles commandes Saut manuel, Cellules, Lignes, Colonnes, Feuilles, Liste des fonctions et Données externes.
- **Format** : Les habituelles commandes de formatage des cellules, lignes et colonnes, la fusion de cellules et le formatage conditionnel.
- **Outils** : Les habituelles commandes Vérification orthographique, Coupure des mots, AutoCorrection, Gallery et Source de données.
- **Données** : Les habituelles commandes de définition et de sélection d'une plage, de tri, de filtre, etc.

La Figure 13.14 montre le menu Données. Tous les menus ne sont pas énumérés ; regardez le logiciel, ouvrez les menus et découvrez ce qui vous est proposé.

Figure 13.14 : Le menu Données d'OpenOffice Calc 2.4.1.

La barre Normal (appelée aussi barre de fonctions ou encore barre Standard)

Directement sous la barre de menus se trouve la barre Normal, que vous pouvez cacher à tout moment à partir du menu Affichage ; elle est disponible dans toutes les applications

OpenOffice.org. Une série d'icônes vous permet d'accéder par un simple clic aux commandes les plus courantes des menus Fichier et Édition. Le Tableau 13.4 présente les fonctions de la barre Normal par défaut. Les fonctions extensibles peuvent être étendues pour montrer un nouveau jeu d'options.

Tableau 13.4 : Éléments de la barre Normal OpenOffice.org Calc.

Élément	Description	Extensible
Nouveau	Crée un nouveau document OpenOffice.org.	Oui.
Ouvrir	Ouvre ou importe un document existant en lecture ou en modification.	Non.
Enregistrer	Enregistre le document en cours. S'il n'a jamais été sauvegardé, la boîte de dialogue Enregistrer sous est affichée.	Non.
Document par e-mail	Envoie le document en cours en tant que pièce jointe à un e-mail en utilisant le client de messagerie par défaut.	Non.
Export direct au format PDF	Enregistre le fichier en cours au format PDF (*Portable Document Format*). Un fichier PDF peut être visualisé et imprimé sur toute plate-forme, le format d'origine restant inchangé, à condition que le logiciel approprié soit installé.	Non.
Impression rapide	Imprime le document en cours avec les paramètres d'impression par défaut. Vous pouvez consulter ces paramètres dans la boîte de dialogue Paramétrage de l'imprimante ; pour y accéder, utilisez la commande de menu Paramétrage de l'imprimante.	Non.
Aperçu avant impression	Affiche un aperçu de la page imprimée ou ferme l'aperçu.	Non.
Vérification orthographique	Vérifie l'orthographe du document en cours ou de la sélection.	Non.
Vérification automatique	Vérifie automatiquement l'orthographe au cours de la saisie et souligne les erreurs.	Non.
Couper	Supprime et copie la sélection dans le Presse-papiers.	Non.
Copier	Copie la sélection dans le Presse-papiers.	Non.
Coller	Insère le contenu du Presse-papiers à l'emplacement du curseur et remplace le texte ou les objets sélectionnés le cas échéant. Pour sélectionner le format, cliquez sur la flèche située en regard de l'icône.	Oui.
Appliquer le format	Copie le formatage du texte ou de l'objet sélectionné et l'applique à une autre sélection de texte ou à un autre objet.	Non
Annuler	Annule la dernière modification effectuée dans le document.	Oui.

Élément	Description	Extensible
Rétablir	Annule la dernière annulation de modification dans le document.	Oui.
Hyperlien	Ouvre une boîte de dialogue permettant de créer et d'éditer des hyperliens.	Non.
Tri croissant	Trie par ordre croissant les cellules sélectionnées.	Non.
Tri décroissant	Trie par ordre décroissant les cellules sélectionnées.	Non.
Diagramme	Insère un diagramme dans le rectangle défini par l'utilisateur ; une boîte de dialogue permet ensuite d'affiner les paramètres du diagramme.	Non.
Afficher les fonctions de dessin	Affiche la barre de Dessin.	Oui.
Rechercher et remplacer	Active la boîte de dialogue Rechercher et remplacer.	Non.
Navigateur	Permute l'activation ou la désactivation de l'affichage du navigateur.	Non.
Gallery	Ouvre la boîte de dialogue des thèmes dans laquelle vous pouvez sélectionner les images et les sons à insérer dans le document.	Non.
Source de données	Accède aux bases de données enregistrées dans OpenOffice.org.	Non.
Zoom	Réduit ou agrandit l'affichage à l'écran d'OpenOffice.org. Le facteur de zoom utilisé s'affiche sous forme de pourcentage dans la barre d'état.	Non.
Aide d'OpenOffice.org	Ouvre la page principale de l'aide d'OpenOffice.org pour l'application active. Vous pouvez faire défiler les pages d'aide et effectuer des recherches sur des termes de l'index ou sur tout autre texte.	Oui.

La barre Formatage

La barre Formatage est placée directement sous la barre de fonctions, après l'installation par défaut d'OpenOffice.org. Comme d'habitude, vous pouvez l'enlever à tout moment à partir du menu Affichage. Elle contient une série d'icônes sur lesquelles il est possible de cliquer. Certaines d'entre elles sont associées à des boîtes de dialogue ou à des listes déroulantes qui proposent des fonctions de tableur standard, comme les styles, les polices de caractères, les tailles des caractères et diverses instructions de formatage. La plupart des fonctions de la barre Formatage sont identiques à celles qui sont proposées par les tableurs modernes.

La barre Formule

Directement sous la barre Formatage, après l'installation par défaut d'OpenOffice.org, on trouve la barre Formule. Tous les tableurs offrent ce dispositif, qui permet d'entrer et de modifier le contenu de la cellule en cours et de cliquer sur des boutons de fonctions, comme la fonction Somme (voir la Figure 13.15).

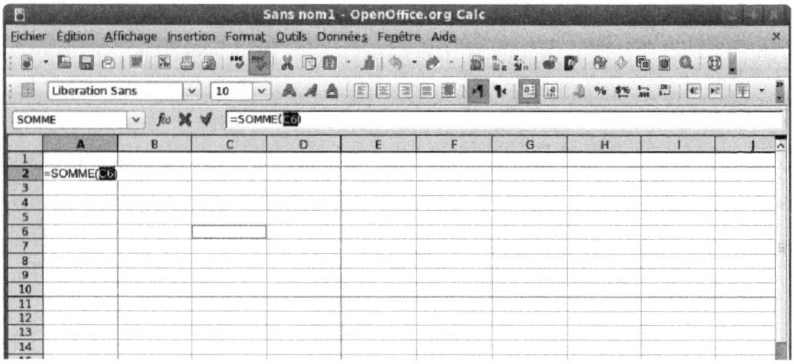

Figure 13.15 : La barre Formules d'OpenOffice.org Calc 2.4.1.

Votre document

Le grand rectangle blanc quadrillé qui occupe la quasi-totalité de la fenêtre représente une partie de la feuille de calcul en cours. Cliquez dans une cellule et commencez la saisie. Si vous cliquez avec le bouton droit, un menu contextuel de formatage s'affiche.

OpenOffice.org Calc supporte au moins les formats de fichier suivants : son format feuille de calcul propre (ODS), le format des versions précédentes (SXC), *Data Interchange Format* (DIF), dBASE (DBF), Microsoft Excel 95, 5.0, 97, 2000 et XP (XLS), Microsoft Excel 2003 XML, le format de texte séparé par des virgules (CSV) et les pages Web (HTML).

Présentation avec OpenOffice.org Impress

On ne naît pas orateur et, en général, on n'est pas toujours très à l'aise. Cependant, si vous avez à votre disposition un logiciel de présentation pour vous soutenir dans cette rude épreuve, la tâche sera grandement facilitée. Ainsi, OpenOffice.org Impress vous apportera une aide précieuse pour vos présentations.

Démarrage et découverte d'OpenOffice.org Impress

Pour démarrer OpenOffice.org Impress, exécutez la commande Applications/Bureautique/OpenOffice.org Impress.

Avant de commencer, jetez un coup d'œil à la Figure 13.16. Dès que le logiciel démarre, une boîte de dialogue Assistant Présentation vous propose de charger une présentation vierge, ou bien d'accéder à un modèle, ou encore d'ouvrir une présentation existante. Si vous préférez partir d'une feuille vierge, cochez ce choix et cliquez sur le bouton Créer (pour afficher de nouveau cette boîte de dialogue, cochez la commande Affichage/Volet Tâches).

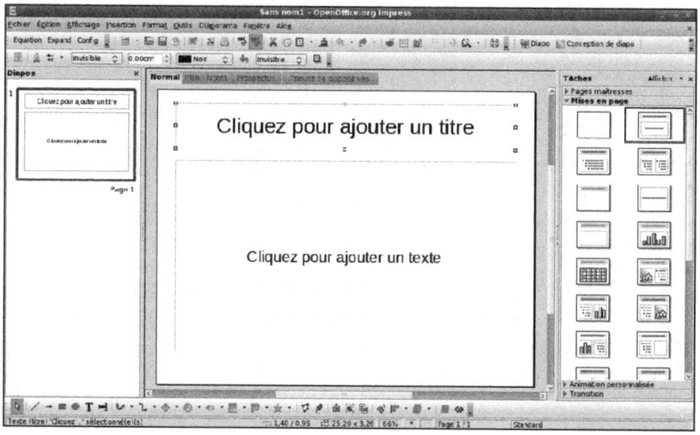

Figure 13.16 : La fenêtre OpenOffice.org Impress 2.4.1.

Les barres d'outils

Par défaut, les barres d'outils Dessin, Ligne et remplissage, Normal et Présentation sont affichées ; elles apparaissent horizontalement en haut de l'écran, comme le montre la Figure 13.16 ; la commande Affichage/Barres d'outils permet d'activer ou de désactiver les barres d'outils de l'application (voir la Figure 13.17). Les principales barres d'outils de la version 2.4.1 d'OpenOffice.org Impress sont décrites dans le Tableau 13.5.

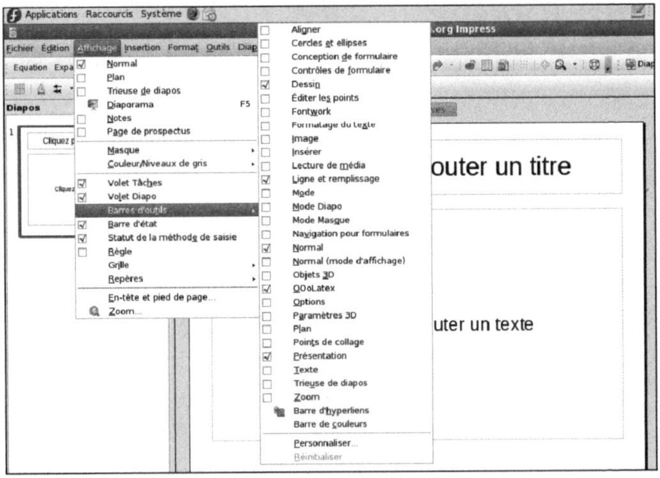

Figure 13.17 : Les barres d'outils d'OpenOffice.org Impress 2.4.1.

Tableau 13.5 : Principales barres d'outils OpenOffice.org Impress 2.4.1.

Barre d'outils	Description
Dessin	La barre Dessin comporte les outils d'édition les plus fréquemment utilisés. Cliquez sur la flèche située en regard d'une icône pour ouvrir une barre d'outils contenant des commandes supplémentaires.
Éditer les points	La barre Édition des points s'affiche lorsque vous sélectionnez un objet polygone et cliquez sur Éditer des points.
Fontwork	La barre d'outils Fontwork s'ouvre lorsque vous sélectionnez un objet Fontwork.

Barre d'outils	Description
Formatage du texte	La barre Formatage du texte contient des commandes et des options que vous pouvez utiliser dans l'affichage actif.
Image	La barre Images s'ouvre lorsque vous sélectionnez une image ; cette barre ancrable permet de définir les options de couleur, de contraste et de luminosité du ou des objets graphiques sélectionnés.
Ligne et remplissage	La barre d'outils Ligne et remplissage permet de définir les caractéristiques de style et de formatage, de ligne, de style des extrémités de fin de ligne, de style de ligne, de couleur de ligne, de remplissage, de style de remplissage et d'ombre.
Mode Diapo	La barre du mode Diapo s'ouvre quand la trieuse de diapos s'affiche.
Normal	La barre Normal se trouve en haut de la fenêtre OpenOffice.org ; elle est disponible dans toutes les applications OpenOffice.org.
Options	La barre Options permet d'accéder aux commandes de rotation, de gestion de la grille, d'édition, d'ébauche, etc.
Paramètres 3D	La barre d'outils Paramètres 3D contrôle les propriétés des objets 3D sélectionnés.
Plan	En mode Plan, la barre Plan comporte les outils d'édition les plus fréquemment utilisés. Cliquez sur la flèche située en regard de l'icône pour ouvrir une barre d'outils contenant des commandes supplémentaires.
Trieuse de diapos	Dans la vue Trieuse de diapos, vous pouvez utiliser la barre Trieuse de diapos.
Barre de couleurs	Affiche ou masque la barre de Couleurs. Pour modifier la palette de couleurs affichée ou pour en changer, choisissez Format/Remplissage et cliquez sur l'onglet Couleurs.

La barre de menus

La barre de menus se trouve au sommet de la fenêtre. C'est une norme que l'on retrouve dans tous les environnements graphiques, quel que soit le système d'exploitation. OpenOffice.org Impress propose toutes les fonctions que l'on peut attendre d'un logiciel de présentation moderne. Les options de menu sont trop nombreuses pour que nous les présentions toutes. Voici un résumé de ce que vous trouverez dans les principaux menus :

- **Fichier** : Les habituelles commandes Nouveau, Ouvrir, Fermer, Enregistrer, Enregistrer sous, Aperçu, Imprimer, Paramétrage de l'imprimante, avec un jeu d'assistants, ainsi que la possibilité d'envoyer des documents par courrier électronique, de créer un document maître et de créer des pages Web.
- **Édition** : Les habituelles commandes Tout sélectionner, Rechercher et Remplacer, Modifications, Supprimer la diapo.
- **Affichage** : Les habituelles commandes de gestion des barres d'outils, de la qualité de l'affichage, de la qualité de l'aperçu, de l'arrière-plan et de la grille et le zoom.
- **Insertion** : Les habituelles commandes d'insertion de page, de duplication, d'insertion de champ, d'accès au scanner et d'insertion d'objets divers.
- **Format** : Les habituelles commandes de formatage, de remplissage, d'affectation de style et de traitement graphique.
- **Outils** : Les habituelles commandes Vérification orthographique, Coupure des mots, AutoCorrection, Gallery et Macros.

La Figure 13.18 présente le menu Insertion. Tous les menus ne sont pas énumérés ; regardez le logiciel, ouvrez les menus et découvrez ce qui vous est proposé.

La barre Normal (appelée aussi barre de fonctions ou encore barre Standard)

Directement sous la barre de menus se trouve la barre Normal, que vous pouvez cacher à tout moment à partir du menu Affichage ; elle est disponible dans toutes les applications OpenOffice.org. Une série d'icônes vous permet d'accéder par un simple clic aux commandes les plus courantes des menus Fichier et Édition. Le Tableau 13.6 présente les principales fonctions de la barre Normal par défaut. Les fonctions extensibles peuvent être étendues pour montrer un nouveau jeu d'options.

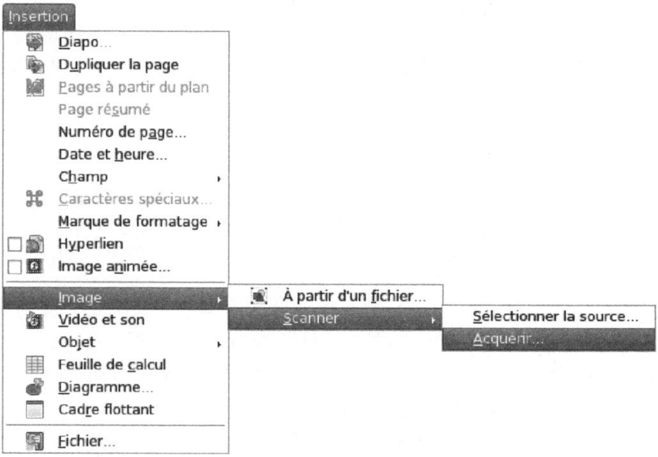

Figure 13.18 : Le menu Insertion d'OpenOffice Impress 2.4.1.

Tableau 13.6 : Éléments de la barre Normal OpenOffice.org Impress.

Élément	Description	Extensible
Nouveau	Crée un nouveau document OpenOffice.org.	Oui.
Ouvrir	Ouvre ou importe un document existant en lecture ou en modification.	Non.
Enregistrer	Enregistre le document en cours. S'il n'a jamais été sauvegardé, la boîte de dialogue Enregistrer sous est affichée.	Non.
Document par e-mail	Envoie le document en cours en tant que pièce jointe à un e-mail en utilisant le client de messagerie par défaut.	
Édition de fichier	Commutateur permettant d'activer ou de désactiver le mode Édition.	
Export direct au format PDF	Enregistre le fichier en cours au format PDF (*Portable Document Format*). Un fichier PDF peut être visualisé et imprimé sur toute plate-forme, le format d'origine restant inchangé, à condition que le logiciel approprié soit installé.	Non.
Impression rapide	Imprime le document en cours avec les paramètres d'impression par défaut. Vous pouvez consulter ces paramètres dans la boîte de dialogue Paramétrage de l'imprimante ; pour y accéder, utilisez la commande de menu Paramétrage de l'imprimante.	Non.
Vérification orthographique	Vérifie l'orthographe du document en cours ou de la sélection.	Non.

Élément	Description	Extensible
Vérification automatique	Vérifie automatiquement l'orthographe au cours de la saisie et souligne les erreurs.	Non.
Couper	Supprime et copie la sélection dans le Presse-papiers.	Non.
Copier	Copie la sélection dans le Presse-papiers.	Non.
Coller	Insère le contenu du Presse-papiers à l'emplacement du curseur et remplace le texte ou les objets sélectionnés le cas échéant. Pour sélectionner le format, cliquez sur la flèche située en regard de l'icône.	Oui.
Appliquer le format	Copie le formatage du texte ou de l'objet sélectionné et l'applique à une autre sélection de texte ou à un autre objet.	Non.
Annuler	Annule la dernière modification effectuée dans le document.	Oui.
Restaurer	Annule la dernière annulation de modification dans le document.	Oui.
Diagramme	Insère un diagramme dans la zone rectangulaire définie par l'utilisateur.	Non.
Feuille de calcul	Insère une feuille de calcul en tant qu'objet OLE.	Non.
Hyperlien	Ouvre une boîte de dialogue permettant de créer et d'éditer des hyperliens.	Non.
Afficher la grille	Active ou désactive l'affichage de la grille.	Non.
Navigateur	Permute l'activation ou la désactivation de l'affichage du navigateur.	Non.
Zoom	Réduit ou agrandit l'affichage à l'écran d'OpenOffice.org. Le facteur de zoom utilisé s'affiche sous forme de pourcentage dans la barre d'état.	Non.
Aide d'OpenOffice.org	Ouvre la page principale de l'aide d'OpenOffice.org pour l'application active. Vous pouvez faire défiler les pages d'aide et effectuer des recherches sur des termes de l'index ou sur tout autre texte.	Oui.

La barre Formatage du texte

La barre Formatage du texte est placée directement sous la barre de fonctions, après l'installation par défaut d'OpenOffice.org. Comme d'habitude, vous pouvez l'enlever à tout moment à partir du menu Affichage. Elle contient une série d'icônes sur lesquelles il est possible de cliquer. Certaines sont associées à des boîtes de dialogue ou à des listes déroulantes qui proposent des fonctions de logiciel de présentation standard, comme les styles, les polices de caractères, les tailles des caractères et diverses instructions de formatage. La plupart des fonctions de la barre d'objet sont identiques à celles qui sont proposées par les logiciels de présentation modernes.

La règle

Directement sous la barre Formatage, après l'installation par défaut d'OpenOffice.org, on trouve la règle. Tous les logiciels de présentation modernes offrent ce dispositif, qui matérialise les marges, les taquets de tabulation, etc. de votre document dans le système de mesure de votre choix. Pour changer le système de mesure, cliquez avec le bouton droit sur la règle et sélectionnez l'unité dans le menu contextuel qui s'affiche.

Votre document

Le grand rectangle blanc qui occupe la quasi-totalité de la fenêtre représente tout ou partie de la diapo en cours. Vous travaillez directement dans cette zone. Lorsque vous cliquez avec le bouton droit, un menu contextuel de formatage s'affiche.

OpenOffice.org Impress supporte au moins les formats de fichier suivants : son format présentation (ODP), le format des versions précédentes (SXI) et Microsoft PowerPoint 97, 2000, XP et 2003 (PPT).

L'Assistant Présentation

L'Assistant de présentation permet de définir les caractéristiques d'une présentation, il peut s'appliquer à une nouvelle présentation ou bien à une présentation existante. La Figure 13.19 montre la première boîte de dialogue de l'Assistant Présentation.

Pour mettre en œuvre cet assistant, procédez comme suit :

1. **Exécutez la commande Fichier/Assistant/Présentation, conservez le type Présentation vierge, à moins que vous**

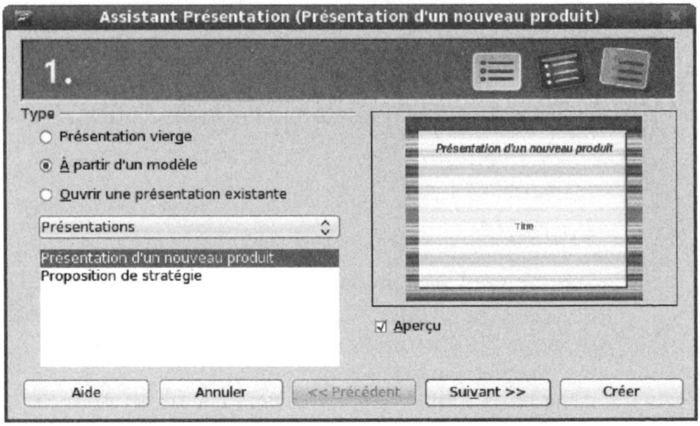

Figure 13.19 : L'assistant Présentation d'OpenOffice.org Impress 2.4.1.

ne souhaitiez travailler avec une présentation que vous avez déjà créée, et cliquez sur le bouton Suivant.

La boîte de dialogue Style de page s'ouvre.

2. **Si vous voulez que votre présentation utilise un média de sortie autre que l'écran, cochez le choix correspondant.**

   Les choix disponibles sont Écran, Transparent, Diapo et Papier.

3. **Une fois votre sélection faite, cliquez sur Suivant.**

   La boîte de dialogue Transition entre les diapos et Type de présentation s'affiche.

4. **Sélectionnez l'effet dans la liste déroulante ; ce dernier est présenté dans la zone de droite.**

   OpenOffice.org Impress anime ces transitions si la case Aperçu est cochée.

5. **Après avoir choisi un effet, déterminez sa vitesse à partir de la liste déroulante.**

   OpenOffice.org Impress anime les transitions à la vitesse Lente, Moyenne ou Rapide.

6. **Définissez ensuite le type de présentation : Standard, si vous souhaitez faire défiler manuellement les diapositi-**

ves (l'option par défaut), ou Automatique pour un défilement programmé.

Si vous avez choisi Standard, passez à l'Étape 7. Si vous avez choisi Automatique, spécifiez la durée de l'affichage et la durée de la pause.

7. **Cliquez sur le bouton Créer pour valider vos choix.**

   OpenOffice.org Impress ouvre une présentation avec les paramètres que vous avez spécifiés ; il ne vous reste plus qu'à concevoir votre présentation !

Graphisme élaboré avec OpenOffice.org Draw

Que vous soyez un artiste graphiste ou un utilisateur de base ayant seulement besoin d'un outil pour concevoir du graphisme simple dans une présentation ou dans un document quelconque, OpenOffice.org Draw est le logiciel adapté à vos besoins.

Démarrage et découverte d'OpenOffice.org Draw

Pour démarrer OpenOffice.org Draw, exécutez la commande Applications/Bureautique/OpenOffice.org Draw.

Si vous êtes habitué aux logiciels de dessin vectoriel, la fenêtre d'OpenOffice.org Draw devrait vous être familière, comme le montre la Figure 13.20.

Les barres d'outils

Par défaut, seules les barres d'outils Dessin, Ligne et remplissage et Normal sont affichées ; elles apparaissent horizontalement en haut de l'écran, comme le montre la Figure 13.20 ; la commande Affichage/Barres d'outils permet d'activer ou de désactiver les barres d'outils de l'application (voir la Figure 13.21). Les principales barres d'outils de la version 2.4.1 d'OpenOffice.org Draw sont décrites dans le Tableau 13.7.

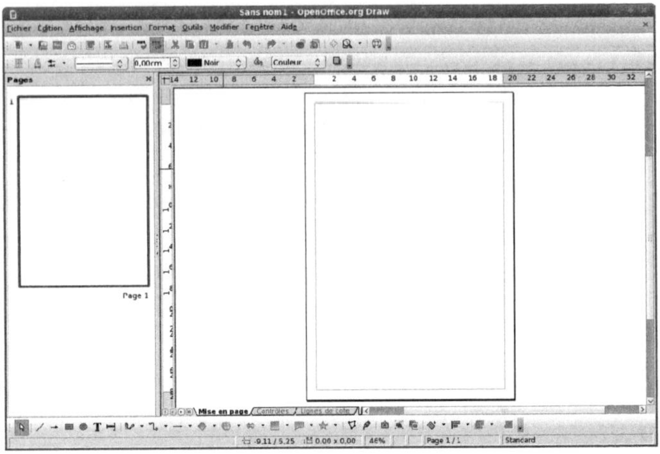

Figure 13.20 : La fenêtre OpenOffice.org Draw 2.4.1.

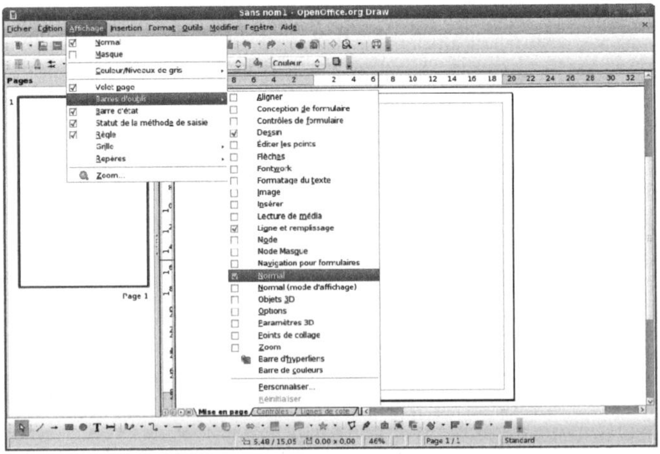

Figure 13.21 : Les barres d'outils d'OpenOffice.org Draw 2.4.1.

Tableau 13.7 : Principales barres d'outils OpenOffice.org Draw 2.4.1.

Barre d'outils	Description
Dessin	La barre Dessin contient les principaux outils de dessin.
Éditer les points	La barre Édition des points s'affiche lorsque vous sélectionnez un objet polygone et cliquez sur Éditer des points.

Barre d'outils	Description
Fontwork	La barre d'outils Fontwork s'ouvre lorsque vous sélectionnez un objet Fontwork.
Formatage du texte	Pour afficher la barre Formatage de texte, placez le curseur à l'intérieur d'un objet texte.
Image	Lorsque vous sélectionnez une image, la barre Images s'ouvre ; elle permet de définir les options de couleur, de contraste et de luminosité du ou des objets graphiques sélectionnés.
Ligne et remplissage	La barre d'outils Ligne et remplissage permet de définir les caractéristiques de style et de formatage, de ligne, de style des extrémités de fin de ligne, de style de ligne, de couleur de ligne, de remplissage, de style de remplissage et d'ombre.
Normal	La barre Normal se trouve en haut de la fenêtre OpenOffice.org ; elle est disponible dans toutes les applications OpenOffice.org.
Options	La barre Options permet d'accéder aux commandes de rotation, de gestion de la grille, d'édition, d'ébauche, etc.
Barre de couleurs	Affiche ou masque la barre de couleurs. Pour modifier la palette de couleurs affichée ou pour en changer, choisissez Format/Remplissage et cliquez sur l'onglet Couleurs.
Paramètres 3D	La barre d'outils Paramètres 3D contrôle les propriétés des objets 3D sélectionnés.
Barre d'état	La barre d'état affiche des informations relatives au document (et à l'objet sélectionné dans le document). Vous pouvez double-cliquer sur certains éléments de la barre d'état pour ouvrir une boîte de dialogue les concernant.

La barre de menus

La barre de menus se trouve au sommet de la fenêtre. C'est une norme que l'on retrouve dans tous les environnements graphiques, quel que soit le système d'exploitation. OpenOffice.org Draw propose toutes les fonctions que l'on peut attendre d'un logiciel de dessin moderne. Les options de menu sont trop nombreuses pour que nous les présentions toutes ici. Voici un résumé de ce que vous trouverez dans les principaux menus :

- **Fichier** : Les habituelles commandes Nouveau, Ouvrir, Fermer, Enregistrer, Enregistrer sous, Aperçu, Imprimer, Paramétrage de l'imprimante, avec un jeu d'assistants, ainsi que la possibilité d'envoyer des documents par courrier électronique et de créer des pages Web.

- **Édition** : Les habituelles commandes Tout sélectionner, Rechercher et Remplacer, Dupliquer, Champ et Image Map.
- **Affichage** : Les habituelles commandes de gestion des barres d'outils, la qualité de l'affichage, l'aperçu et le zoom.
- **Insertion** : Les habituelles commandes d'insertion de diapo, de page, de duplication, d'insertion de champs, d'images issues d'un scanner et d'objets divers.
- **Format** : Les habituelles commandes de formatage, de remplissage, d'affectation de style et de traitement graphique.
- **Outils** : Les habituelles commandes Vérification orthographique, Coupure des mots, AutoCorrection, Gallery et Macros.

La Figure 13.22 montre le menu Insertion. Tous les menus ne sont pas énumérés ; regardez le logiciel, ouvrez les menus et découvrez ce qui vous est proposé.

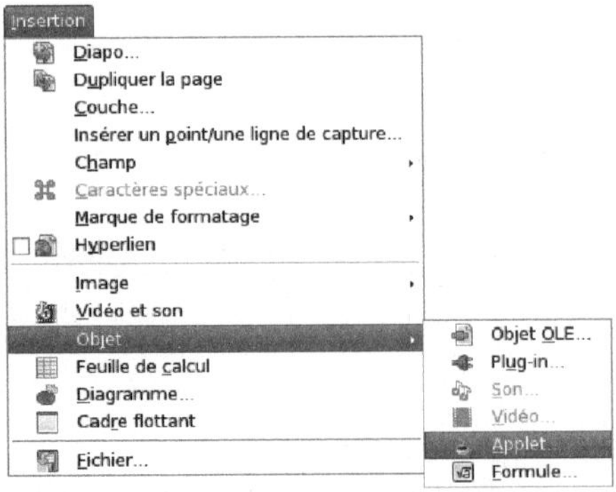

Figure 13.22 : Le menu Insertion d'OpenOffice Draw 2.4.1.

La barre Normal (appelée aussi barre de fonctions ou encore barre Standard)

Directement sous la barre de menus se trouve la barre Normal, que vous pouvez cacher à tout moment à partir du menu Affichage ; elle est disponible dans toutes les applications OpenOffice.org. Une série d'icônes vous permet d'accéder par un simple clic aux commandes les plus courantes des menus Fichier et Édition. Le Tableau 13.8 présente les fonctions de la barre Normal par défaut. Les fonctions extensibles peuvent être étendues pour montrer un nouveau jeu d'options.

Tableau 13.8 : Éléments de la barre Normal OpenOffice.org Draw.

Élément	Description	Extensible
Nouveau	Crée un nouveau document OpenOffice.org.	Oui.
Ouvrir	Ouvre ou importe un document existant en lecture ou en modification.	Non.
Enregistrer	Enregistre le document en cours. S'il n'a jamais été sauvegardé, la boîte de dialogue Enregistrer sous est affichée.	Non.
Document par e-mail	Envoie le document en cours en tant que pièce jointe à un e-mail en utilisant le client de messagerie par défaut.	
Édition de fichier	Commutateur permettant d'activer ou de désactiver le mode Édition.	
Export direct au format PDF	Enregistre le fichier en cours au format PDF (*Portable Document Format*). Un fichier PDF peut être visualisé et imprimé sur toute plate-forme, le format d'origine restant inchangé, à condition que le logiciel approprié soit installé.	Non.
Impression rapide	Imprime le document en cours avec les paramètres d'impression par défaut. Vous pouvez consulter ces paramètres dans la boîte de dialogue Paramétrage de l'imprimante ; pour y accéder, utilisez la commande de menu Paramétrage de l'imprimante.	Non.
Vérification orthographique	Vérifie l'orthographe du document en cours ou de la sélection.	Non.
Vérification automatique	Vérifie automatiquement l'orthographe au cours de la saisie et souligne les erreurs.	Non.
Couper	Supprime et copie la sélection dans le Presse-papiers.	Non.
Copier	Copie la sélection dans le Presse-papiers.	Non.

Élément	Description	Extensible
Coller	Insère le contenu du Presse-papiers à l'emplacement du curseur et remplace le texte ou les objets sélectionnés le cas échéant. Pour sélectionner le format, cliquez sur la flèche située en regard de l'icône.	Oui.
Appliquer le format	Copie le formatage du texte ou de l'objet sélectionné et l'applique à une autre sélection de texte ou à un autre objet.	Non.
Annuler	Annule la dernière modification effectuée dans le document.	Oui.
Restaurer	Annule la dernière annulation de modification dans le document.	Oui.
Diagramme	Insère un diagramme dans la zone rectangulaire définie par l'utilisateur.	Non.
Hyperlien	Ouvre une boîte de dialogue permettant de créer et d'éditer des hyperliens.	Non.
Navigateur	Permute l'activation ou la désactivation de l'affichage du navigateur.	Non.
Zoom	Réduit ou agrandit l'affichage à l'écran d'OpenOffice.org. Le facteur de zoom utilisé s'affiche sous forme de pourcentage dans la barre d'état.	Non.
Aide d'OpenOffice.org	Ouvre la page principale de l'aide d'OpenOffice.org pour l'application active. Vous pouvez faire défiler les pages d'aide et effectuer des recherches sur des termes de l'index ou sur tout autre texte.	Oui.

La barre Formatage du texte

La barre Formatage du texte est placée directement sous la barre de fonctions, après l'installation par défaut d'OpenOffice.org. Comme d'habitude, vous pouvez l'enlever à tout moment à partir du menu Affichage. Elle contient une série d'icônes sur lesquelles il est possible de cliquer. Certaines sont associées à des boîtes de dialogue ou à des listes déroulantes qui proposent des fonctions de dessin standard, comme les styles, les couleurs et diverses instructions de formatage. La plupart des fonctions de la barre Formatage sont identiques à celles qui sont proposées par les logiciels de dessin modernes.

La règle

Directement sous la barre Formatage, après l'installation par défaut d'OpenOffice.org, on trouve la règle. Tous les logiciels de dessin modernes offrent ce dispositif, qui matérialise les marges, les taquets de tabulation, etc. de votre document dans le système de mesure de votre choix. Pour changer le système de mesure, cliquez avec le bouton droit sur la règle et sélectionnez l'unité dans le menu contextuel qui s'affiche.

Votre document

Le grand rectangle blanc qui occupe la quasi-totalité de la fenêtre représente une partie de la feuille de dessin en cours. Si vous cliquez avec le bouton droit, un menu contextuel de formatage s'affiche.

OpenOffice.org Draw supporte les formats de fichier suivants : BMP, EMF, EPS, GIF, JPEG, PBM, PCT, PGM, PNG, PPM, RAS, SVG, TIFF, WMF et XPM.

Les bases de données avec OpenOffice.org Base

OpenOffice.org Base est le système de gestion de bases de données relationnelles (SGBDR) proposé par la suite bureautique OpenOffice.org à partir de sa version 2.0. Il permet la création et la manipulation :

- de bases de données, et leurs mises en relations ;
- de requêtes, et de vues ;
- de formulaire de consultation, ou de saisie, d'états simples (type publipostage), ou complexes.

L'objectif d'une base de données est le stockage structuré de données et la mise à disposition d'outils permettant d'afficher les données de manière pertinente. Une base est constituée de tables et chaque table est constituée de champs, qu'on appelle aussi parfois colonnes. On peut envisager la structure d'une table comme un modèle de fiche à remplir. D'une certaine manière, une table peut-être vue comme une feuille de classeur Calc : les champs comme colonnes et les enregistrements comme lignes. Mais il y a une différence fondamentale : dans une table, le type de contenu des colonnes est indiqué dans la structure de la table, et il est le même pour toutes les lignes d'une colonne. Chaque fois que l'on saisit une nouvelle fiche, on crée un enregistrement.

Démarrage et découverte d'OpenOffice.org Base

Pour démarrer OpenOffice.org Base, exécutez la commande Applications/Bureautique/OpenOffice.org Base.

Avant de commencer, jetez un coup d'œil à la Figure 13.23. Dès que le logiciel démarre, une boîte de dialogue Assistant Base de données vous propose de créer une base de données ou bien d'accéder à un fichier de base de données existant. Si vous souhaitez partir d'une base vierge, cochez ce choix et cliquez sur le bouton Suivant puis sur Terminer.

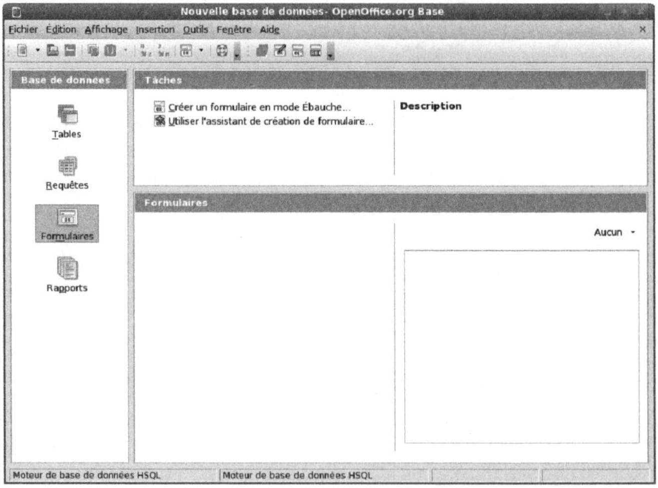

Figure 13.23 : La fenêtre OpenOffice.org Impress 2.4.1.

Les barres d'outils

Par défaut, les barres d'outils Formulaire et Normal sont affichées ; elles apparaissent horizontalement en haut de l'écran, comme le montre la Figure 13.23 ; la commande Affichage/Barres d'outils permet d'activer ou de désactiver les barres d'outils de l'application (voir la Figure 13.24). Les barres d'outils de la version 2.4.1 d'OpenOffice.org Base sont décrites dans le Tableau 13.9.

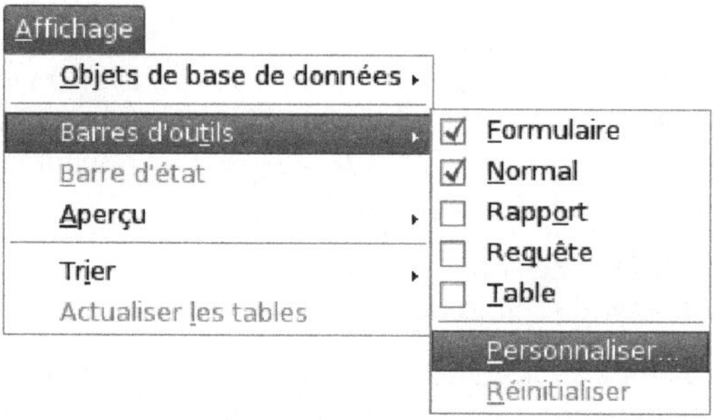

Figure 13.24 : Les barres d'outils d'OpenOffice.org Base 2.4.1.

Tableau 13.9 : Principales barres d'outils OpenOffice.org Base 2.4.1.

Barre d'outils	Description
Formulaire	La barre Formulaire est active lorsqu'un formulaire est en cours, elle propose des outils pour ouvrir un formulaire de base de données, l'éditer, le supprimer ou le renommer.
Normal	La barre Normal se trouve en haut de la fenêtre OpenOffice.org ; elle est disponible dans toutes les applications OpenOffice.org.
Rapport	La barre Rapport est active lorsqu'un rapport est en cours, elle propose des outils pour ouvrir un rapport de base de données, l'éditer, le supprimer ou le renommer.
Requête	La barre Requête est active lorsqu'une requête est en cours, elle propose des outils pour ouvrir une requête de base de données, l'éditer, la supprimer ou la renommer.
Table	La barre Table est active lorsqu'une table est en cours, elle propose des outils pour ouvrir une table de base de données, l'éditer, la supprimer ou la renommer.

La barre de menus

La barre de menus se trouve au sommet de la fenêtre. C'est une norme que l'on retrouve dans tous les environnements graphiques, quel que soit le système d'exploitation. OpenOffice.org Base propose toutes les fonctions que l'on peut attendre d'un logiciel de présentation moderne. Les options de menu sont trop nombreuses pour que nous les présentions toutes. Voici un résumé de ce que vous trouverez dans les principaux menus :

- **Fichier** : Les habituelles commandes Nouveau, Ouvrir, Fermer, Enregistrer, Enregistrer sous, avec un jeu d'assistants, ainsi que la possibilité d'envoyer des documents par courrier électronique, de créer un document maître et de créer des pages Web.
- **Édition** : Les habituelles commandes Tout sélectionner, Rechercher et Remplacer, Modifications, etc.
- **Affichage** : L'accès aux objets de base de données et les habituelles commandes de gestion des barres d'outils, de la qualité de l'affichage, de l'aperçu, etc.
- **Insertion** : Les commandes d'insertion de formulaire, de rapport, de requête, d'ébauche de table d'ébauche de vue, etc.
- **Outils** : Les commandes Relations, Gestion des utilisateurs, Filtre de table, SQL, Macros, Gestionnaire des extensions, etc.

La Figure 13.25 présente le menu Outils. Tous les menus ne sont pas énumérés ; regardez le logiciel, ouvrez les menus et découvrez ce qui vous est proposé.

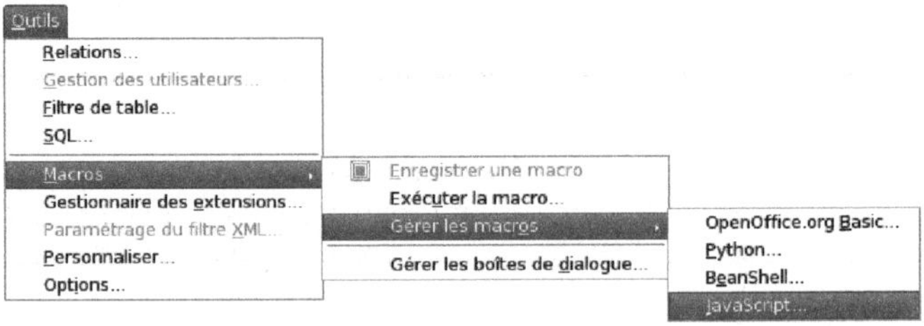

Figure 13.25 : Le menu Outils d'OpenOffice Base 2.4.1.

La barre Normal

Directement sous la barre de menus se trouve la barre Normal, que vous pouvez cacher à tout moment à partir du menu Affichage ; elle est disponible dans toutes les applications OpenOffice.org. Une série d'icônes vous permet d'accéder par un simple clic aux commandes les plus courantes des menus Fichier et Édition. Le Tableau 13.10 présente les principales fonctions de la barre Normal par défaut. Les fonctions extensibles peuvent être étendues pour montrer un nouveau jeu d'options.

Tableau 13.10 : Éléments de la barre Normal OpenOffice.org Base.

Élément	Description	Extensible
Nouveau	Crée un nouveau document OpenOffice.org.	Oui.
Ouvrir	Ouvre ou importe une base de données existante en lecture ou en modification.	Non.
Enregistrer	Enregistre la base de données en cours. Si elle n'a jamais été sauvegardée, la boîte de dialogue Enregistrer sous est affichée.	Non.
Copier	Copie la sélection dans le Presse-papiers.	Non.
Coller	Insère le contenu du Presse-papiers à l'emplacement du curseur et remplace le texte ou les objets sélectionnés le cas échéant. Pour sélectionner le format, cliquez sur la flèche située en regard de l'icône.	Oui.
Tri croissant	Trie la liste des données dans l'ordre croissant en commençant par la première lettre de l'alphabet.	Non.
Tri décroissant	Trie la liste des données dans l'ordre décroissant.	Non
Formulaire	Ouvre un nouveau document texte en mode Formulaire.	Oui.
Aide d'OpenOffice.org	Ouvre la page principale de l'aide d'OpenOffice.org pour l'application active. Vous pouvez faire défiler les pages d'aide et effectuer des recherches sur des termes de l'index ou sur tout autre texte.	Oui.

Comme le logiciel Microsoft Access, dont il s'inspire, Base est compatible avec de nombreux formats de fichier dont MySQL/ PostgreSQL et dBase ; son propre format est odb (format OASIS).

Quatrième partie

Mordez à pleines dents dans Linux

"Ne pensez pas que je crois en n'importe quoi. Mais, force est de constater que depuis que c'est là, la vitesse du serveur a été augmentée de 50 % !

Dans cette partie...

Cette partie vous aidera à dépasser les limites de Linux, vous irez au-delà du système d'exploitation lui-même. Nous vous présenterons le système de fichiers Linux, en commençant par les concepts de bas niveau, le partitionnement, l'ajout de médias, le formatage de disques, puis la gestion du système de fichiers et le partage de fichiers et d'imprimantes. Ensuite, vous découvrirez comment ajouter des logiciels à Linux, avec le Fedora *Package Manager* (RPM), et comment mettre en œuvre de nouveaux logiciels.

Enfin, il sera question de la sécurité et nous évoquerons, entre autres, le choix d'un mot de passe, ainsi que la mise à jour du système et des logiciels, afin de vous prémunir des menaces liées à la compromission.

Chapitre 14

Le système de fichiers Linux

Dans ce chapitre :

- Découverte du répertoire racine (root) et de ses sous-répertoires.
- Différence entre une partition et un répertoire.
- Ajout de médias amovibles au système de fichiers.
- Maintenance du système de fichiers.

Lorsque vous vous trouvez devant un nouveau système d'exploitation, il vous faut tout d'abord savoir où sont stockés les fichiers. Plutôt qu'un répertoire unique pour les fichiers système importants, à l'exemple du répertoire `C:\Windows` de Windows, Linux a suivi le concept UNIX consistant à disperser davantage les fichiers. Bien que les configurations de ces deux systèmes mettent en œuvre des approches différentes, elles sont toutes deux très logiques.

Un autre problème peut aussi vous bloquer : comment ajouter de nouveaux médias, tels que les disques durs, les disquettes, les CD-ROM, les DVD-ROM, les disquettes Zip, etc. au système de fichiers. Dans ce chapitre, notre étude portera essentiellement sur l'organisation du système de fichiers et sur les méthodes d'accès aux données.

Présentation du système de fichiers Linux

Le système de fichiers Linux est constitué de plusieurs couches, il comporte un nombre important de répertoires et de sous-répertoires. Sur un système Windows, les informations spécifiques au système d'exploitation sont stockées dans le répertoire Windows. Sous Linux, ces informations sont disséminées dans de nombreux fichiers. Vous allez comprendre pourquoi Linux suit une autre logique de stockage des fichiers.

Le répertoire racine

Le répertoire racine (`root`) est à la source de tout le système, il s'écrit /. Le répertoire racine est le point de départ du système de fichiers, il est le couloir qui mène vers tous vos fichiers. Il contient généralement un ensemble de sous-répertoires. De légères variantes existent d'une distribution à une autre, mais Linux gravite autour d'un tronc commun standard que chaque distribution doit respecter. Ce tronc commun vous servira toujours de système d'orientation.

Nous vous parlerons un peu plus loin des éléments qui ne sont pas directement liés à la racine. Le Tableau 14.1 contient une liste des répertoires de la racine, un astérisque (*) à la fin de la description indique qu'il s'agit d'un répertoire important et qu'il vous est interdit d'y toucher sans une raison majeure. En effet, ce type de répertoire contient des fichiers essentiels pour le fonctionnement de votre système.

Tableau 14.1 : Répertoires standard de Linux au niveau de la racine.

Répertoire	Description
`/bin`	Les commandes que vous utilisez à tout moment. *
`/boot`	L'information qui démarre la machine, notamment le noyau. *
`/dev`	Les pilotes de périphérique qui sont les interfaces du système.
`/etc`	Les fichiers de configuration que votre système et que de nombreux progiciels utilisent. *
`/home`	Les répertoires de base de chacun des utilisateurs.
`/lib`	Le code utilisé par de nombreux programmes et par le noyau. *

Répertoire	Description
/mnt	L'emplacement où vous ajoutez des médias temporaires comme les disquettes et les CD-ROM.
/media	L'emplacement où sont automatiquement ajoutés, sur les distributions les plus récentes, des médias temporaires comme les clés USB, les disquettes et les CD-ROM.
/opt	L'emplacement pour l'installation de nouveaux paquetages de logiciels, comme les logiciels de traitement de texte et de bureautique.
/root	Le répertoire de base du superutilisateur (l'utilisateur root).
/sbin	Les commandes auxquelles l'administrateur système peut accéder. *
/tmp	L'emplacement où les fichiers temporaires sont stockés.
/usr	Les programmes que les machines se partagent.
/var	Les données qui changent fréquemment, comme les fichiers journal et courrier.

La plupart de ces répertoires contiennent aussi des sous-répertoires importants (voir la Figure 14.1).

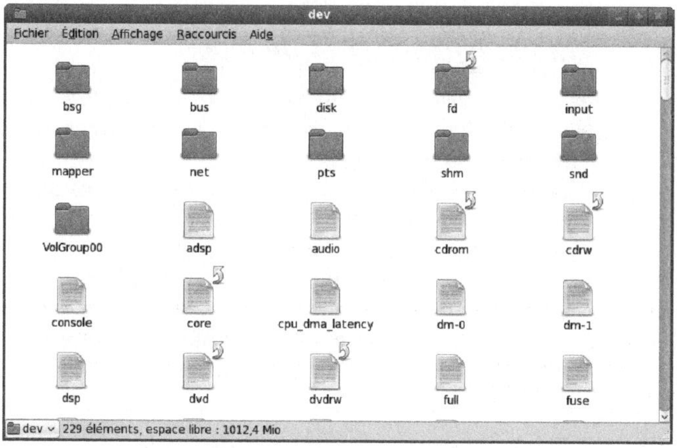

Figure 14.1 : Le contenu du répertoire /dev.

Les sous-répertoires de /etc

Bien que les sous-répertoires du répertoire /etc diffèrent d'une distribution à une autre, deux sous-répertoires se retrouvent dans toutes les distributions :

- Le répertoire /etc/X11 contient les détails de configuration du système X Window (X), lesquels permettent la mise en œuvre de l'interface utilisateur graphique (GUI).
- Le répertoire /etc/opt contient les fichiers de configuration des programmes qui se trouvent dans le répertoire /opt.

Les sous-répertoires de /mnt

Par défaut, le répertoire /mnt peut posséder ou non des sous-répertoires. En général, vous devez retrouver les sous-répertoires suivants :

- Le répertoire /mnt/floppy pour le lecteur de disquettes.
- Le répertoire /mnt/cdrom pour le lecteur de CD-ROM.

La section "Ajout de médias à votre système de fichiers", plus loin dans ce chapitre, vous montrera les méthodes pour les ajouter si cela n'a pas été fait à l'installation.

Les sous-répertoires de /usr

Le répertoire /usr est un *système de fichiers miniature*, il dispose d'un grand nombre de sous-répertoires importants et intéressants, listés dans le Tableau 14.2. Un astérisque (*) à la fin de la description indique que vous ne devez pas toucher à ce répertoire, sauf pour une raison majeure. Il faut avoir suffisamment d'expérience et connaître exactement les modifications à effectuer, sinon vous risquez d'altérer irrémédiablement une fonction vitale de votre système. Ce segment du système de fichiers est souvent utilisé pour stocker des programmes à partager avec d'autres machines.

Partitions contre répertoires

Une erreur commune vient de la distinction entre une partition et un répertoire. Sous Windows, une lettre spécifique désigne chaque disque ou partition. Le premier disque dur est C:, le suivant est D:, et ainsi de suite. Sous Linux, ils sont regroupés.

Tableau 14.2 : Sous-répertoires de /usr.

Sous-répertoire	Description
`/usr/X11R6`	Les fichiers qui font fonctionner le système X Window. *
`/usr/bin`	Les commandes non essentielles aux utilisateurs mais qui leur sont cependant utiles. *
`/usr/games`	Les jeux que vous installez sur votre système, sauf ceux qui sont dans le répertoire `/opt`.
`/usr/include`	Le langage de programmation C a besoin de ces fichiers pour le système et les programmes. *
`/usr/lib`	Le code utilisé par la plupart des programmes du sous-répertoire `/usr`. *
`/usr/local`	Les programmes et autres éléments que vous voulez garder pour vous, même si vous partagez toutes les autres ressources dans le répertoire `/usr`.
`/usr/sbin`	Les commandes non essentielles aux administrateurs mais qui leur sont cependant utiles.
`/usr/share`	L'information que vous pouvez utiliser sur n'importe quelle machine Linux, même si elle fait fonctionner un matériel totalement différent de celui qui équipe cette machine. *
`/usr/src`	Le code source à utiliser pour "construire" les programmes du système.

Si vous partitionnez votre disque dur, vous devez spécifier un *point de montage* pour chaque partition. Le point de montage est un point de connexion avec le reste du système de fichiers. Dans le cas d'une partition de disque dur, le point de montage ne se trouve pas dans le répertoire `/mnt` du système, il est un élément du répertoire racine et peut se trouver dans le répertoire `/boot`, / ou `/usr`. En général, les éléments permanents, comme les disques durs et les partitions, sont systématiquement montés sur le système de fichiers. Aucune différence ne doit exister entre eux, votre schéma de matériel donnera des désignations précises pour les retrouver sur votre disque. Le Tableau 14.3 résume les désignations habituelles.

Tableau 14.3 : Désignations courantes des disques.

Désignation	Description
/dev/cdrom	Lecteur de CD-ROM.
/dev/fd0	Premier lecteur de disquettes.
/dev/fd1	Deuxième lecteur de disquettes.
/dev/hda	Premier disque dur IDE.
/dev/hda1	Premier disque dur, première partition principale ou étendue.
/dev/hda2	Premier disque dur IDE, deuxième partition principale ou étendue.
/dev/hdb	Premier disque dur IDE.
/dev/hdb1	Deuxième disque dur IDE, première partition principale ou étendue.
/dev/hdb2	Deuxième disque dur IDE, deuxième partition principale ou étendue.
/dev/sda	Premier disque dur SCSI.
/dev/sda1	Premier disque dur SCSI, première partition principale ou étendue.

Un disque dur comporte une désignation de trois lettres :

- La désignation d'un lecteur IDE commence par `/dev/hd` ; le premier lecteur de ce type est `a`, le deuxième est `b`, et ainsi de suite. Le troisième lecteur IDE est : `/dev/hdc`.
- La désignation d'un lecteur SCSI commence par `/dev/sd` ; le premier lecteur de ce type est aussi `a`, le deuxième `b`, et ainsi de suite. Le troisième lecteur est : `/dev/sdc`.

Le numéro qui suit la désignation des trois lettres représente la partition.

Dans la Figure 14.2, le concept est subdivisé pour mieux le comprendre. L'utilisateur a créé trois partitions pour Linux. Le premier lecteur IDE est une partition unique allouée à la partition racine (/), le second lecteur IDE est divisé en deux partitions : le répertoire `/usr` et le répertoire `/var`.

Si vous vous déplacez dans le système de fichiers, vous ne savez pas quel répertoire est situé sur quel lecteur. Par exemple, l'invite ne change pas en fonction du lecteur, et peu importe les commandes que vous utilisez pour vous déplacer.

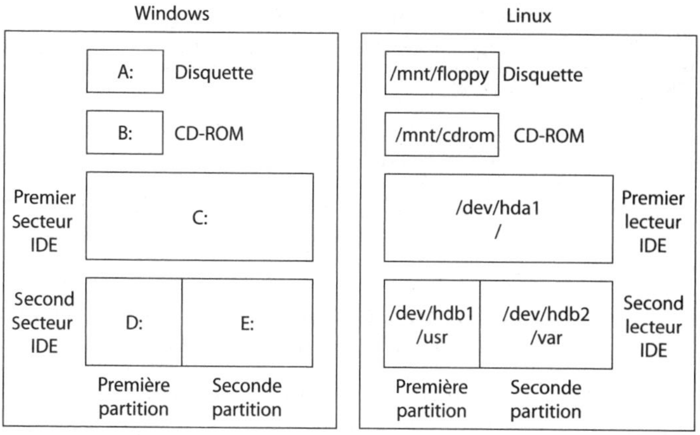

Figure 14.2 : La différence entre Linux et Windows dans la configuration des partitions et des disques durs.

Ajout de médias à votre système de fichiers

Les éléments du répertoire `/mnt`, comme `/mnt/floppy` et `/mnt/cdrom`, sont des *médias temporaires* : ce sont des disques que vous ajoutez au système à un instant donné et que vous pouvez enlever à un autre. Même si, dans certaines distributions, des outils de l'environnement graphique montent automatiquement un CD-ROM après la fermeture du lecteur, vous devez le faire manuellement la plupart du temps.

Ajout temporaire de médias

Les médias amovibles (disquettes, CD-ROM, disquettes Zip, etc.) sont rarement conservés dans le lecteur. Si tel est le cas, il vous faut alors, au moment où vous changez de CD ou de disquette, prévenir le système. Pour cela, utilisez la commande `mount` à l'invite de commandes ou dans une fenêtre ligne de commande dans le GUI.

La procédure suivante indique comment monter un média amovible :

1. **Spécifiez le média auquel vous souhaitez accéder : disquette ou CD-ROM.**

Certaines des distributions Linux les plus récentes montent automatiquement le CD-ROM si vous êtes dans le GUI.

2. **Si c'est une disquette, tapez** `ls /mnt/floppy` **; si c'est un CD-ROM, tapez** `ls /mnt/cdrom`**.**

   Si le répertoire n'existe pas, vous devez le créer. Pour ce faire, utilisez la commande `mkdir` comme suit : `mkdir /mnt/emplacement`.

3. **Si c'est une disquette, notez le système d'exploitation avec lequel la disquette a été formatée.**

   Le Tableau 14.4 montre quel système d'exploitation correspond à quel type.

Tableau 14.4 : Types de systèmes de fichiers compatibles sur une disquette.

Type	Description
`ext2`	Linux
`msdos`	Windows 3.11 ou une version plus ancienne
`vfat`	FAT32

4. **Entrez la commande dans le format suivant :**

```
mount -t type /dev/device /mnt/emplacement
```

   Vous devez remplacer les mots en italique par des informations spécifiques. Par exemple, pour monter une disquette formatée sous Windows 98 ou en FAT32, tapez :

```
mount -t vfat /dev/fd0 /mnt/floppy.
```

Lorsque vous montez un CD-ROM, utilisez toujours la commande suivante :

```
mount -t iso9660 /dev/cdrom /mnt/cdrom
```

ou uniquement `mount /mnt/cdrom` pour certaines distributions. Pour une disquette Linux, essayez `mount /mnt/floppy` ou `mount /dev/fd0 /mnt/floppy`.

Pour "démonter" ce média, utilisez la commande :

```
umount /mnt/emplacement.
```

ATTENTION !

Démontez correctement une disquette avant de l'enlever, sinon vous risquez de perdre des données ! Vous ne devez pas démonter non plus un élément dans lequel vous vous trouvez, et soyez certain avant de le faire que vous n'êtes pas encore dans ses répertoires.

TRUC

Si vous disposez à la fois de Windows et de Linux sur votre ordinateur, et aussi d'un système en dual boot (double démarrage), vous pouvez monter votre partition Windows, tout en restant sous Linux ! Il s'agit d'un moyen simple pour transférer des fichiers.

Formatage de disquettes

Une disquette se présente vierge ou formatée pour Windows ou pour Macintosh. Une disquette vierge est inutilisable et ne peut pas stocker des données, elle doit d'abord disposer d'un système de fichiers qui lui permette de stocker des informations. Le formatage consiste à construire un système de fichiers. Vous pouvez formater une disquette à partir de l'invite de commandes ou de l'environnement graphique ; ces deux moyens sont présentés au cas où vous n'utiliseriez pas GNOME, KDE ou un autre environnement graphique.

Formatage à partir de l'invite de commandes

Sous Linux, pour formater une disquette à partir de l'invite de commandes, procédez comme suit :

1. **Placez la disquette dans le lecteur.**
2. **Tapez la commande :**

```
mke2fs /dev/fd0
```

Des informations techniques concernant la disquette défilent. Lorsque le témoin du lecteur de disquettes s'éteint, vous pouvez éjecter la disquette ou la monter sur le système de fichiers et l'utiliser. Après le formatage de la disquette, vous pouvez la monter. Voyez la section "Ajout temporaire de médias", plus haut dans ce chapitre.

Maintenance et gestion du système de fichiers

Quel que soit le système d'exploitation que vous utilisez, vous devez veiller *au bon état* de votre système de fichiers pour que votre machine fonctionne correctement. En retour, une machine consciencieusement entretenue vous le rendra bien ! Heureusement, Linux le fait en grande partie pour vous.

Vérification du système de fichiers

Si vous arrêtez votre ordinateur avec la commande `shutdown`, utilisez l'option `-f` pour omettre la vérification du système de fichiers lorsqu'il redémarrera. Linux vous laissera utiliser cette option à plusieurs reprises, mais il décidera du moment où il faudra impérativement procéder à une vérification. Bien que l'option `-f` permette de gagner du temps, il ne faut pas en abuser. La vérification du système de fichiers vous coûte une minute supplémentaire au démarrage, mais elle vous épargnera bien des déboires pour réparer une défaillance.

Vous pouvez vérifier manuellement les systèmes de fichiers en utilisant la commande `e2fsck` :

1. **Tapez la commande `df` pour voir si l'élément que vous voulez vérifier est monté.**

   La commande `df` énumère les partitions et les lecteurs montés et donne quelques informations les concernant (voir exemple de la Figure 14.3).

2. **Si l'élément monté n'est pas vital pour l'utilisation du système, tapez la commande** `umount point_de_montage`

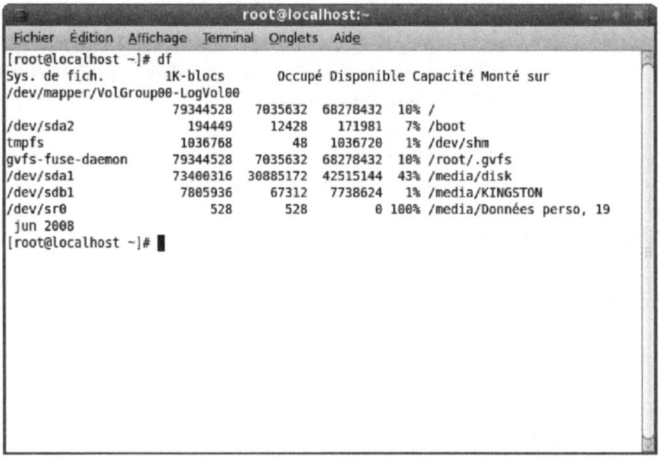

Figure 14.3 : Exemple de sortie de la commande df.

(en spécifiant un point de montage particulier) pour le démonter du système de fichiers.

Si vous souhaitez faire une vérification manuelle de certains répertoires du système de fichiers (/ et `/bin` par exemple) qui sont vitaux pour le fonctionnement de votre machine, vous devez utiliser les disquettes de démarrage de secours pour les vérifier alors qu'ils ne sont pas montés. Les disquettes de secours sont des disquettes spéciales d'amorçage que vous utilisez en cas d'urgence, par exemple lorsque votre système ne démarre pas correctement. Heureusement, Linux vérifie automatiquement ces répertoires au démarrage pour vous éviter de le faire manuellement.

3. **Tapez la commande** `e2fsck /dev/périphérique` **(en spécifiant un périphérique particulier) pour déclencher la vérification.**

   Cela peut prendre du temps. Le Tableau 14.5 montre quelques options intéressantes pour la commande `e2fsck`. Vous devez les utiliser de la manière suivante : `e2fsck options /dev/périphérique` (en spécifiant n'importe quelle option et un périphérique particulier).

4. **Tapez la commande** `mount /dev/périphérique point_de_montage` **(en spécifiant un périphérique particulier et un point de montage) pour remonter la partition dans le système.**

Tableau 14.5 : Options couramment utilisées avec la commande e2fsck.

Option	Description
`f`	Indique à la commande `e2fsck` de vérifier le système de fichiers, même si celui-ci est déjà vérifié et déclaré propre.
`n`	Répond "non" à toutes les questions concernant les réparations à effectuer.
`p`	Répare directement le système de fichiers, sans indiquer ce qui a été fait.
`y`	Répond "oui" à toutes les questions concernant les réparations à effectuer.

Répartition des zones à problème

Certaines personnes procèdent souvent à plusieurs réinstallations de programmes avant d'être vraiment satisfaites. Pour cette raison, vous pouvez placer les parties de votre système de fichiers sujettes à de fréquents changements sur une partition qui leur soit propre. Traditionnellement, ces segments sont les répertoires `/var` et `/tmp`. Ces parties du système de fichiers peuvent changer plusieurs fois (tous les jours, toutes les heures, même plus souvent sur certaines machines). Des modifications trop répétitives peuvent provoquer une dégradation du disque.

L'isolation de ces répertoires sur des partitions spécifiques minimise le dommage que les modifications pourraient infliger au reste du système de fichiers. Si le répertoire `/tmp` se trouve sur sa propre partition et que le disque est endommagé à cause des modifications continuelles apportées à ce répertoire, cet incident n'affectera que les fichiers se trouvant à l'intérieur de ce dernier. Si le répertoire `/tmp` est dans la partition racine et pose problème, il peut arriver qu'un autre segment du système de fichiers utilise cette partie du disque dur. S'il s'agit d'un fichier important, vous pouvez alors avoir de graves ennuis.

Conservez toujours de l'espace disque en réserve

L'insuffisance de l'espace disque est l'un des problèmes insidieux du système d'exploitation. Si votre partition racine est remplie à 99 ou 100 %, vous devrez utiliser les disquettes de secours pour faire démarrer la machine et la nettoyer.

En général, aucune précaution n'est prise pour stocker des informations sur les disques, sauf si vous avez été sensibilisé par un manque de place lors de l'installation de Linux. Plus vous travaillez, plus vous vous relâchez et plus vous oubliez de vérifier l'espace disque disponible. Ce problème arrive même aux administrateurs expérimentés. Pour l'éviter, faites des vérifications régulières sur l'occupation de vos disques. Pour mettre en place une vérification automatique, procédez comme suit :

1. **Ouvrez une session avec le compte que vous utilisez le plus souvent.**
2. **Exécutez la commande Applications/Accessoires/Éditeur de texte.**

   La fenêtre de `gedit` s'affiche sur l'écran.
3. **Activez la commande Fichier/Ouvrir.**
4. **Dans la zone Sélection, entrez** `.bash_profile` **et tapez sur la touche Valider.**

   Le contenu du fichier `.bash_profile` est affiché sur l'écran.
5. **Cliquez dans la dernière ligne vierge à la fin du fichier.**
6. **Ajoutez la commande** `df -h`**.**

   L'option `-h` permet de visualiser facilement la quantité d'espace utilisée et celle qui reste disponible (la Figure 14.4 montre la modification du fichier).
7. **Cliquez sur le bouton Enregistrer dans la barre d'outils.**
8. **Pour fermer** `gedit`**, cliquez sur le X dans l'angle supérieur droit de la fenêtre.**

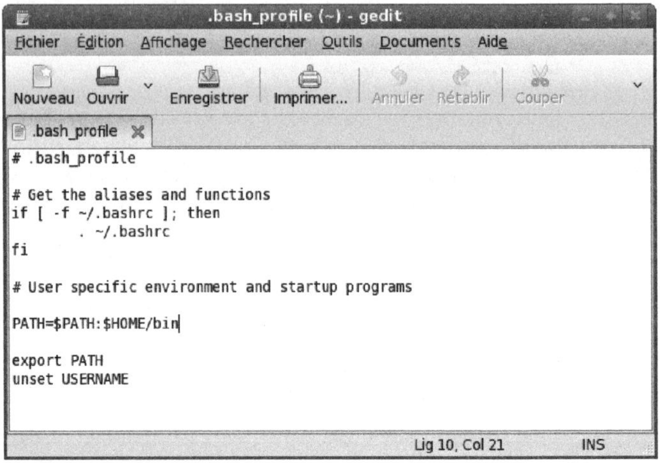

Figure 14.4 : Modification du fichier .bash_profile avec gedit.

Dorénavant, lorsque vous vous connecterez avec ce compte, vous aurez un bilan de l'espace disque disponible pour tous les lecteurs montés.

Partage de fichiers avec NFS

Si vous installez plusieurs ordinateurs Linux sur un réseau, vous voudrez peut-être partager une partition ou une partie du système de fichiers entre deux ou plusieurs ordinateurs. L'arborescence du répertoire `/usr` (voir la section "Les sous-répertoires de `/usr`", traitée précédemment dans ce chapitre) peut être partagée sur plusieurs machines Linux. Le plus souvent, le partage concerne le répertoire `/home`, qui permet aux utilisateurs d'accéder à leurs fichiers à partir de n'importe quelle machine. Pour mieux présenter le partage des fichiers, nous allons le décomposer en plusieurs actions.

ATTENTION !

Toutes ces instructions supposent que chaque utilisateur possède le même nom d'utilisateur sur les autres systèmes. Si Bob utilise le nom d'utilisateur `bob` sur la première machine, `pferd` sur une autre et `blue` sur une troisième, vous devrez ajuster ses paramètres pour que son répertoire de base indique toujours `/home/bob`, même si son compte est différent.

Pour ce faire, consultez la section "Modification du répertoire de base", plus loin dans ce chapitre.

Création d'un répertoire partagé

Installez d'abord le répertoire qui va contenir les répertoires de base de chaque machine. Ce répertoire peut être sur sa propre partition ou même sur un disque dur séparé, en fonction du nombre d'utilisateurs et de la quantité d'espace disponible. Pour l'installation de ce répertoire, procédez comme suit :

1. **Choisissez la machine Linux où sera installé le répertoire central `/home`.**
2. **Ouvrez une session sous root.**
3. **Ouvrez le fichier `/etc/exports` avec un éditeur de texte.**

   C'est le fichier de configuration central NFS (*Network File System*). Par défaut, il est vide.
4. **Tapez la ligne `/home addresse_réseau` (rw, root_squash).**

   Le répertoire `/home` et tous ses sous-répertoires sont maintenant partagés entre tous les ordinateurs du réseau dans votre adresse réseau. Si vous laissez les autres ordinateurs accéder à ce partage, ils pourront lire et écrire dans ce répertoire. Toutefois, ne laissez pas un accès distant sur le répertoire de root. En réalité, vous ne le faites pas parce que le répertoire de base de root est `/root` et non pas `/home/root` !

   Le format de l'adresse réseau est important. Nous avons expliqué comment installer votre connexion Internet dans le Chapitre 5. Relisez ce chapitre pour bien comprendre les notions de base qui y sont développées. L'entrée de l'adresse réseau peut être :

   - **Une adresse IP unique et complète.** Vous pouvez insérer une copie de cette ligne pour chaque machine, au lieu de les fusionner en une seule ligne.

- **Le nom complet pour chaque machine et une information de domaine** dans le format `hôte.domaine.extension.`
- **Toutes les machines dans un domaine** suivant le format `*.domaine.extension.`
- **Toute l'information sur le réseau IP** dans le format `réseau/masque_de_sous-réseau.`

Les règles d'accès sont définies dans la parenthèse (voir étape 4). Dans ce cas, la combinaison `rw` se réfère à l'accès lecture-écriture, afin que les utilisateurs puissent lire l'information de ce répertoire et également y sauvegarder leurs propres fichiers. Le paramètre `root_squash` signifie que root ne peut pas utiliser ce répertoire partagé, il est conseillé de le conserver parce que le compte root possède beaucoup de permissions de haut niveau, et que vous devez limiter, autant que possible, sa capacité à se déplacer d'une machine à une autre.

5. **Sauvegardez et quittez le fichier.**
6. **Redémarrez la machine.**

D'autres moyens peuvent être utilisés pour activer le partage NFS. Cependant, pour des néophytes, il est plus simple de redémarrer la machine.

Remplacement du répertoire /home sur les autres machines

Vous pouvez continuer et monter la ressource NFS exportée (le partage qui vient d'être expliqué dans la sous-section précédente) sur les autres machines. Vous devez les configurer, car elles ont déjà leur propre structure du répertoire `/home` ! Il est possible que vous ayez des fichiers importants dans ces répertoires `/home`, il ne faut donc pas les perdre ! Pour préparer les machines secondaires à accéder au nouveau répertoire `/home` partagé, exécutez les étapes suivantes sur chacune d'elles :

1. **Ouvrez une session root.**

2. **Assurez-vous que root est le seul utilisateur du système en ce moment.**

   À moins que vous n'ayez autorisé l'accès distant à la machine, vous n'avez pas à vous en inquiéter.

3. **Tapez :**

```
mv /home /home-old
```

   Cette commande déplace le répertoire `/home` vers un nouveau répertoire `/home-old`. Ne permettez à personne d'ouvrir une session en ce moment, vos utilisateurs n'ont plus de répertoire `/home` à leur disposition !

Si des utilisateurs attendent sur d'autres ordinateurs, terminez le processus sur chaque machine secondaire pour qu'ils puissent les utiliser sans être gênés.

Montage permanent du répertoire /home distant

Nous avons vu comment définir la machine qui héberge le répertoire central `/home` pour tous les comptes utilisateurs, puis comment l'installer pour permettre aux autres machines Linux d'en disposer en utilisant le protocole NFS. Nous allons voir à présent comment modifier les machines secondaires pour qu'elles accèdent au répertoire central `/home`.

Un fichier central existe et renseigne sur ce qu'il faut monter dans le système de fichiers au moment du démarrage. Ce fichier contient également tous les raccourcis qui vous permettent de taper des commandes telles que `mount /mnt/cdrom` au lieu de `mount -t iso9660 /dev/cdrom /mnt/cdrom`. Nous allons modifier ce fichier central pour que votre machine monte automatiquement le répertoire `/home` distant. Pour cela, exécutez les étapes suivantes sur chaque machine secondaire :

1. **Ouvrez une session root.**

   Seul root doit être connecté, les utilisateurs ne disposent plus de répertoire de base !

2. **Ouvrez le fichier `/etc/fstab` avec un éditeur de texte.**

La Figure 14.5 montre un exemple de fichier /etc/fstab.

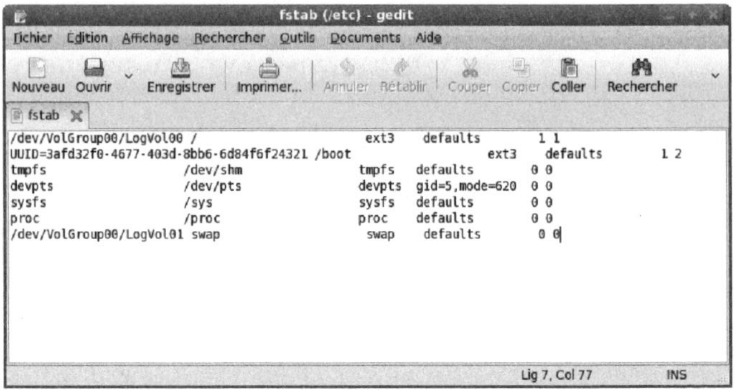

Figure 14.5 : Exemple de fichier /etc/fstab.

3. **Ouvrez une nouvelle ligne vierge à la fin du fichier.**

4. **Ajoutez la ligne suivante :**

```
host:/home  /home  nfs  defaults  0  #
```

Cette ligne indique à Linux d'utiliser NFS pour accéder à la machine *hôte* (nom ou adresse IP) et monter son répertoire /home comme répertoire /home de cette machine, avec les mêmes paramètres que pour tous les autres lecteurs. Le signe # représente l'ordre dans lequel on doit monter le lecteur. Regardez dans la dernière colonne pour trouver le nombre le plus grand, ajoutez-lui 1 et utilisez cette valeur.

5. **Sauvegardez le fichier et quittez l'éditeur de texte.**

6. **Tapez la commande** `shutdown -rf now` **pour redémarrer immédiatement la machine.**

Redémarrez sous Linux.

7. **Connectez-vous à la machine comme un utilisateur régulier.**

Votre répertoire de base correspond maintenant à votre répertoire sur la première machine !

8. **Recopiez vos fichiers à partir du répertoire** `/home-old/utilisateur`.

   Chaque utilisateur doit reprendre ses fichiers en local (dans le répertoire `/home-old/utilisateur` de chaque machine secondaire) et les recopier dans son répertoire qui se trouve sur la ressource partagée (`/home/utilisateur`).

   Vous devrez prévenir tous les utilisateurs, et si vous leur affectez une date limite, vous pourrez supprimer les répertoires `/home-old` plus tard.

Modification du répertoire de base

Chaque compte utilisateur doit pointer sur son répertoire de base. Par exemple, si Bob a un premier compte utilisateur nommé `pferd` sur une machine et un second appelé `blue` sur une autre, pour qu'il puisse utiliser son répertoire de base centralisé sur les machines secondaires, vous devez exécuter les étapes ci-après sur chaque machine secondaire :

1. **Ouvrez une session root.**
2. **Tapez :**

   ```
   usermod -d /home/compteprincipal compte_local
   ```

   Sur l'ordinateur où le compte de Bob est `pferd`, tapez `usermod -d /home/bob pferd`.

Chapitre 15

Ajout de logiciels à Linux

Dans ce chapitre :

- Les tarballs, les RPM et les fichiers compressés.
- Création de tarballs et d'archives.
- Compression de fichiers.
- Ouverture de fichiers tarballs, archives et compressés.
- Installation et suppression de RPM.

Lorsque vous découvrez un nouveau système d'exploitation, il est toujours difficile et fastidieux de comprendre la nature de certaines extensions de fichiers. Dans le monde Windows, ce sont `.exe` et `.zip` ; dans le monde de Macintosh, ce sont `.bin` et `.hqx`. Et en ce qui concerne le monde Linux ? Vous avez déjà vu quelques extensions bizarres, mais en mettant en œuvre les logiciels auxquels elles sont associées, vous avez appris à les connaître. Dans ce chapitre, vous découvrirez tout des fichiers `.tar`, `.gz`, `.tar.gz`, `.tgz`, `.bz2` et `.rpm`.

Archives et compressions

Les mondes Linux et UNIX foisonnent de termes étranges. Si vous avez entendu quelqu'un parler de *tarballs*, vous avez vraisemblablement pensé qu'il parlait d'un jeu ou d'un outil qui utilisait des balles. En fait, un tarball est quelque chose que vous rencontrerez très régulièrement dans le monde Linux, particulièrement lorsque vous téléchargerez des logiciels ou lorsque vous devrez économiser de l'espace. Un tarball est un fichier TAR constitué par la concaténation et la compression, avec l'utilitaire gzip, d'un ensemble de fichiers et de répertoires.

Les fichiers .tar

Le plus souvent, la commande tar sert à désarchiver un fichier portant l'extension .tar que vous avez téléchargé sur le Web. Pour ouvrir un fichier d'archives .tar, utilisez la commande tar avec le format tar -xvf nom_de_fichier. Par exemple, si vous avez créé il y a quelques mois le fichier mesdocs.tar et que vous l'avez stocké sur un autre lecteur, vous avez pu faire un peu de ménage dans votre répertoire personnel. Pour rétablir ces éléments d'archives dans votre répertoire personnel, vous devez d'abord taper cd ~ (le tilde, ~, est un raccourci pour désigner votre répertoire personnel) pour accéder à votre répertoire personnel, puis saisir la commande tar -xvf mesdocs.tar. Celle-ci affiche un message du genre :

```
./docs/doc1.txt
./docs/doc2.txt
./docs/doc3
```

Cette commande a créé dans votre répertoire personnel un sous-répertoire ~/docs qui contient les fichiers doc1.txt, doc2.txt et doc3. Le Tableau 15.1 présente les principales options d'extraction de la commande tar.

Tableau 15.1 : Principales options d'extraction de la commande tar.

Option	Fonction
f	Utilise le fichier d'archive ou le périphérique associé.
k	Conserve les fichiers existants et ne les remplace pas par ceux de l'archive.
t	Liste le contenu de l'archive.
v	Affiche la liste des fichiers et répertoires traités.
w	Demande une confirmation pour chaque action.
x	Restaure les fichiers contenus dans l'archive.

Bien que vous ayez surtout l'occasion de désarchiver des tarballs et des fichiers `.tar`, il peut arriver de temps en temps que vous souhaitiez créer un tarball ou un fichier `.tar`. Le format que vous devez utiliser est `tar -cvf nom_de_fichier.tar liste_d_elements`, `nom_de_fichier` est le nom du fichier archive à créer et `liste_d_elements` une liste des fichiers et des répertoires, séparés par des espaces, que vous voulez archiver. Par exemple, pour archiver une partie de votre répertoire personnel, vous pouvez taper `tar -cvf fichiershome.tar docs donnees scripts` ; `docs` (`~/docs`), `donnees` (`~/donnees`) et `script` (`~/script`) sont des noms de répertoires. L'option `-v` (*v* pour verbeux) génère l'affichage de la liste de tous les sous-répertoires et fichiers traités. Le Tableau 15.2 présente les principales options de la commande `tar` pour la création d'archives.

Tableau 15.2 : Principales options de la commande tar pour la création d'archives.

Option	Fonction
`f`	Utilise le fichier d'archive ou le périphérique associé.
`k`	Conserve les fichiers existants et ne les remplace pas par ceux de l'archive.
`l`	Reste dans le système de fichiers local lorsque l'archive est créée.
`P`	N'enlève pas les / au début des noms de fichiers.
`r`	Ajoute les éléments à une archive existante.
`u`	Ajoute seulement les fichiers qui sont plus récents que ceux de l'archive.
`v`	Affiche la liste des fichiers et répertoires traités.
`w`	Demande confirmation pour chaque action.
`z`	Compresse automatiquement le fichier pour créer un tarball.

Les fichiers gzip

L'utilitaire `gzip` n'est pas aussi délicat à utiliser que la commande `tar`. Pour compresser un fichier, il suffit d'entrer la commande `gzip nom_de_fichier` afin d'obtenir le fichier compressé `nom_de_fichier.gz`. Pour décompresser un fichier `.gz`, il faut faire appel au cousin de `gzip`, `gunzip`, de la même manière. Ainsi, pour décompresser le fichier `dogpic.gz`, vous devez taper `gunzip dogpic.gz`. Il faut savoir que lorsque vous décompressez un fichier `.gz`, le fichier d'origine est supprimé automatiquement ! Ainsi, après l'exécution de la commande précédente, le fichier `dogpic.gz` disparaît et vous obtenez le fichier `dogpic`. Si vous pensez en avoir besoin ultérieurement, n'oubliez pas de faire une copie de la version compressée, avant d'exécuter la commande `gunzip`.

Les tarballs

Maintenant que vous savez tout sur `tar` et `gzip`, nous pouvons passer aux tarballs ! Comme vous pouvez l'imaginer, un fichier `.tar`, avec tous ses fichiers individuels et tous ses répertoires, peut devenir gigantesque. Pour cette raison, il est très important de le compresser. Vous avez remarqué dans le Tableau 17.2 l'option `z` qui permet de compresser automatiquement l'archive, une fois créée.

TRUC : La distribution Fedora propose un programme appelé File Roller pour travailler avec les tarballs à partir de l'environnement graphique. Sous GNOME, cliquez sur le menu principal et activez la commande Accessoires/File Roller. Sous KDE, vous pouvez avoir accès à la même application en ouvrant une fenêtre Terminal et en tapant `file roller` à partir du prompt.

Pour créer un tarball, il faut tout d'abord archiver les éléments, puis compresser le fichier résultant. Par exemple, si vous voulez sauvegarder tous les fichiers de configuration du répertoire `/etc` pour pallier un éventuel problème, vérifiez tout d'abord que vous êtes loggé sous root (pour avoir les droits d'accès sur les fichiers), puis exécutez la commande `tar -cvfz etcbackup.tgz /etc`. L'extension `.tgz` est destinée aux fichiers d'archives qui sont compressés.

TRUC : Sous Windows, les logiciels WinZip (`http://www.winzip.com/fr/index.htm`) et WinRar (`http://www.adc-soft.com/index.htm`) peuvent ouvrir sans problème les fichiers tarballs !

Pour accéder à un tarball, il faut tout d'abord décompresser le fichier (avec `gunzip`), puis le désarchiver (avec `tar`). Ainsi, pour accéder au contenu du fichier `etcbackup.tgz`, vous devez taper gunzip etcbackup.tgz. Cela génère le fichier etcbackup.tar qui est une archive décompressée, saisissez ensuite tar -xvf etcbackup.tar. Lorsque le fichier d'archives est traité, la commande tar place tous les fichiers et sous-répertoires dans le répertoire en cours. Ainsi, quand vous exécutez la commande tar, vous vous trouvez dans votre répertoire personnel, et le fichier etcbackup.tar (donc le répertoire /etc) est désarchivé dans votre répertoire personnel !

N'OUBLIEZ PAS

Vous pouvez utiliser le raccourci tar -xvfz etcbackup.tgz pour réaliser avec la même commande la décompression et le désarchivage.

bzip2, l'alternative à gzip

bzip2 est un petit nouveau dans le monde de la compression sous Linux. Ce programme s'utilise de la même manière que gzip, la seule différence étant l'extension de fichier, .bz2. Pour compresser le fichier mysong.mp3, il suffit de taper la commande bzip2 mysong.mp3 qui génère le fichier mysong.mp3.bz2. Pour le décompresser, vous devez utiliser la commande bunzip2 et taper bunzip2 mysong.mp3.bz2.

Cette commande peut être associée à la commande tar pour créer des fichiers portant l'extension .tar.bz2.

Les RPM

Pendant longtemps, il a été très difficile de conserver une trace et de maîtriser ce qui était installé sur une machine Linux, et la difficulté était particulièrement importante lorsqu'il fallait installer de nouveaux logiciels. Si une version particulière d'un programme avait besoin d'un utilitaire particulier pour être installée, la probabilité était grande pour que l'on ne possède pas celui-ci.

Red Hat a résolu le problème en concevant le RPM (*Fedora Core Package Manager*), un outil de gestion des paquetages. Un certain nombre d'autres distributions Linux utilisent à présent cet outil. Les fichiers qui sont gérés par cet utilitaire portent l'extension .rpm.

Qu'est-ce qui rend les RPM si particuliers ? Un fichier `.rpm` contient plus que le paquetage lui-même, il porte aussi des informations sur le paquetage, sur les paquetages dont il dépend, etc.

Lorsque vous installez un RPM (ou quand le programme le met en place au cours de la procédure d'installation de Linux), les informations complémentaires sont ajoutées à une base de données RPM centrale. De cette manière, le système sait exactement quels logiciels sont installés et quelles sont les interdépendances qui lient les paquetages les uns aux autres.

Travail manuel avec les RPM

La mise en œuvre des RPM à partir de la ligne de commande peut sembler au premier abord assez rébarbative, particulièrement si vous avez tapé la commande `man rpm` et essayé de vous y retrouver ! Il y a tant d'options ! Ne vous inquiétez pas, seules quelques options sont indispensables, vous pourrez expérimenter les autres plus tard, une fois que vous aurez assimilé les notions de base.

Installation d'un RPM

La tâche la plus commune du gestionnaire de paquetages est l'installation des nouveaux paquetages. Vous la réalisez en tapant :

```
rpm -ivh nom_de_paquetage
```

L'option `-i` signifie *installer*, `-v` signifie *verbeux* et `-h` *afficher les marques de hachage avec des signes #*. Si le programme ne peut pas être exécuté correctement, il génère un message d'erreur identifiant le nom du paquetage dont vous avez besoin ou le nom du fichier. Les numéros de version sont très importants. Par exemple, le fichier `gnome-linuxconf-0.65-1.i386.rpm` se réfère à la version .65-1 ou peut-être .65.1 du programme `gnome-linuxconf`.

Si vous tapez `rpm -ivh gnome-linuxconf-0.65-1.i386.rpm`, tout peut se passer correctement, vous voyez une ligne de marques de hachage ou de # et vous revenez à la ligne de commande, ou bien vous obtenez le message d'erreur suivant :

```
Error: failed dependencies:
linuxconf >= 1.17 is needed by gnome-linuxconf-0.65-1
```

Ce message d'erreur signifie que :

- Le paquetage `gnome-linuxconf` exige que le paquetage `linuxconf` soit installé auparavant.
- La version de `linuxconf` qui doit être installée est `linuxconf-1.17` ou plus récente.

TRUC

Vous devez installer une nouvelle version d'un RPM que vous possédez déjà ? Tapez `rpm -Uvh` à la place. L'option `U` est destinée à la mise à jour et les options `vh` sont identiques à celles utilisées dans `ivh`.

Vérification des RPM

Parfois, vous avez besoin d'un peu d'informations. Heureusement, il existe des commandes qui fournissent des renseignements sur les RPM qui sont déjà installés et ceux qui ne sont pas encore installés. La différence principale est l'option `-p`, le p signifiant *paquetage*. Si le RPM est installé, les informations se trouvent dans la base centrale ; s'il n'est pas installé, vous devez lire les informations dans le paquetage, sans pour autant l'installer.

Pour lire les informations relatives à un RPM qui n'est pas encore installé, vous devez faire appel à une autre option, `-i`. Cette dernière permet de lire les informations stockées dans le RPM. Pour voir les informations relatives à un paquetage qui n'est pas encore installé, saisissez `rpm -qip nom_de_paquetage_complet` à partir du répertoire qui contient le fichier. Vous pouvez, par exemple, **taper** `rpm -qip gnome-linuxconf-0.65-1.i386.rpm`. Pour obtenir des informations sur un paquetage déjà installé, vous n'avez pas besoin d'utiliser l'option `-p`, il suffit d'entrer `rpm -qi nom_de_ paquetage_court`, par exemple `rpm -qi gnome-linuxconf`. Puisque le paquetage est déjà installé, vous n'avez plus besoin du numéro de version ni de l'extension `.rpm`.

Vous pouvez aussi savoir quels fichiers sont installés par un paquetage. Pour obtenir la liste de fichiers que le paquetage `nom_de_ paquetage_complet` installera, saisissez `rpm -qlp nom_de_ paquetage_complet`. Si le paquetage est déjà installé, utilisez la commande `rpm -ql nom_de_ paquetage_court`. Cela vous conduira à employer les commandes suivantes : `rpm -qlp gnome-linuxconf-0.65-1.i386.rpm`, avant l'installation et `rpm -ql gnome-linuxconf`, après l'installation.

Vous pouvez obtenir une liste de chaque RPM installé en tapant la commande `rpm -qa`. L'option `a` signifie *tout* et l'option `q` signifie *question*. Étant donné que le nombre de paquetages est important, utilisez une commande de redirection pour que l'affichage soit réalisé écran par écran, `rpm -qa | more`. Si vous n'êtes intéressé que par un paquetage particulier, utilisez la commande `rpm -q nom_de_ paquetage_court`.

Suppression d'un RPM

La simplicité de suppression des RPM est l'un des avantages les plus importants apportés par le gestionnaire de paquetages. Pour supprimer un RPM du système de fichiers et de la base de données des RPM, tapez `rpm -e nom_de_ paquetage_court`.

Les paquetages avec des clics

Si la mise en œuvre des paquetages à partir de la ligne de commande vous incite à "donner des claques", essayez la solution des clics ! À partir de la version 1, les distributions de Fedora sont fournies avec un outil de gestion de paquetages sous l'environnement graphique. Activez la commande Système/Administration/Ajouter/Enlever des logiciels ; la fenêtre Ajouter/Enlever des logiciels s'affiche sur l'écran, comme le montre la Figure 15.1.

Si vous ne possédez pas cet outil, vous pouvez rechercher le logiciel GnoRPM ou Kpackage, selon votre environnement graphique ou le gestionnaire de paquetages de votre distribution.

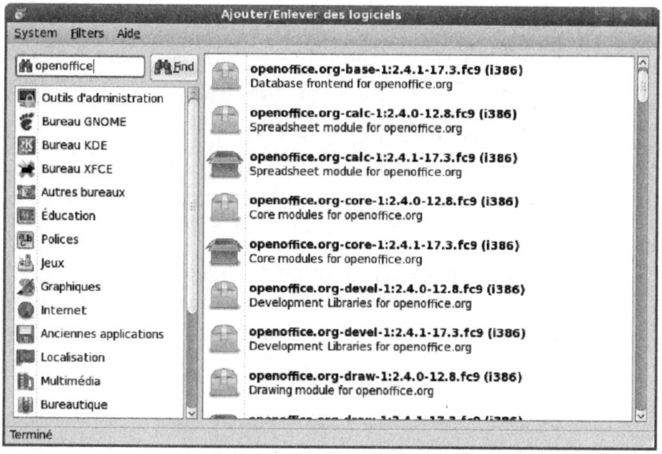

Figure 15.1 : La fenêtre du logiciel de gestion de paquetages.

L'outil de gestion de paquetages regroupe les paquetages par thèmes, comme vous pouvez le voir. Si le paquet associé à un groupe "est ouvert", cela signifie qu'il est déjà installé (mais ça ne veut pas dire que tous les paquetages sont installés). Si le paquet "est fermé", cela indique qu'il n'est pas installé. Pour avoir accès à la liste des paquetages individuels d'un groupe, cliquez sur l'onglet Liste des fichiers. La liste des fichiers est alors affichée, comme le montre la Figure 15.2.

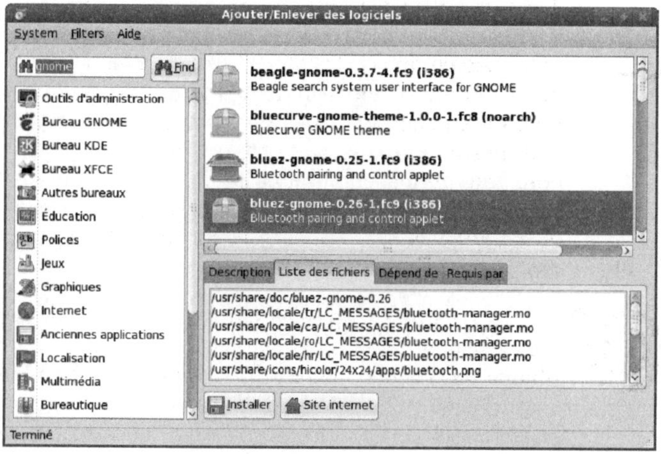

Figure 15.2 : Les fichiers du paquetage bluez-gnome.

Les opérations d'installation et de suppression peuvent être réalisées simultanément :

1. **Ouvrez l'outil de gestion de paquetages si vous ne l'avez pas déjà fait, en exécutant la commande Système/ Administration/Ajouter/Enlever des logiciels.**
2. **Si vous voulez supprimer un groupe entier, sélectionnez le paquet ouvert qui le représente.**
3. **Si vous voulez ajouter un paquetage à un groupe qui n'est pas installé, sélectionnez le paquet fermé qui le représente.**

   L'onglet Description affiche un descriptif du paquetage que vous avez sélectionné.
4. **Pour installer le paquetage, cliquez le bouton Installer ou pour supprimer le paquetage, cliquez le bouton Enlever.**
5. **Recommencez à l'Étape 2 si vous souhaitez faire des modifications pour d'autres paquetages, sinon continuez.**
6. **Lorsque les installations et les suppressions ont été réalisées, vous pouvez quitter l'application en cliquant sur sa case de fermeture ou bien en exécutant la commande System/Quitter.**

Découverte de nouveaux logiciels

La recherche de nouveaux logiciels après une nouvelle installation est une opération très agréable. Dans un premier temps, vous pouvez consulter les DVD ou CD-ROM de votre distribution, vous avez la garantie qu'ils sont compatibles avec votre système. Ensuite, vous pouvez aller sur le site Web de la distribution, comme `http://www.fedora-fr.org`, `http://www.fr.redhat.com`, `http://www.mandriva.com/fr` ou `http://www.suse.com/fr` où vous pourrez trouver les mises à jour des dernières versions ainsi que les correctifs de sécurité.

Si vous commencez à vous aventurer dans le grand monde d'Internet, soyez prudent ! Bien que les virus, les vers et autres programmes déplaisants ne soient pas aussi répandus dans le monde Linux qu'ils ne le sont dans le monde Windows, prenez garde. Si vous n'êtes pas vigilant, vous risquez de télécharger une version "altérée" d'un programme et aller ainsi au-devant de graves problèmes ! Voici quelques sites sûrs où vous pourrez trouver de nouveaux logiciels intéressants :

- `http://www.rpmfind.net`
- `http://www.tucows.com/downloads/Linux`
- `http://www.zdnet.com`

Cette liste est, certes, courte mais elle pourra vous servir de tremplin !

Chapitre 16

Un Linux sécurisé est un Linux heureux

Dans ce chapitre :

- Comment choisir de bons mots de passe.
- Maintien à jour du système.
- Réparation des failles de sécurité.
- Utilisation du System Logs Viewer.
- La sécurité implique de meilleures pratiques.

Les actions de chaque utilisateur peuvent affecter la sécurité de votre système. Si les membres de votre famille ou des collègues de bureau doivent utiliser votre ordinateur Linux, prenez le temps de leur donner quelques informations et quelques conseils sur la sécurité. Ils pourront ensuite appliquer ces notions aux autres ordinateurs qu'ils utilisent, mêmes si ce ne sont pas des machines Linux.

Choix de mots de passe sûrs

La première ligne de défense contre les intrus est l'ensemble des mots de passe du système. Si un compte possède un mot de passe simple à deviner, attendez-vous à des problèmes. Pour choisir un mot de passe, n'oubliez pas les règles suivantes :

- N'utilisez aucune partie de votre nom.
- N'utilisez pas le nom de vos amis, des êtres aimés ou de vos animaux domestiques.

- N'employez pas des dates de naissance, des dates commémoratives ou autres dates faciles à deviner.
- N'écrivez pas votre mot de passe sur un bout de papier à côté de votre ordinateur, à moins qu'il ne soit caché dans une autre information, comme une adresse par exemple.
- Ne donnez à personne votre mot de passe. Si quelqu'un doit avoir accès à des fichiers spécifiques, créez-lui un compte et configurez les permissions et les groupes de manière appropriée pour qu'il puisse accéder à ces fichiers.
- Utilisez une combinaison de lettres en minuscules et en majuscules, des chiffres et des signes de ponctuation.
- Assurez-vous que votre mot de passe contient au moins huit caractères.
- Utilisez des acronymes tirés d'une phrase du genre "MCsaT" pour "Mon Chat s'appelle Tabby".

Tous les utilisateurs de votre système doivent suivre ces règles, vous inclus ! Pensez à imprimer ces règles pour les afficher à côté de la machine.

N'OUBLIEZ PAS

On ne vous le répétera jamais assez : ne donnez votre mot de passe à personne. Faites comprendre cela à toutes les personnes utilisant votre machine. Il y a toujours moyen d'accomplir une tâche, sans avoir besoin de donner son mot de passe.

Mise à jour d'un logiciel

Tous les utilisateurs peuvent télécharger et installer un nouveau logiciel. Bien sûr, le programme d'un utilisateur est limité aux permissions de cet utilisateur. Quel que soit le système d'exploitation, il faut s'assurer que le programme que vous installez n'est pas un programme trafiqué ou une version pirate.

La plupart des applications et logiciels Linux sont distribués par Internet. En fait, le cycle de développement de nouveaux logiciels Linux et des mises à jour est intimement lié à Internet pour l'échange de fichiers, les transferts par courrier électronique, les FAQ et les forums de discussion. Assurez-vous que les sites Web auxquels vous et les utilisateurs de votre système Linux êtes connectés sont des sites de confiance. Vous devez développer une liste des sites éprouvés qui vous fournissent les informations dont vous avez besoin. Comme point de départ, vous pouvez faire confiance à tous les sites Web qui sont référencés dans ce livre, parce qu'ils ont tous été visités par au moins un des auteurs. Si vous ou un utilisateur de votre système Linux avez des doutes sur un site Web particulier, faites donc quelques recherches ou demandez d'autres avis.

Les trous de sécurité

Si les utilisateurs se doivent d'être vigilants, l'administrateur d'une machine Linux (ou de n'importe quelle autre machine) doit l'être encore plus. En tant que responsable, vous devez vous assurer que l'ordinateur n'accueille pas d'intrus. Outre la sécurisation de votre compte personnel et du compte superutilisateur (root), il existe une tâche supplémentaire dont vous devez vous acquitter, quelle que soit votre distribution Linux : il s'agit de la mise à jour des corrections de sécurité.

Tout système d'exploitation a des "trous" de sécurité qui sont inévitables. Ceux qui peuvent éviter l'entrée par effraction sont des personnes bien informées. Presque toutes les distributions Linux offrent des solutions. Si les instructions ne sont pas dans la documentation, elles se trouvent sur le site Web des distributeurs.

TRUC

Pour Fedora, il y a l'icône de l'applet de mise à jour PackageKit qui s'affiche dans la partie supérieure droite de votre écran lorsque des mises à jour sont disponibles. Cet outil de notification d'alertes (voir la Figure 16.1) permet de gérer les installations, les désinstallations et les mises à jour de paquets au format RPM ; il est ainsi possible d'installer rapidement et aisément toutes les mises à jour de sécurité, les correctifs de bogues et les améliorations apportées au logiciel. Il vérifie les dépendances en téléchargeant ce qui est nécessaire ; il trouve les paquets sur différentes sources (sites internet) que l'on appelle des dépôts.

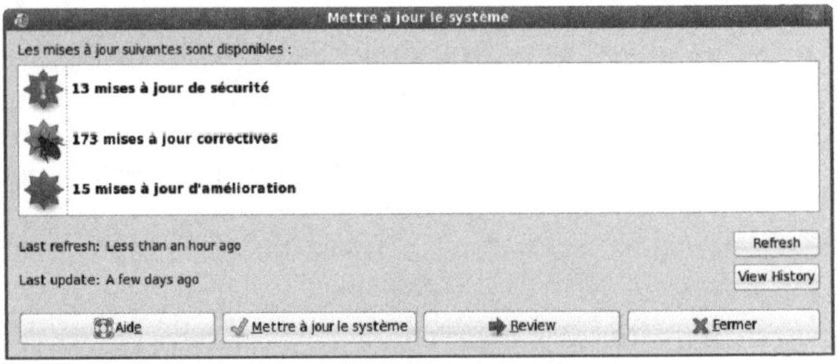

Figure 16.1 : L'outil de notification d'alertes yum.

Quand vous recevez un message de mise à jour, considérez les points suivants :

- **Utilisez-vous ce programme ?** Vous pouvez potentiellement recevoir des avertissements à propos de n'importe quel composant de la distribution, à vous de déterminer si l'avertissement vous concerne ou non. Pour savoir rapidement quel programme vous utilisez, tapez la commande `man programme`. Le progiciel est installé si l'aide s'affiche, sinon il ne l'est pas.
- **Utilisez-vous la même version de programme que celle concernée par l'avertissement ?** Il se peut que vous vous serviez d'une version ancienne ou d'une plus récente. Lisez attentivement le message d'avertissement pour déterminer la série de versions qu'il couvre. S'il ne mentionne aucune version, l'avertissement vous concerne aussi.

Les dangers du réseau

Il est important que vous ne démarriez pas des services réseau dont vous n'avez pas besoin. Pourquoi ? Vous devez d'abord comprendre le fonctionnement de ces services. Chaque service réseau correspond à un emplacement particulier, menant vers le monde extérieur. Prenons un exemple, au démarrage d'un serveur Web, c'est le port 80 qui est sollicité. Considérez un port comme un numéro d'appartement. À chaque fois que quelqu'un a envie de consulter vos pages Web, il dirige son navigateur vers votre serveur Web qui a généralement un nom comme `http://www.mywebserver.org` : c'est le nom de la rue où vous habitez. Ce serveur a aussi une adresse IP, quelque chose qui ressemble à 192.168.15.65 : c'est l'adresse de la rue attribuée à votre immeuble. L'immeuble contient beaucoup de portes donnant sur des services réseau divers. L'appartement 80 conduit au serveur Web, à moins que vous ne configuriez le vôtre différemment. Ne le faites pas, sauf si vous voulez qu'il soit plus difficile à trouver.

Il est possible de protéger chaque port comme une porte d'appartement. Vous pouvez avoir un niveau de sécurité comme avec une clé ordinaire, vous pouvez aussi avoir des verrous, une serrure à combinaisons et d'autres moyens de verrouillage. C'est ici que la métaphore s'arrête. Pour les services réseau d'un ordinateur, ce point est très important et vous devez le prendre en compte. Si vous ne fournissez pas un service FTP, le fait de laisser actifs les ports 20 et 21 ouvre les portes aux intrus.

Linux gère les connexions entrantes de deux façons différentes. La première met en œuvre les programmes individuels ; vous pouvez contrôler ces derniers avec les outils que nous allons décrire dans la section suivante. En revanche, la seconde méthode de gestion des connexions entrantes implique un programme central qui surveille de nombreux ports. Ce programme répond quand un client, tel qu'un client FTP, frappe à la porte et active le programme qui fait démarrer le service.

Les distributions Red Hat, Mandriva et SuSE de Linux proposent des paramètres de sécurité qui peuvent être définis au cours de l'installation ou bien après l'installation. Sous Fedora 9, vous avez accès à ces outils en activant la commande Système/ Administration/Pare-feu, comme le montre la Figure 16.2.

L'outil Configuration du pare-feu permet d'activer ou de désactiver les éléments du pare-feu (*firewall*). Si l'ordinateur est directement connecté à Internet (la plupart des ordinateurs en réseau le sont), activez le pare-feu (commande Options). Cependant, si votre réseau est déjà protégé par un pare-feu ou bien si vous utilisez une application spécifique qui ne permet pas la mise en place d'un pare-feu, ne l'activez pas.

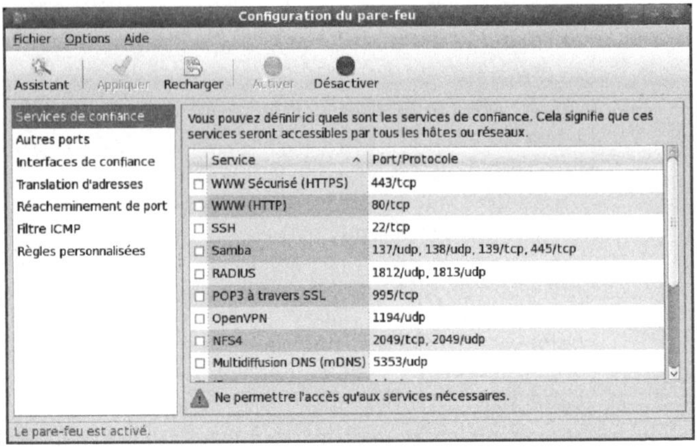

Figure 16.2 : L'outil Configuration du pare-feu.

Ces stratégies s'appliquent à n'importe quel pare-feu, y compris ceux des distributions Mandriva Linux et SuSE.

Vous devez ensuite indiquer dans la boîte de dialogue ce qui ne sera pas protégé par le pare-feu. Dans les deux zones inférieures, cochez les services et périphériques sûrs. Ne choisissez pas comme périphérique sûr celui qui vous connecte à Internet ! Par exemple, si vous avez un modem pour vous relier à Internet et une carte Ethernet pour vous connecter à d'autres machines de votre réseau domestique, vous pouvez cocher la carte Ethernet comme périphérique sûr.

Si un serveur Web est installé sur votre machine et si vous voulez que des utilisateurs puissent y accéder, cochez la case WWW (HTTP). Le même conseil s'applique si un serveur FTP est installé sur la machine (dans ce cas, cochez la case FTP). De la même manière, pour autoriser les accès sécurisés avec SSH à votre ordinateur, cochez la case SSH.

Lorsque les niveaux de sécurité ont été définis, cliquez sur Valider pour fermer la boîte de dialogue et appliquer votre choix.

SSH, le shell sécurisé

Votre compte Linux est accessible de l'extérieur, à condition que vous possédiez le logiciel adéquat et que la machine qui l'héberge ne soit pas protégée par un pare-feu. Il se peut que l'on vous conseille d'utiliser le programme `telnet`, ne le faites surtout pas ! Dans l'outil Configuration du niveau de sécurité, ne marquez pas comme sûr le service Telnet et éloignez-vous du programme `telnet` qui n'offre aucune sécurité. Tout ce qu'il manipule, les mots de passe comme les données, transite, en effet, en clair sur le réseau.

Faites plutôt confiance à `ssh` ! Avant de l'utiliser, vous devez activer vos clés. Ces dernières sont des paquets complexes d'informations cryptées construites autour des expressions de mot de passe. Pensez-y comme à des verrous supplémentaires installés sur la porte de chacun de vos comptes, où le mot de passe normal est la serrure de base. Installez d'abord le verrou (c'est la création de vos clés SSH), puis utilisez-le (c'est la connexion SSH).

Ne vous inquiétez pas : sous Fedora ces outils sont installés automatiquement. Tout ce que vous avez à faire, c'est cocher la case SSH dans l'outil Configuration du niveau de sécurité décrit précédemment (ce qui indique au pare-feu que le protocole `ssh` est un protocole de confiance et qu'il peut le laisser passer).

Installation du programme SSH sous Windows

Pour accéder à votre ordinateur Linux en SSH, vous devez tout d'abord vous procurer une version du programme SSH client. Pour ce faire, accédez au site Silicon Circus à l'adresse `http://www.siliconcircus.com/penguinet` et téléchargez le programme PenguiNet. Une version d'essai de 30 jours est disponible ; si elle vous convient, vous pourrez ensuite l'acheter.

Pour installer PenguiNet sous Windows, procédez comme suit :

1. **Démarrez l'explorateur Windows et accédez au programme `PN2setup.exe`, puis double-cliquez dessus.**

   La fenêtre de l'assistant d'installation PenguiNet s'ouvre.

2. **Cliquez sur Next.**

   La boîte de dialogue License Agreement s'ouvre.

3. **Cliquez sur la case I accept the agreement pour accepter le contrat, puis sur le bouton Next.**

   La boîte de dialogue Select Destination Directory s'ouvre.

4. **Si vous conservez le répertoire par défaut pour installer PenguiNet, cliquez sur Next.**

   La boîte de dialogue Select Start Menu Folder s'affiche.

5. **Sélectionnez le répertoire d'installation et cliquez sur Next.**

   La boîte de dialogue Selection Additional Tasks est affichée, elle permet de créer une icône du programme sur le Bureau, ainsi qu'une icône de lancement rapide.

6. **Cliquez sur Next, après avoir coché les icônes additionnelles.**

   La boîte de dialogue Ready to Install s'ouvre.

7. **Cliquez sur Install pour commencer l'installation de PenguiNet.**

   Lorsque l'installation est terminée, la boîte de dialogue Completing the PenguiNet Setup Wizard s'affiche.

8. **Choisissez un article ou les deux parmi ceux proposés.**

   Vous pouvez consulter la documentation du produit et démarrer le programme.

9. **Cliquez sur Finish lorsque vous avez terminé.**

   Si vous avez coché la case Run PenguiNet, la fenêtre du logiciel s'affiche, comme le montre la Figure 16.3.

Paramétrage et démarrage de la connexion SSH sous Windows

Si PenguiNet n'est pas ouvert, cliquez sur son icône sur le Bureau et procédez comme suit :

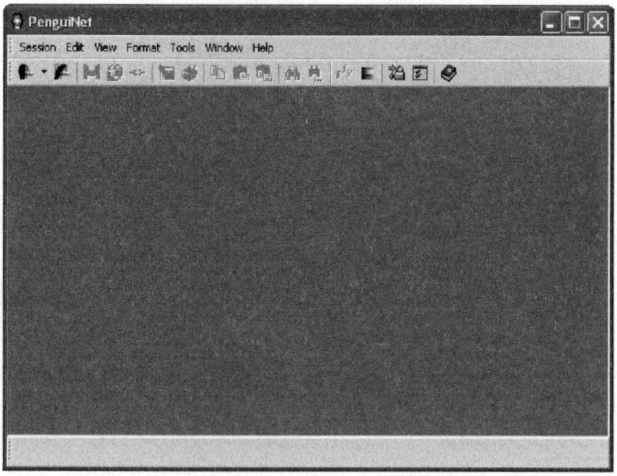

Figure 16.3 : Le client SSH PenguiNet sous Windows.

1. **Activez la commande Session/Connection Profiles.**

   La boîte de dialogue Connection Profiles s'ouvre, comme le montre la Figure 16.4.

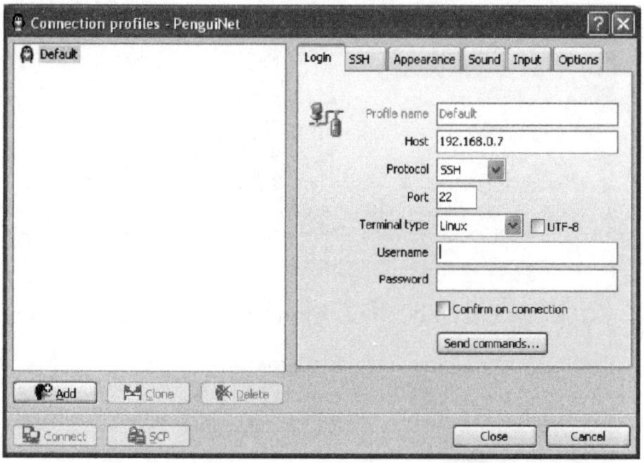

Figure 16.4 : La boîte de dialogue Connection Profiles.

2. **Cliquez sur Add pour ajouter un nouveau profil.**
3. **Entrez le nom pour ce profil dans la zone Profile Name.**

4. **Entrez l'adresse IP de votre ordinateur Linux dans la zone Host.**
5. **Entrez votre login Linux dans la zone Username.**

   Vous ne devez pas utiliser le compte root ici. Si vous le faisiez, cela constituerait un énorme trou de sécurité !
6. **Entrez votre mot de passe pour établir la connexion Linux dans la zone Password.**
7. **Cliquez sur Connect pour activer la connexion à votre machine Linux.**

   La boîte de dialogue Host Key Not Found est affichée la première fois que vous vous connectez. Cliquez sur Connect pour sauvegarder la clé. Ensuite, vous n'aurez plus à répéter cette étape à partir de la machine Windows. La Figure 16.5 montre la connexion à la machine Linux.

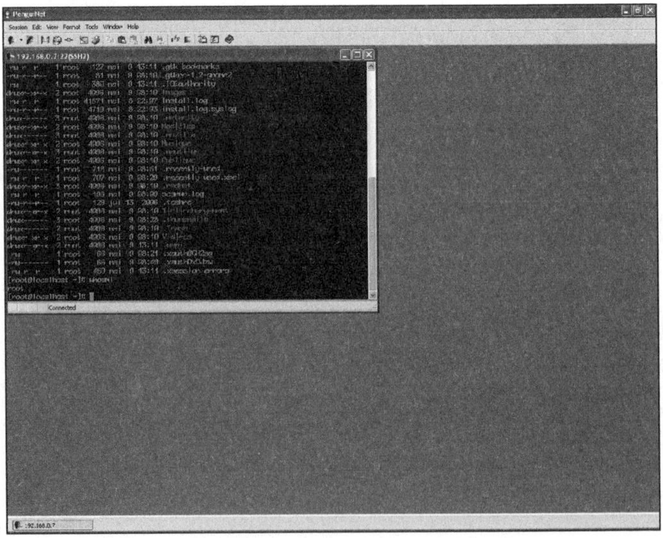

Figure 16.5 : Accès à la machine Linux.

Lorsque vous souhaitez terminer votre session, tapez la commande `logout` à partir de la ligne de commande.

Connexion à votre ordinateur Linux en SSH à partir d'une autre machine Linux

Évidemment, vous pouvez vous connecter à partir d'un autre ordinateur Linux. Cette tâche ne présente aucune difficulté, à moins que le programme `ssh` ne soit pas encore installé (si c'est une distribution Fedora 9, il est déjà installé). Procédez comme suit :

1. **Tapez** `ssh ipaddress username` **pour ouvrir la connexion.**

   Par exemple, tapez `ssh 192.168.1.6 Dee`, le message suivant apparaît :

   ```
   The authenticity of host '192.168.1.6 (192.168.1.6)' can't be
      established.
   RSA key fingerprint is
      ed:68:0f:e3:78:56:c9:b3:d6:6e:25:86:77:52:a7:66.
   Are you sure you want to continue connecting (yes/no)?
   ```

2. **Entrez yes et tapez sur la touche Entrée.**

   Les lignes sont affichées :

   ```
   Warning: Permanently added '192.168.1.6' (RSA) to the list of
      known hosts.
   dee@192.168.1.6's password:
   ```

3. **Entrez votre mot de passe pour établir la connexion et tapez sur la touche Entrée : vous êtes maintenant connecté !**

   Pour mettre fin à la connexion, tapez `logout`.

Connexion à votre ordinateur Linux en SSH à partir d'un Macintosh

Le processus de connexion à partir d'un Macintosh est semblable à la connexion à partir de Linux. Ouvrez un terminal ligne de commande et tapez :

```
ssh adresse_IP
```

pour avoir accès à une session sous le même compte sur la machine, ou bien tapez :

```
ssh login@adresse_IP
```

si vous voulez accéder à un compte différent.

Les failles des logiciels

Si quelqu'un entre dans votre système, que ce soit normalement ou par effraction, vous aurez des soucis supplémentaires liés à la sécurité. Il se peut qu'il endommage le système en exécutant un ou plusieurs programmes dont les permissions n'étaient pas assez restrictives ; dans ce cas, ce sera une vraie catastrophe.

Pour combler ces failles, vous pouvez désinstaller tous les logiciels dont vous n'avez pas besoin. Vous pourrez toujours les réinstaller plus tard si nécessaire. Pour ce qui est de la désinstallation, tout dépend du schéma de gestion des progiciels de votre distribution. Les instructions suivantes sont valables à l'invite de commandes pour Fedora, ainsi que pour toutes les distributions qui utilisent RPM.

Pour supprimer tous les programmes dont vous n'avez pas besoin, procédez comme suit :

1. **Tapez la commande** `rpm -qa | more` **pour voir tous les paquetages qui sont installés.**

   La liste sera sans doute très impressionnante ! Nous vous conseillons de ne pas les examiner et de les supprimer par groupes de paquetages. Le début de la liste pourrait avoir la forme suivante :

   ```
   mailcap-2.1.19-1
   basesystem-8.0-5
   chkconfig-1.3.20-2
   ```

2. **Dans une autre console virtuelle, tapez** `rpm -qi nom_du_paquetage` **pour le paquetage que vous voulez voir, sans le numéro de version.**

Une information détaillée à propos de ce paquetage est affichée. La Figure 16.6 montre des informations sur OpenOffice.org Writer ; nous avons obtenu cette information en tapant la commande `rpm -qi openoffice.org-writer`.

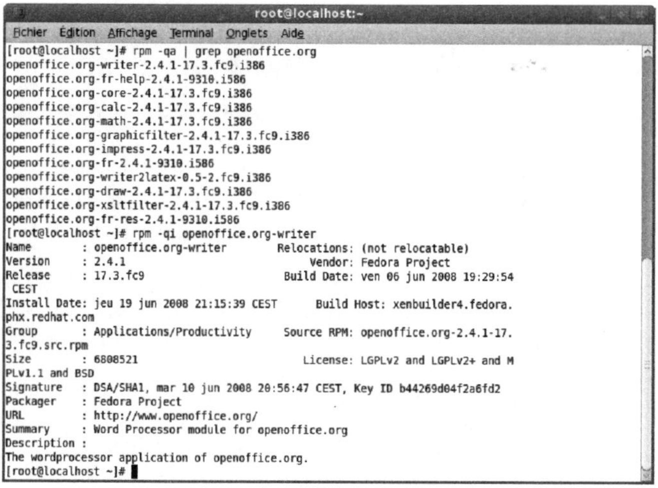

Figure 16.6 : Information sur le RPM OpenOffice.org Writer.

3. **Lisez les informations concernant le paquetage et déterminez si oui ou non vous avez besoin de ce programme.**

   Faites défiler la liste. Débarrassez-vous d'abord des programmes dont l'inutilité est évidente, puis recommencez pour mieux comprendre le système et supprimez de nouveaux programmes. N'oubliez pas que vous pourrez restaurer les programmes s'ils s'avèrent utiles.

4. **Si vous ne voulez pas d'un paquetage ou que vous n'en avez pas besoin, tapez** `rpm -e nom_du_paquetage` **pour vous en débarrasser.**

   Même si vous ne voulez pas vous séparer du paquetage `glibc` (qui aide quelquefois à exécuter des programmes), nous allons continuer avec cet exemple. Tapez la commande `rpm -e glibc` pour supprimer ce paquetage.

Si vous obtenez un message d'erreur vous indiquant que ce programme est nécessaire pour satisfaire des dépendances, cela veut dire que d'autres progiciels en ont besoin pour pouvoir fonctionner. Vous devez en premier lieu décider si vous voulez vous débarrasser de tous les progiciels qui dépendent de ce programme.

Surveillance du système avec le visualiseur de journaux système

Les journaux système représentent un autre moyen pour garder un œil sur l'état de votre système. Les programmes réseau, le noyau et d'autres programmes système enregistrent régulièrement dans des fichiers des informations relatives à leur état. Vous serez stupéfait de la quantité d'informations stockées dans ces fichiers. En général, ils se trouvent dans le répertoire `/var/log`, jetez-y un coup d'œil un jour ou l'autre !

Heureusement, des outils sont disponibles pour vous aider à les consulter. Dans cette section, nous étudierons Log Viewer qui est inclus dans la distribution Fedora 9.

Pour mettre en œuvre Log Viewer, exécutez les étapes suivantes :

1. **Assurez-vous d'avoir ouvert une session en tant que root ou utilisez** `su` **pour avoir les privilèges de root.**
2. **Activez la commande Applications/Outils système// Visionneur de journaux système.**

   La fenêtre Visionneur de journaux système s'ouvre comme le montre la Figure 16.7.
3. **Parcourez les différents journaux système pour avoir une idée des informations qui y sont stockées.**

Au bout de quelques semaines de consultations et de vérifications, vous serez habitué et vous pourrez déceler sans difficulté le moindre problème.

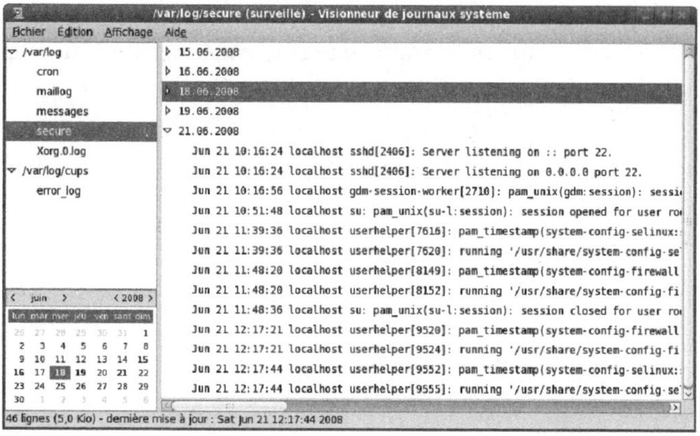

Figure 16.7 : La fenêtre Visionneur de journaux système.

Sécurisez votre système

Internet fournit une pléthore d'informations sur les ordinateurs, les réseaux et la sécurité Linux. Afin que vous ne soyez pas noyé sous l'information, nous avons listé les sites Web qui nous semblent les plus intéressants quant à la sécurité :

- `http://www.sans.org` : Un des principaux sites Internet consacrés à la sécurité.
- `http://grc.com/intro.htm` : Ce site Web contient quelques outils intéressants, comme des outils pour tester les ports ouverts sur un système. Ce site présente, par ailleurs, de nombreux articles excellents traitant de la sécurité réseau et des systèmes.
- `http://seifried.org/lasg` : Ce site Web contient le Guide de sécurité de l'administrateur Linux.
- `http://www.spitzner.net/linux.html` : Cette page, Armoring Linux, fournit des informations pour rendre votre système Linux plus sûr et le prémunir contre les accès non autorisés.
- `http://www.firewall-net.com` : Ce site offre des conseils et des astuces sur les pare-feu et la sécurité des systèmes Linux.

- `http://www.linuxsecurity.com` : Ce site Web donne une quantité abondante d'informations de LinuxSecurity.com.
- `http://www.securityspace.com/sspace/index.html` : Ce site Web contient la plupart des informations sur les publications de sécurité et les outils pour différents systèmes d'exploitation.
- `http://www.securite.org` : Un site Web en français sur la sécurité informatique et Linux.

Cinquième partie

Les dix commandements et plus !

"Nous nous sommes beaucoup mieux préparés pour cette mise à niveau que pour les précédentes. Les utilisateurs ont eu une formation complémentaire, de meilleurs manuels et surtout une dégustation de bordeaux."

Dans cette partie...

Nous allons vous donner les réponses aux questions les plus fréquemment posées sur Linux, développer quelques conseils et astuces de dépannage.

Chapitre 17

Les onze meilleures astuces de dépannage

Dans ce chapitre :

- Blocage de l'installation.
- Modification de l'environnement de démarrage.
- Éviter l'écran noir.
- Problèmes d'interface graphique.
- La résolution multiple.

Le dépannage est analogue à la lecture d'un roman mystérieux : il y a des faits, des symptômes et des détails, mais on ignore leur origine. Prenez les informations que vous avez en main, examinez les différentes possibilités et limitez-vous à un seul suspect. Ensuite, vérifiez votre théorie et prouvez que votre suspect est le véritable coupable.

Les problèmes de dépannage Linux (ou de n'importe quel autre système d'exploitation) portent sur des matériels et sur des logiciels. Si le système d'exploitation, le matériel ou un service vous déclenche des maux de tête, voici quelques techniques de base de dépannage. Vous pouvez immédiatement commencer à les mettre en pratique :

- **Écrivez tous les symptômes du système**, y compris les actions à faire et à ne pas faire, et notez tous les messages d'erreur.
- **Consultez les fichiers journaux de Linux**, la plupart se trouvant dans le répertoire `/var/log`.

- **Comparez votre système défectueux avec un système fonctionnant correctement.** Quelquefois, la comparaison des fichiers de configuration et des paramètres peut permettre de localiser le problème.
- **Vérifiez que le matériel est correctement connecté et sous tension.** Vérifiez que tous les câbles et connexions sont bien branchés et configurés.
- **Retirez tous les matériels récemment changés ou ajoutés avant la survenue du problème** et vérifiez si le problème a disparu. Si tel est le cas, la preuve est faite que le coupable est le nouveau matériel.
- **Arrêtez les services et les applications inutiles** ou qui ne sont pas en relation avec le problème. Cela vous permettra de comprendre si d'autres services et applications ne fonctionnent pas.
- **Vérifiez si le problème est reproductible.** Est-ce que la même séquence d'événements est à l'origine du problème ? Par exemple, supposez que, lors de l'utilisation de l'imprimante couleur, rien ne se passe. Si à chaque fois que vous tentez d'imprimer, c'est la même chose, alors le problème est redondant. Si vos informations sont parfois imprimées, ce problème est aléatoire. Malheureusement, les problèmes aléatoires sont souvent plus difficiles à résoudre !

Une fois la solution trouvée, prenez un peu de temps pour noter dans un document ce qui s'est passé et comment vous l'avez résolu. Décrivez les symptômes du problème, la cause et la solution trouvée. La prochaine fois que vous rencontrerez le même problème, il vous suffira de consulter vos notes.

TRUC

S'il n'y pas de problème à résoudre (pas encore), notez les spécificités de votre environnement, avant que les problèmes ne surgissent. Peut-être voudrez-vous imprimer certaines informations liées à un problème susceptible de vous empêcher d'accéder à vos fichiers !

Dans ce chapitre, nous vous présenterons quelques techniques pour résoudre certains problèmes que vous pouvez rencontrer avec Linux.

L'installation de Linux se bloque

Pendant la phase d'installation de Linux, il arrive parfois que la procédure d'installation se bloque. Dans ce cas, attendez un peu pour vous assurer qu'il s'agit réellement d'un blocage. Parfois, le logiciel continue son exécution, mais aucun signe ne l'indique. Si le blocage est réel, redémarrez l'ordinateur. Il est fréquent qu'après un nouveau démarrage, l'installation se passe sans problème. Par exemple, vous pouvez subir deux blocages successifs du programme et une exécution irréprochable à la troisième tentative. Recommencez plusieurs fois l'installation avant de vous avouer vaincu !

Si l'installation est toujours défaillante, consultez le site Web de votre distribution et vérifiez les éventuels bogues et les pages d'errata. Certains problèmes ont pu être identifiés et certaines solutions apportées. Sinon, essayez de diagnostiquer le problème. Voici quelques conseils pour y arriver :

- **Si le problème arrive systématiquement au même endroit, il se peut que le DVD ou le CD-ROM soit défectueux.** Si vous installez la distribution de Linux Fedora 9, consultez la section relative au blocage de l'installation Fedora, un peu plus loin dans ce chapitre. Sinon, testez le DVD ou le CD-ROM sur une autre machine et vérifiez s'il échoue au même endroit. Si vous avez acheté le DVD ou les CD-ROM de cette distribution Linux, contactez le service d'assistance technique de la distribution. Si vous les avez obtenus avec un livre, entrez en contact avec l'équipe d'assistance technique de l'éditeur. Si vous avez gravé le DVD ou les CD-ROM vous-même (même si vous n'utilisez pas la distribution Fedora), consultez la section relative au blocage de l'installation Fedora, un peu plus loin dans ce chapitre.
- **Si le problème arrive systématiquement au même endroit et qu'il n'est pas lié à la procédure d'installation du DVD ou du CD-ROM.** L'ennui peut-être dû à un des composants matériels de votre machine. Essayez de vérifier les composants principaux, sinon procurez-vous une autre distribution de Linux.

- **Si le problème semble arriver de manière aléatoire, il se peut que votre distribution Linux ne soit pas compatible avec votre machine.** Essayez l'installation Linux sur une autre machine ou utilisez une autre distribution.

TRUC

Si vous n'êtes pas sûr que l'installation sera réellement arrêtée, activez les touches Ctrl+Alt+F# (# correspondant à une touche de fonction) pour ouvrir une nouvelle instance du shell. Si vous voyez un écran différent (donc une autre instance), il est probable que l'installation n'est pas bloquée, sinon vous pouvez en déduire que l'installation est vraiment bloquée.

L'installation de la distribution Fedora se bloque

Depuis la version 7.3 de la distribution Red Hat Linux (la distribution Fedora 9 est considérée comme la version la plus récente), une solution particulière est disponible pour les utilisateurs se heurtant aux problèmes qui semblent n'avoir aucune explication, comme le blocage de l'installation. Si votre installation continue de se bloquer, alors que le programme tente de transférer des paquetages sur votre disque dur, exécutez les étapes suivantes pour essayer de résoudre le problème :

1. **Placez le DVD ou le premier CD-ROM Fedora dans votre lecteur de CD.**
2. **Redémarrez la machine.**
3. **Attendez jusqu'à ce qu'apparaisse l'écran noir et blanc à partir duquel vous choisissez le type d'installation.**

   Cet écran est en mode texte. Si vous atteignez un écran d'installation graphique, vous avez manqué l'étape, vous devez redémarrer la machine et recommencer pas à pas.

4. **À partir du prompt, entrez** `linux mediacheck` **et appuyez sur la touche Entrée.**

   Du texte défile sur l'écran, puis un écran avec un fond bleu apparaît avec la boîte de dialogue CD Found.

5. **Sélectionnez OK et pressez sur la touche Entrée pour passer à la procédure d'examen du média.**

   La boîte de dialogue Media Check est affichée. Si vous avez changé d'avis et que vous préférez commencer l'installation immédiatement, utilisez la touche Tab pour activer le bouton Skip et tapez sur la touche Entrée.

6. **Si vous voulez vérifier le premier CD-ROM ou le DVD, choisissez Test.**

7. **Si vous voulez vérifier un autre CD-ROM, sélectionnez Eject CD.**

   Enlevez le premier CD-ROM Fedora du lecteur et remplacez-le par celui que vous voulez évaluer. Refermez le lecteur et assurez-vous que Test est sélectionné.

8. **Activez la touche Entrée pour commencer la vérification.**

   La boîte de dialogue Media Check Status qui s'affiche montre le nom du CD-ROM et l'évolution de la progression. À la fin du test, la boîte de dialogue Media Check Result s'ouvre.

9. **Regardez le résultat.**

   Si le résultat est `PASS`, tout est correct et le CD-ROM n'est pas en cause. Vos problèmes d'installation sont causés par quelque chose d'autre, consultez le site Fedora, `http://fedoraproject.org/wiki`, ainsi que la page d'errata, et téléchargez une nouvelle image de boot. Les instructions relatives au téléchargement et à la manière de réaliser un disque de démarrage sont détaillées sur la page relative à la mise à jour.

   Si le résultat est `FAIL`, le CD-ROM est endommagé ! Si vous avez acheté ce CD-ROM, consultez le revendeur pour son remplacement. Si vous avez gravé ce CD-ROM, voici la marche à suivre :

   - Gravez de nouveau le DVD/CD-ROM, mais à la vitesse de 4x ou à une vitesse inférieure.

- Gravez de nouveau le DVD/CD-ROM, mais à l'aide d'un graveur plus récent avec la technologie BurnProof ou quelque chose de similaire.

Le test de mon installation graphique est défectueux

Si le test de votre installation graphique est défectueux, ne vous inquiétez pas trop. C'est en réalité un problème assez simple à résoudre ! Si le programme d'installation de votre distribution ne peut pas évaluer votre installation graphique, le problème n'est pas bloquant, indiquez au programme d'installation d'ignorer la configuration X pour l'instant. Ensuite, lorsque le système sera entièrement installé et démarré, vous pourrez utiliser les outils mentionnés dans la section "Les paramètres graphiques ont bien été évalués à l'installation mais l'interface graphique est inaccessible". Vous devez installer le serveur X approprié parce que le programme d'installation ne l'aura pas fait pour vous. Voici deux sites où vous pourrez trouver de l'aide :

- `http://www.linuxnewbie.org/nhf`
- `http://tldp.org/docs.html#howto`

Les paramètres graphiques ont bien été évalués à l'installation mais l'interface graphique est inaccessible

Si votre programme d'installation Linux vous a montré un écran d'essai de l'interface graphique et a indiqué que vous pouviez continuer l'installation, vous vous êtes probablement attendu à ce que l'interface graphique démarre sans problème. Malheureusement, cela ne se passe pas toujours ainsi !

Chaque distribution a son propre jeu d'outils de configuration graphiques. Si vous démarrez votre machine pour la première fois et que vous obtenez des messages d'erreur en essayant d'accéder à l'interface graphique automatiquement ou après avoir tapé `startx` pour démarrer l'interface graphique manuellement, utilisez les outils suivants pour tenter de résoudre le problème :

- Avec n'importe quelle distribution Linux, vous devez être en possession d'un outil appelé `XF86Setup`.
- Avec la distribution Fedora, utilisez `Xconfigurator` ou `redhat-config-xfree86`.
- Avec la distribution Mandriva Linux, utilisez `XFdrake`.
- Avec la distribution SuSE, utilisez `SAX2` ou `SAX`.
- Votre dernier recours est `xf86config`. Il s'agit d'un outil en mode texte, disponible avec toutes les distributions, et qui s'appelle `xf86config4` avec certaines distributions.

Si vous ne les avez pas sur votre système, installez ces outils à partir des CD-ROM de votre distribution.

Je pense que je suis sous Linux, mais je ne sais que faire !

Deux écrans différents ont tendance à causer la panique chez les nouveaux utilisateurs de Linux. Le premier de ces écrans, présenté sur la Figure 17.1, indique que vous avez installé le logiciel et que la machine a démarré avec succès ! Vous pouvez sauter de joie ! Cependant, vous avez démarré dans l'environnement ligne de commande au lieu de l'environnement graphique. Si vous obtenez un écran semblable à celui de la Figure 17.1, l'ordinateur vous demande de saisir un compte utilisateur, puis un mot de passe, que vous avez défini au cours de la procédure d'installation.

TRUC

Si vous avez seulement créé le compte root, vous devez vous connecter avec ce compte.

Dès que vous avez entré un nom d'utilisateur et un mot de passe, vous accédez à l'écran que présente la Figure 17.2. Cet écran indique que vous avez, non seulement démarré correctement Linux, mais que vous êtes aussi connecté sur la machine !

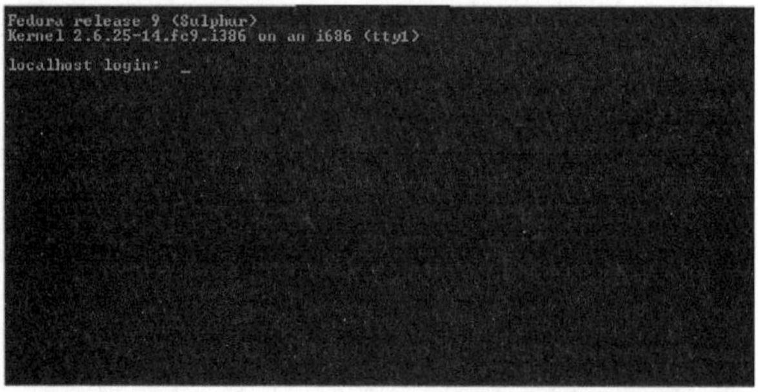

Figure 17.1 : L'écran de connexion dans l'environnement ligne de commande.

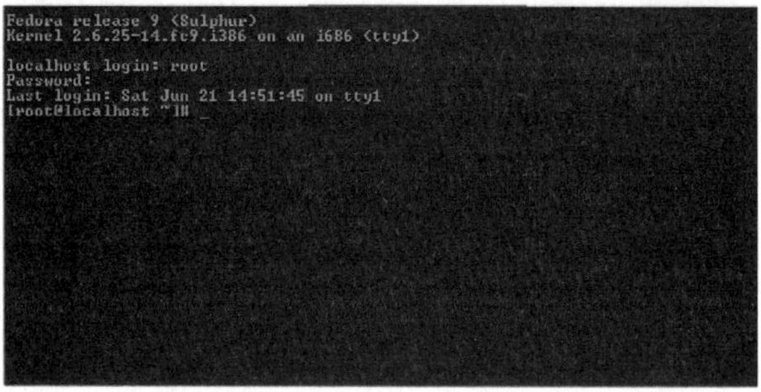

Figure 17.2 : La connexion est effective dans l'environnement ligne de commande.

Bravo, vous pouvez vous donner une petite tape amicale dans le dos !

Que faites-vous dans cet environnement spartiate ? Si vous voulez rejoindre l'environnement graphique, tapez simplement `startx`.

Je ne veux pas démarrer avec cet environnement !

Vous démarrez dans l'environnement ligne de commande alors que vous vouliez utiliser seulement l'interface graphique ? Ou bien, vous démarrez directement dans l'interface graphique et vous auriez préféré la ligne de commande ? Vous n'êtes pas condamné à rester dans un environnement qui ne vous convient pas, vous pouvez changer à tout moment.

Changement de votre environnement de démarrage de manière permanente

Le mot "permanente" se réfère au fait qu'après modification le système démarrera automatiquement dans le mode que vous aurez choisi. Pour faire ce changement, vous devez modifier l'instruction qui a appelé un mode d'exécution (*runlevel*). Les modifications dépendent de la distribution Linux utilisée. Nous présentons une méthode générique pour accomplir cette tâche :

1. **Connectez-vous sous root.**
2. **Si vous êtes dans l'interface graphique, ouvrez une fenêtre Terminal.**
3. **Tapez la commande** `find / -name inittab` **et pressez la touche Entrée.**

   Ce fichier se trouve souvent dans le répertoire `/etc`, mais cela dépend de la version et de la distribution, la commande `find` vous permet de le localiser. Nous supposerons que le résultat de la commande est `/etc/inittab`. Si votre fichier se trouve dans un autre répertoire, modifiez les commandes en conséquence.

4. **Tapez** `cp /etc/inittab /etc/inittab.old` **pour faire une sauvegarde du fichier.**

   En cas de problème, vous pourrez reprendre le fichier d'origine.

5. **Ouvrez le fichier** `inittab` **avec un éditeur.**
6. **Déplacez-vous dans le fichier, jusqu'à ce que vous rencontriez la ligne suivante (voir la Figure 17.3) :**

   ```
   id:5:initdefault:
   ```

   Avec la plupart des distributions Linux, le chiffre `5` indique à Linux de démarrer avec l'interface graphique (X11), tandis que le chiffre `3` spécifie à Linux de démarrer avec l'interface ligne de commande. Dans l'exemple précédent, nous démarrons avec l'interface graphique.

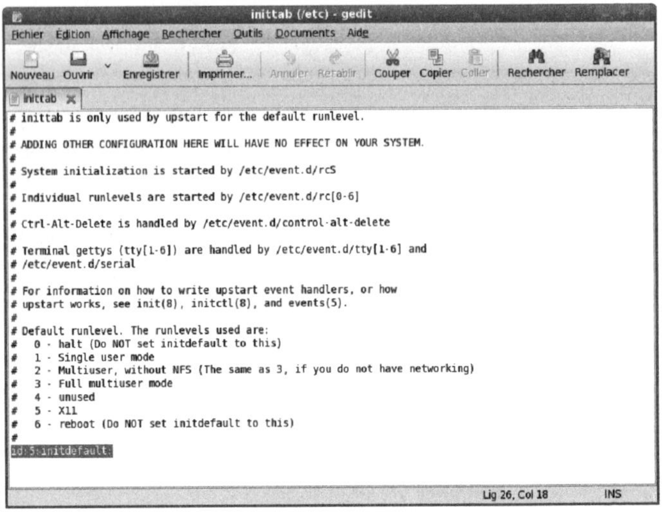

Figure 17.3 : Le fichier /etc/inittab.

7. **Modifiez le chiffre affiché dans cette ligne.**

   Si c'est un 5, remplacez-le par un 3 et réciproquement. Assurez-vous que les caractères deux-points sont bien en place, sous peine de rencontrer des problèmes au prochain démarrage.

8. **Sauvegardez les modifications et quittez l'éditeur.**

   Les modifications entreront en vigueur au prochain démarrage du système.

TRUC

Si vous continuez d'avoir des problèmes au démarrage, consultez la documentation de votre distribution.

Changement de votre environnement de démarrage de manière ponctuelle

À tout moment, vous pouvez avoir besoin de commuter du mode ligne de commande au mode graphique. Les instructions données ici supposent que vous utilisez une distribution Linux pour laquelle le niveau d'exécution (runlevel) 3 caractérise la ligne de commande, et le niveau d'exécution 5 l'interface graphique. Tapez `runlevel` sur la ligne de commande : si le résultat est 3 ou 5, c'est bien, sinon consultez la documentation de votre distribution pour connaître les valeurs des niveaux d'exécution.

Pour commuter d'un mode à l'autre, exécutez les étapes suivantes :

- Pour passer du mode graphique au mode ligne de commande, ouvrez une fenêtre Terminal et tapez (sous root) :

```
init 3
```

- Pour passer du mode ligne de commande au mode graphique, tapez (sous root) :

```
init 5
```

Mise en service de résolutions d'écran multiples

Voulez-vous modifier la résolution de votre écran sous l'interface graphique ? Par exemple, vous travaillez avec une résolution 1 024 x 768, vous élaborez des pages Web et vous souhaitez voir comment elles apparaissent dans un navigateur 800 x 600, ou même 640 x 480. Vous pouvez rebooter votre machine de Linux en ayant eu soin auparavant de modifier un fichier texte. Tapez la commande suivante pour localiser le fichier `xorg.conf` ou `XF86Config*` suivant votre distribution :

```
find / -name "xorg.conf"
```

ou :

```
find / -name "XF86Config*"
```

Vous pouvez trouver des versions multiples pour `XF86Config`, par exemple `XF86Config` et `XF86Config-4`. Si vous trouvez les deux, modifiez le fichier `XF86Config-4`. Pour modifier vos paramètres de résolution d'écran, exécutez les étapes suivantes :

1. **Quittez l'interface graphique.**

Xorg

Depuis quelques années, les distributions les plus importantes de Linux ont remplacé le serveur graphique XFree par Xorg. Ce dernier était la principale alternative à XFree. Il se démarque de ce dernier par sa licence et le dynamisme du projet ; en effet, si XFree-4.4 poursuit son développement sous une licence toujours libre mais rendue incompatible avec la GPL, Xorg reste sous une licence compatible GPL dérivée de celle de XFree-4.3.

En fait, depuis quelque temps, XFree donnait l'impression d'un projet tournant au ralenti, n'ayant apporté ces dernières années que très peu de nouveautés mais surtout des correctifs. Ces évolutions dans le développement de XFree ont fait qu'il a été rejeté par certaines distributions GNU/Linux telles que Fedora, Mandrake, FreeBSD, etc. Pour de plus amples informations, vous pouvez consulter les sites de Xorg aux adresses `http://x.org` et `http://freedesktop.org/Software/xorg`.

Si vous avez démarré dans l'interface graphique par défaut, tapez `init 3` pour la quitter momentanément. Si vous avez tapé `startx` pour accéder à l'interface graphique, cliquez sur le bouton menu principal et sélectionnez Clore la session.

2. **Connectez-vous sous root.**

   Si vous n'êtes pas connecté sous root (normalement vous ne devriez pas l'être), connectez-vous sous root pour éditer ce fichier.

3. **Accédez au répertoire qui contient le fichier** `xorg.conf`**,** `XF86Config` **(ou** `XF86Config-4`**).**

   C'est probablement `/etc/X11`.

4. **Faites une copie de secours du fichier.**

   Tapez `cp xorg.conf xorg.conf.old`, `cp XF86Config XF86Config.old` ou `cp XF86Config-4 XF86Config-4.old` suivant votre distribution.

5. **Ouvrez le fichier avec un éditeur de texte.**

6. **Accédez à la fin du fichier.**

7. **Recherchez la ligne :**

```
Section "Screen"
```

8. **Dans cette section, localisez :**

```
SubSection "Display"
```

9. **Dans la sous-section, recherchez :**

```
Modes "1024x768"
```

10. **Ajoutez à la ligne les autres modes que vous souhaitez utiliser, par exemple comme le montre la Figure 17.4 :**

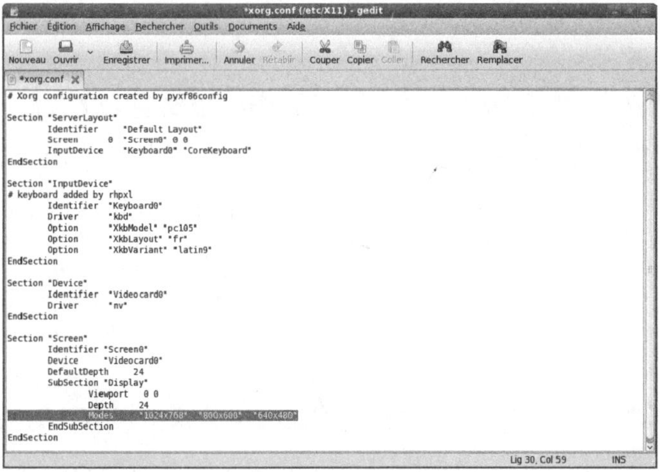

Figure 17.4 : Modification des modes vidéo dans le fichier /etc/X11/xorg.conf.

```
Modes "1024x768" "800x600" "640x480"
```

Attention ! N'allez pas au-delà des capacités de votre moniteur, vérifiez dans sa documentation les résolutions qu'il peut supporter.

11. **Une fois les modifications effectuées, sauvegardez le fichier et quittez l'éditeur.**

À présent, vous pouvez revenir à l'interface graphique. Quittez la session root, puis tapez une des commandes suivantes :

- `startx` si habituellement vous ne démarrez pas avec l'interface graphique.
- `init 5` si habituellement vous démarrez directement sous l'interface graphique.

Une fois que les paramètres d'accès aux résolutions multiples ont été établis (comme indiqué dans la section précédente), vous pouvez passer d'une résolution à l'autre en activant les combinaisons de touches Ctrl+Alt+Plus, où *Plus* est le signe + qui se trouve sur le pavé numérique du clavier, et Ctrl-Alt-Moins, où *Moins* est le signe - qui se trouve sur le pavé numérique du clavier. Si vous utilisez un clavier sans pavé numérique, vous devez modifier le fichier comme indiqué dans la section précédente et déplacer votre résolution par défaut au début de la liste.

J'ai un blocage de l'environnement graphique

L'activation des touches Ctrl+Alt+Retour arrière est une solution rapide pour résoudre ce problème. Si cela échoue, c'est que votre système n'est pas vraiment en forme ! Essayez de commuter sur un terminal virtuel en utilisant les touches Ctrl+Alt+F5. Si c'est encore un échec, redémarrez la machine.

Résolution des problèmes de démarrage

Lors de la configuration de votre machine Linux, vous rencontrerez peut-être des problèmes avec le fichier `/etc/grub.conf`. Ce fichier décrit le système d'exploitation ou les systèmes auxquels Linux peut accéder au moment du démarrage. Linux peut démarrer à partir de n'importe quel disque dur, sans que ce soit le disque maître sur le canal primaire IDE. Considérez les cas suivants si le fichier `/etc/grub.conf` vous pose des problèmes :

- Si vous avez modifié ou ajouté des disques durs, vous devrez changer la ligne `boot` dans le fichier `/etc/grub.conf`.

- Si vous n'avez pas fait de changement matériel, vérifiez que votre fichier `/etc/grub.conf` se réfère à l'emplacement correct de l'image de Linux.
- Si l'emplacement du répertoire `/boot` ou le périphérique de la racine est incorrect, le système risque de ne pas démarrer sous Linux. Dans ce cas, votre disquette de secours ou disquette d'urgence est d'une aide considérable.
- Si vous travaillez avec un environnement de systèmes d'exploitation *multiboot*, vérifiez que votre fichier `/etc/grub.conf` contient des informations d'accès pour chacun des systèmes d'exploitation. Chaque système d'exploitation ou chaque installation de Linux doit être dans une zone séparée.
- Si votre fichier contient des paramètres qui permettent d'accéder à un affichage haute résolution et que vous avez des problèmes de démarrage, essayez de réduire le paramètre vidéo à un affichage VGA.

Avant de changer les paramètres de configuration, cherchez les paramètres d'environnement courant dans le répertoire /proc. Vous y trouverez des fichiers contenant des informations sur le matériel en cours et les paramètres de configuration. Par exemple, jetez un coup d'œil sur les fichiers suivants :

- `interrupts` : Liste les interruptions utilisées/détectées.
- `cpuinfo` : Indique le constructeur de la CPU, le modèle, la vitesse et d'autres caractéristiques.
- `ioports` : Liste les valeurs des ports utilisées/détectées.
- `modules` : Liste les modules chargés.
- `meminfo` : Indique la quantité de mémoire physique, la(les) zone(s) swap, la mémoire libre et les autres valeurs liées à la mémoire.
- `partitions` : Affiche les partitions et des informations sur chaque périphérique de stockage.
- `mounts` : Indique les volumes montés, leur type et l'état du système de fichiers.

TRUC

Linux permet d'utiliser des espaces et d'autres caractères dans les noms de fichiers. Cependant, certaines applications de Linux peuvent "trébucher" lorsqu'elles rencontrent des noms de fichiers ou de répertoires contenant des espaces. Il est donc plus prudent de s'en tenir aux caractères numériques et d'éviter les espaces et les caractères génériques, tels que les points d'interrogation, les points d'exclamation, etc.

Arrêter les perturbations dues aux scripts

Un *script* contient une série de commandes regroupées afin d'accomplir certaines tâches (souvent d'une façon répétitive), ce qui vous évite de taper toutes les commandes à l'invite. En cas de problèmes avec un script, procédez comme suit :

- Assurez-vous que ce ne sont pas des erreurs d'orthographe ou de syntaxe qui sont à l'origine des problèmes. Souvenez-vous que la plupart des informations saisies sous Linux sont sensibles aux majuscules et aux minuscules. Une simple erreur sur les touches MAJ peut perturber un script entier.
- Si votre script contient plusieurs sections pour réaliser différentes tâches, essayez de mettre en commentaire toutes les lignes sauf une tâche. Si le script fonctionne pour une tâche, alors retirez les commentaires pour une autre tâche et exécutez le script entre chaque modification. Ainsi, dès que vous rencontrerez une erreur, vous aurez une idée de la ligne où elle s'est produite et vous pourrez procéder à la correction appropriée.
- Commencez par écrire petit à petit un nouveau script. Assurez-vous qu'il fonctionne avant d'ajouter des fonctions trop compliquées. Si le script ne fonctionne plus, c'est l'ajout que vous venez de faire qui pose problème.
- Vérifiez le contenu de toutes les variables de votre script. Utilisez l'instruction `echo` pour en afficher le contenu. Placez la commande `echo` à plusieurs endroits du script pour afficher la valeur des variables.

"Par les saintes culottes de Mac Gregor ! J'ai oublié le mot de passe root. Que faire ?"

N'ayez crainte, il y a une solution à ce problème! D'abord, vous devez redémarrer votre machine. Lorsqu'il démarre, Linux fait appel à un chargeur de démarrage graphique ou un chargeur de démarrage ligne de commande. Ce chargeur est soit GRUB, soit LILO. Il s'agit en général de GRUB, à moins que vous n'ayez fait une installation particulière.

Si vous n'êtes pas sûr, ne vous inquiétez pas. Essayez d'abord l'option de GRUB, puis celle de LILO :

- **GRUB** : Dès que l'écran de démarrage de GRUB apparaît, tapez sur la touche `E` pour accéder au fichier de configuration. Utilisez les touches fléchées pour aller à la ligne commençant par le mot `kernel` et tapez de nouveau sur la touche `E` pour éditer cette ligne. À la fin de la ligne, ajoutez le mot `single`, pressez sur la touche Entrée pour valider la modification, puis sur la touche `B` pour démarrer la machine.
- **LILO** : À l'invite de démarrage de LILO, tapez `Linux single`.

Dans les deux cas, l'ordinateur redémarre. Si un nom de compte vous est demandé, entrez `root` et tapez sur la touche Entrée. Aucun mot de passe n'est requis. Vous pouvez ensuite entrer un nouveau mot de passe. Tapez `passwd` et saisissez le nouveau mot de passe deux fois. Lorsque vous avez terminé, entrez `reboot` pour que la machine redémarre.

Annexe

Les commandes usuelles de Linux

Dans ce chapitre :

- Présentation des principales commandes Linux, par ordre alphabétique.

Les néophytes en informatique s'extasient toujours devant l'habileté au clavier du gourou Linux, ce gourou qui maîtrise parfaitement les avancées de la technologie moderne, telles que la souris ou l'interface graphique, et qui sait comment obtenir des résultats satisfaisants en choisissant la commande qui asservit le périphérique visé. Cela exige une grande compétence en dactylographie et requiert également une certaine familiarité avec la gamme des leviers rangés dans la boîte d'outils GNU.

Référence des commandes Linux, par ordre alphabétique

Chaque commande de la liste suivante est constituée du nom de commande, d'une description concise et, dans tous les cas, d'un exemple d'usage si la syntaxe est ambiguë. Retenez bien qu'il ne s'agit, ni d'une liste exhaustive, ni d'une liste d'usage des options disponibles. Pour connaître les usages détaillés d'une commande particulière, accédez à la page *man* ou à la page d'information.

N'OUBLIEZ PAS

Quelques commandes se rapportent à l'administration et peuvent vous obliger à être loggé sous root.

A

alias (`alias [-p][nom...]`) : Fournit une information sur les alias en cours ou affecte des alias au shell.

apropos (`apropos motclé...`) : Cherche les pages man contenant motclé dans le champ de description, retourne la même information que la commande `man -k`.

ar (`ar [options][nomdemembre] fichierarchive`) : Programme d'archive GNU qui permet de créer, modifier et extraire les fichiers dans une archive (un fichier unique contenant plusieurs autres fichiers).

arch (`arch`) : Affiche l'architecture CPU. Les résultats peuvent être i386, i486, i586, alpha, `sparc`, `arm`, `m68k`, `mips`, et `ppc`. La commande `arch` est la même que la commande `uname -m`.

at (`at [options] TEMPS` ; `at -c tâche [tâche...]`) : Place des tâches en attente pour une prochaine exécution. Vous pouvez spécifier un temps absolu ou un temps relatif pour exécuter une ou plusieurs tâches.

atq (`atq [options]`) : Examine les tâches en attente pour une prochaine exécution avec la commande `at`.

B

badblocks (`badblocks [options] périphérique bloc-counts`) : Vérifie une partition de disque pour rechercher les zones qui ne sont pas en mesure de stocker avec fiabilité les données.

basename (`basename nom [suffix]`) : Retourne uniquement le nom du fichier en cours, en supprimant la partie relative au chemin d'accès.

batch (`batch [options]`) : Exécute les tâches quand le niveau de charge du processeur le permet.

bg (`[CTRL] -Z` ; `bg`) : Relance une tâche suspendue qui était exécutée à l'arrière-plan (commande `bash` intégrée).

bzip2 (bzip2 [options] [nomsdefichier...]) : Nouvel utilitaire de compression plus efficace que gzip, il utilise les algorithmes de compression Burrows-Wheeler et Huffman.

C

cal (cal [options] [mois [année]]) : Affiche un calendrier à l'écran. Il s'agit, par défaut, du calendrier du mois en cours, mais des options permettent d'afficher des formes de calendrier très variées.

cancel (cancel [options] requête id) : Annule l'impression pour un système qui requiert la suite LPRng. Cette commande a le même effet que lprm et utilise les mêmes options.

cat (cat [fichier...]) : Ajoute les fichiers à stdout. Cette commande permet d'afficher les contenus d'un fichier ou d'un périphérique d'entrée vers un autre périphérique de sortie (commande bash intégrée).

cd (cd; cd /répertoire...) : Permet le déplacement dans la structure arborescente du système et change le répertoire de travail en cours (commande bash intégrée).

chage (chage [options] utilisateur) : L'administrateur système utilise cette commande pour modifier les paramètres d'expiration des mots de passe utilisateur. On peut spécifier le nombre de jours avant le changement du mot de passe de l'utilisateur.

chattr (chattr fichiers...) : Modifie le comportement des fichiers par le changement des attributs sur un système de fichiers ext2. Certains de ces changements d'attributs ne sont pas supportés par les systèmes de fichiers antérieurs à la version ext3.

checkalias (checkalias alias, alias...) : Recherche l'alias en cours (l'alias e-mail et non l'alias shell).

chfn (chfn [options]) : Permet à un utilisateur de changer les informations personnelles dans le champ du fichier /etc/passwd à partir duquel l'utilitaire finger établit son rapport.

Quatre champs sont accessibles : le nom, le bureau, le numéro de téléphone du bureau et le numéro de téléphone du domicile.

chgrp (`chgrp [options] groupe fichier...`) : Les administrateurs système utilisent cette commande pour changer le groupe propriétaire d'un fichier.

chmod (`chmod [options] mode fichier...`) : Le propriétaire d'un fichier ou root peut l'utiliser pour modifier les permissions d'un fichier. Cet utilitaire accepte le mode symbolique ou le mode octal pour l'attribution de permissions. Tous les niveaux de permissions (Lecture, Ecriture, Exécution) peuvent être définis pour le propriétaire, utilisateur ou groupe et/ou autre.

chown (`chown [options] fichier...`) : Change le propriétaire d'un fichier ; seul root peut réaliser cette action.

chsh (`chsh [options]` : Change le shell de démarrage de session d'un utilisateur. Le fichier `/etc/passwd` est mis à jour avec le shell sélectionné.

clear (`clear`) : Efface l'écran.

cmp (`cmp [options] fichier1 fichier2 [skip1 [skip2]]`) : Compare les contenus de deux fichiers. Si les fichiers sont identiques, la commande ne retourne rien ; s'ils sont différents, `cmp` retourne le nombre de lignes et d'octets différents.

colrm (`colrm [startcol [endcol]]`) : Supprime les colonnes de texte à partir de l'entrée. Chaque caractère de la ligne d'entrée constitue une colonne.

column (`column [options] [fichier...]`) : Filtre utilisé pour créer des listes de colonnes pour l'entrée. Ces listes peuvent être remplies en premier, soit par ligne, soit par colonne.

comm (`comm [options] fichier1 fichier2`) : Compare deux fichiers triés ligne par ligne. Les lignes identiques sont placées en retrait, tandis que celles qui ne correspondent pas sont déplacées dans la marge gauche.

compress (`compress [options] [nom...]`) : Réduit la taille du fichier associé en le compressant. Si la compression a été réalisée avec succès, le(s) fichier(s) est compressé(s) est(sont) renommé(s) avec une extension .Z.

convert (`convert [options]`) : Utilitaire très puissant qui convertit un type d'image d'un format à un autre.

cp (`cp [options] source dest`) : Copie des fichiers et des répertoires.

cpio (`cpio [options]`) : Copie les fichiers vers ou à partir des archives. Les informations `inode` sont conservées intactes avec chaque fichier archive.

crontab (`crontab fichier -u utilisateur; crontab [option] utilisateur`) : Programme de planification de tâches pour les processus récurrents. En général, ce sont les administrateurs système qui utilisent cette commande, bien que les utilisateurs puissent aussi gérer leur propre table de planification de processus.

csplit (`csplit [options] fichier motif...`) : Découpe un fichier en de multiples fichiers. `csplit` utilise les numéros de ligne ou les correspondances de caractère pour déterminer les points de fragmentation du fichier original.

cut (`cut [options] [fichier...]`) : Extrait des sections à partir de chaque ligne d'un fichier ou d'une entrée standard.

D

date (`date [options]`) : Affiche ou paramètre la date et l'heure système.

dc (`dc`) : Remet à zéro la calculatrice du bureau ; la version en ligne de la calculatrice dispose d'une touche Entrée au lieu d'une touche Egale.

dd (`dd [options]`) : Le duplicateur de disque est utilisé comme un utilitaire de copie de niveau bas qui peut dupliquer des périphériques entiers sans se soucier des contenus. Il peut aussi exécuter une conversion d'EBCDIC en ASCII.

ddate (`ddate [+ format] [date]`) : Convertit les dates du calendrier grégorien en dates du calendrier discordien. Vous savez ?... comme le nombre 23 !

debugfs (`debugfs [options]`) : C'est l'outil de réparation automatique du système de fichiers `ext2`, si `fsck` seul n'est pas suffisant pour réparer votre système de fichiers.

depmod (`depmod [options]`) : Crée une liste dépendante pour s'assurer que la commande `modprobe` peut charger les modules du noyau dans l'ordre exact. Certains modules exigent que d'autres modules soient chargés en priorité.

df (`df [options] fichier1 fichier2`) : Affiche l'espace disque utilisé et disponible pour tous les systèmes de fichiers montés.

dhcpcd (`dhcpcd`) : Recueille les informations TCP/IP attribuées à partir d'un serveur DHCP du réseau et configure l'interface du réseau local.

diff (`diff [options] fichier1 fichier2`) : Compare les contenus de deux fichiers et affiche les lignes qui sont différentes.

diff3 (`diff3 [options] fich1 fich21 fich3`) : Compare les contenus de trois fichiers et affiche les lignes qui sont différentes.

dir (`dir`) : Liste les fichiers contenus dans un répertoire. Cette commande, qui affiche une liste un peu moins cryptée que `ls`, est réservée à ceux qui sont encore nostalgiques du DOS.

dircolors (`dircolors [options]`) : Définit ou affiche les couleurs des types de fichiers en relation avec la commande `ls`. La couleur peut être configurée pour reconnaître l'extension ou le type de fichier.

du (`du [options] répertoire`) : Retourne la quantité d'espace disque occupé par chaque fichier.

dump (`dump [options] répertoire`) : Utilitaire requis pour sauvegarder un volume `ext2`. Il permet neuf niveaux de sauvegarde incrémentale et peut utiliser des médias multiples.

dumpe2fs (`dump2fs périphérique`) : Affiche une information détaillée concernant un volume `ext2`.

E

e2fsck (`e2fsck [options] périphérique`) : Vérifie et répare (optionnel) un volume `ext2` défaillant.

e2label (`e2label périphérique [nouvelle-étiquette]`) : Affiche ou change l'étiquette d'un volume `ext2`.

echo (`echo [options]`) : Affiche une ligne de texte dans un périphérique de sortie standard.

eject (`eject [options]`) : Ouvre un des CD-ROM et éjecte le disque ou éjecte un disque amovible d'un lecteur ZIP ou JAZ.

env (`env [options]`) : Exécute un programme dans un environnement modifié, crée et attribue des variables d'environnement pour l'exécution d'une commande.

expand (`expand [options] [fichier...]`) : Convertit les tabulations en espaces à partir d'un fichier ou d'un périphérique d'entrée standard et écrit le résultat dans un périphérique de sortie standard.

export (`export nom de variable`) : S'assure que tous les sous-shells et les processus sous-shells reçoivent automatiquement une copie de la variable (commande `bash` intégrée).

expr (`expr expressions...`) : Évalue la comparaison ou les expressions mathématiques et retourne le résultat de l'expression vers un périphérique de sortie standard.

F

faillog (`faillog [options]`) : Surveille les échecs de connexion et génère une journalisation en cas d'erreur.

fdformat (`fdformat [options] périphérique`) : Effectue un formatage rapide d'une disquette.

fg (`fg [tâche ou processus]`) : Fonction shell interne permettant de basculer un processus de l'arrière-plan vers l'avant-plan (commande `bash` intégrée).

fgconsole (`fgconsole`) : Affiche le nombre de consoles virtuelles actives.

file (`file [options] fichier...`) : Effectue des tests pour déterminer le type du fichier. Cette commande est pratique pour vérifier si un fichier est codé en ASCII avant de l'afficher à l'écran.

find (`find [chemin...] [expression]`) : Recherche dans toute l'arborescence d'un système de fichiers à partir d'un point donné les fichiers correspondant à l'expression régulière passée en paramètre.

finger (`finger [options] [utilisateur] [utilisateur@hôte...]`) : Utilitaire permettant d'accéder aux informations concernant un utilisateur, par exemple le nom d'utilisateur, le nom réel, le numéro de téléphone, etc.

fmt (`fmt [options] [fichier...]`) : Utilitaire de traitement de texte qui peut effectuer des opérations comme la suppression d'espaces multiples entre les mots.

fold (`fold [options] [fichier...]`) : Affecte à chaque ligne en sortie une largeur spécifique. Cette commande est pratique lors du changement des marges dans un document texte.

free (`free [options]`) : Affiche la quantité d'espace mémoire libre et celle qui est utilisée dans le système. Cette commande réalise un rapport sur la mémoire physique et sur la mémoire swap.

fsck (`fsck [options] système_de_fichiers [...]`) : Vérifie et répare un système de fichiers.

fuser (`fuser [options] nom_de_fichier...[options] nom_de_fichier...`) : Affiche les PID (ID des processus) qui utilisent des fichiers spécifiques. Cette commande répertorie les programmes qui sont à l'origine de l'ouverture de fichiers particuliers.

G

gawk (gawk [options] [-f fichier programme] fichier-texte : GNU awk) : C'est plus qu'une simple commande ; awk est un langage complet créé par les développeurs *Aho, Weinberger et Kernighan.*

gpasswd (gpasswd [options] groupe) : Définit un mot de passe de groupe si le fichier shadow est actif.

grep (grep [options] motif [fichiers...]) : Recherche dans les fichiers nommés dans la ligne de commandes ou dans un périphérique d'entrée standard les lignes qui contiennent l'expression régulière spécifiée.

groups (groups [options]) : Affiche le groupe auquel appartient un utilisateur.

gunzip (gunzip fichier) : Décompresse les fichiers compressés avec gzip.

gzexe (gzexe [nom...]) : Crée des fichiers exécutables compressés qui s'exécutent automatiquement lors de la décompression.

gzip (gzip [options] [nom...]) : Utilitaire de compression qui réduit la taille des fichiers. À chaque fichier compressé est attribuée une extension .gz (utilise le codage LZ77).

H

halt (/sbin/halt [options] : Effectue un arrêt "expéditif" du système.

hdparm (hdparm [options] [périphérique]) : Règle le contrôleur IDE pour qu'il tire avantage d'options proposées par le lecteur de disque.

head (**head** [options] [fichier...]) : Affiche les *n* premières lignes d'un fichier ou d'un périphérique d'entrée standard vers une autre sortie standard ; la valeur par défaut est 10 lignes.

hexdump (hexdump [options] fichier...) : Affiche les fichiers en format ASCII, décimal, hexadécimal ou octal.

history (`history`) : Affiche l'historique du shell `bash` en cours (commande `bash` intégrée).

hostid (`hostid [options]`) : Affiche l'ID numérique du système dans un format hexadécimal.

hostname (`hostname [options] nom_de_domaine_dns`) : Affiche ou définit le nom du système. Cette commande est utilisée par les programmes gestion de réseau pour identifier une machine.

hwlock (`hwlock`) : Demande et définit l'horloge du matériel.

I

id (`id [options] [nom_d'utilisateur]`) : Affiche les UID et GID réels de l'utilisateur.

ifconfig (`ifconfig [interface]`) : Affiche l'état de configuration d'un réseau ou configure l'interface réseau.

insmod (`insmod [options]`) : Installe un module de noyau que l'on peut charger. Cette commande fait appel au fichier `/etc/modules.conf` s'il existe.

J

jobs (`jobs`) : Affiche les processus à l'arrière-plan (jobs) de la session en cours.

join (`join [options] fichier1 fichier2`) : Réalise une association entre les lignes adjacentes de deux fichiers. Chaque *champ de liaison* identique est écrit dans le périphérique de sortie standard.

K

kbdrate (`kbdrate [options]`) : Définit la fréquence de répétition du clavier et le délai avant répétition ; il s'agit du temps pendant lequel vous devez maintenir une touche enfoncée avant qu'elle ne se répète.

kernelversion (`kernelversion`) : Affiche la version *mineure* et *majeure* du noyau.

kill (`kill [options] pid`) : Envoie un signal à un processus identifié par son PID. La valeur par défaut est le signal TERM qui est une demande au processus pour qu'il se supprime lui-même.

killall (`killall [options]`) : Envoie un signal à un processus identifié par son nom ; tous les processus portant ce nom seront supprimés.

L

last (`last [options]`) : Affiche la liste de tous les utilisateurs qui ont ouvert une session depuis la création du fichier `/var/log/wtmp`.

lastlog (`lastlog [options]`) : Examine l'historique des dernières ouvertures de session ; la commande formate et affiche le contenu du fichier `/var/log/lastlog`.

less (`less [options] [nom_de_fichier]`) : Visualiseur de fichier offrant plus de souplesse que `more`. Cette commande est rapide, permet une pagination descendante et fonctionne avec une grande variété de terminaux.

listalias (`listalias [options]`) : Liste les alias d'utilisateurs et du système utilisé pour l'e-mail ; il ne faut pas la confondre avec la commande `bash aliases`.

ln (`ln [options] source [dest]`) : Crée un lien avec une cible spécifiée ; des liens logiciels et matériels peuvent être créés pour pointer vers le même fichier.

locate (`locate [options] motif...`) : Recherche une base de données de fichiers système préinstallée pour retrouver rapidement les fichiers.

logger (`logger [options] [message...]`) : Établit une requête vers le démon `syslog` pour envoyer une entrée vers les journaux système.

logout (`logout`) : Met fin à la session en cours.

look (`look [options] chaîne [fichier]`) : Exécute une recherche binaire et affiche les lignes commençant par la chaîne spécifiée.

lp (`lp [options] [fichier...]`) : Envoie une requête d'impression vers le service d'impression `LPRng`.

lpq (`lpq [options]`) : Examine la file d'attente du spool d'impression.

lpr (`lpr [options]`) : Spoule les travaux d'impression pour la mise en file d'attente et gestion par le démon d'impression.

lprm (`lprm [options]`) : Supprime un travail d'impression de la file d'attente.

lpstat (`lpstat`) : Affiche des informations relatives au service d'impression LP.

ls (`ls [options]`) : Liste les informations concernant le contenu du répertoire en cours ou du répertoire spécifié.

lsattr (`lsattr [options]`) : Liste les attributs de fichier d'un volume `ext2`.

lsmod (`lsmod`) : Affiche les informations concernant les modules du noyau en cours.

M

man (`man [options]`) : Formate et affiche les pages du manuel en ligne. La commande `man` utilise la variable d'environnement PAGER pour déterminer la méthode d'affichage des résultats.

manpath (`manpath`) : Affiche le chemin de recherche des pages `man` spécifiques à l'utilisateur.

mcat (`mcat`) : Copie la totalité d'une image disque sur une disquette MS-DOS.

mcd (`mcd [répertoire_ms-dos]`) : Change le répertoire en cours sur une disquette MS-DOS.

mcopy (**mcopy** `[options] fichiersource fichiercible`) : Copie des fichiers sur une disquette MS-DOS de ou vers un système

Linux, sans que l'utilisateur soit obligé de monter manuellement le lecteur de disquettes.

mdel (`mdel [-v] fichier_ms-dos...`) : Supprime un fichier sur une disquette MS-DOS.

mdeltree (`mdeltree [-v] répertoire_ms-dos [répertoires_ms-dos...]`) : Supprime une structure arborescente sur une disquette MS-DOS.

mdir (`mdir [options] répertoire ms-dos`) : Affiche le contenu d'un répertoire MS-DOS sur une disquette.

mdu (`mdu`) : Affiche l'espace occupé par un répertoire sur une disquette MS-DOS.

merge (`merge [options] fichier1 fichier2 fichier3`) : Réalise la fusion sans doublons des lignes constituant les fichiers *fichier2* et *fichier3* dans *fichier1*.

mesg (`mesg [n] [y]`) : Contrôle l'accès en écriture sur le terminal pour éviter que d'autres utilisateurs puissent y écrire de manière intempestive à l'aide de la commande `write`.

mformat (`mformat [options] unité:`) : Crée un système de fichiers MS-DOS sur une disquette.

mkbootdisk (`mkbootdisk`) : Génère une disquette de démarrage correspondant au système d'exploitation en cours. Cette commande ajoute tous les fichiers et pilotes nécessaires pour un démarrage du système.

mkdir (`mkdir [options] rep ...`) : Crée un nouveau répertoire.

mksf (`mksf [options] fichiersys [blocks]`) : Crée un volume Linux `ext2` sur une partition prédéfinie.

mkpasswd (`mkpasswd [options] fichier`) : Génère un nouveau mot de passe. Cette commande est pratique pour les utilisateurs qui ont des difficultés à "concevoir" leur mot de passe.

mktemp (`mktemp [options] modèle`) : Crée un nom de fichier unique pour un travail temporaire.

mlabel (`mlabel [options] unité: [nouveau_label]]`) : Crée un nom de volume sur une disquette MS-DOS formatée.

mmd (`mmd [options] répertoiremsdos [répertoiresmsdos...]`) : Crée un sous-répertoire sur une disquette MS-DOS formatée.

mmount (`mmount unitémsdos [destmount]`) : Monte un périphérique MS-DOS.

mmove (`mmove [options] fichiersource fichierdedestination`) : Déplace ou renomme un fichier MS-DOS sur une disquette formatée.

modinfo (`modinfo [options] module-fichier`) : Affiche des informations relatives à un module du noyau, telles que l'auteur, le nom de fichier et la description.

modprobe (`modprobe [options] module`) : Charge les modules du noyau dans un ordre correct en respectant les dépendances pendant le chargement.

more (`more [options] [nomdefichier...]`) : Pagine l'affichage de fichiers texte sur la sortie standard. La commande `less` est plus fréquemment utilisée.

mount (`mount sysdefichier`) : Monte un système de fichiers de type quelconque dans le système de fichiers en cours.

mpartition (`mpartition`) : Crée une partition MS-DOS.

mv (`mv [options] source dest`) : Renomme ou déplace un ou des fichiers ou des répertoires.

N

netstat (`netstat [options]`) : Affiche les connexions réseau, les tables de routage, ainsi que les états des interfaces et des statistiques réseau.

newalias (`newalias [options]`) : Installe de nouveaux alias `elm` pour les utilisateurs et/ou le système. Cette commande n'a aucun lien avec la commande alias du shell `bash`, `elm` est un agent utilisateur de mail.

newaliases (`newaliases`) : Reconstruit la base de données des alias e-mail à partir du fichier */etc/aliases*. Cette commande n'a aucune relation avec la commande alias du shell `bash`.

newer (newer [options] fichier1 fichier2) : Compare les temps de modification des fichiers.

newgrp (newgrp [groupe]) : Modifie le GID de l'utilisateur en cours.

nice (nice [options]) : Il s'agit d'une commande Administrateur système qui exécute un programme en lui affectant une nouvelle priorité.

nl (nl [options] [fichier...]) : Génère un fichier ou un listing sur l'entrée standard en ajoutant des numéros à chaque ligne.

nslookup (nslookup [options]) : Interroge les serveurs de nom de domaine Internet (DNS). Cette commande peut être exécutée en mode interactive ou en ligne.

O

oclock (oclock) : Active une simple horloge qui est affichée sur un bureau X.

od (od [options] [fichier...]) : Affiche le contenu d'un fichier en octal ou dans d'autres formats.

openvt (openvt [options] – ligne_de_commande) : Démarre un shell et exécute, de manière optionnelle, une commande sur le terminal virtuel libre suivant.

P

passwd (passwd [nom]) : Utilitaire permettant à un utilisateur de modifier son mot de passe. Cette commande permet aussi à l'administrateur système de modifier n'importe quel mot de passe.

paste (paste [options] [fichiers...]) : Assemble les lignes correspondantes d'un fichier vers une sortie standard. Le caractère par défaut *tab* est utilisé pour délimiter les champs.

patch (patch [options] [fichieroriginal [fichierpatch]]) : Modifie un fichier, en ajoutant uniquement les différences par rapport à l'original. Il est possible de créer des fichiers patch avec la commande `diff`.

pgrep (`pgrep [options]`) : Recherche un ID de processus (PID) basé sur le nom ou d'autres attributs.

pidof (`pidof [options] programme...`) : Recherche le PID d'un programme en cours d'exécution.

ping (`ping [options]`) : Envoie des paquets à des hôtes de réseau et vérifie s'ils sont accessibles.

pkill (`pkill [options]`) : Envoie un signal à un processus basé sur le nom ou d'autres attributs.

poweroff (`poweroff [options]`) : Arrête le système. Les commandes `halt`, `reboot` et `shutdown` ont la même fonction.

pr (`pr [options] [fichier...]`) : Outil de formatage de texte destiné à paginer ou mettre en colonne des fichiers avant impression.

printenv (`printenv [variable]`) : Affiche l'environnement du shell courant.

ps (`ps [options]`) : Affiche un cliché des processus en cours d'exécution.

pstree (`pstree [options]`) : Affiche sous forme hiérarchique, donc arborescente, les processus en cours d'exécution.

pwd (`pwd`) : Affiche le chemin d'accès du répertoire de travail en cours.

Q

quota (`quota [options]`) : Affiche l'utilisation et les limites d'occupation des disques. Avec cette commande, l'administrateur système peut limiter l'espace disque utilisé par les utilisateurs.

quotacheck (`quotachek [options]`) : Analyse le système de fichiers relativement à l'occupation des disques, par utilisateur ou par groupe.

quotaon (`quotaon [options] systemdefichiers`) : Active ou non la gestion de quota pour un système de fichiers.

R

rcp (`rcp quota [options] fichier1 fichier2; rcp quota [options] fichier... répertoire`) : Copie de fichier distant. Cette commande est destinée à la copie des fichiers entre hôtes.

rdate (`rdate [options] hôte...`) : Accède à la date et à l'heure à partir d'une machine du réseau. La commande `rdate` permet de synchroniser des machines à travers le réseau.

reboot (`reboot`) : Arrête en toute sécurité le système, puis le redémarre.

rename (`rename de-fichier en-fichier`) : Renomme des fichiers. Cette commande est pratique pour effectuer plusieurs modifications de nom de fichier.

renice (`renice priorité [options]`) : Modifie la priorité d'un processus en cours d'exécution ; celle-ci peut varier de -20, pour le plus performant, à +19.

resize (`resize [options]`) : Commande de shell destinée à modifier la taille de la fenêtre xterm.

resize2fs (`resize2fs [options] périphérique [nouvelle-taille]`) : Utilitaire permettant de redimensionner un volume de système de fichiers `ext2`.

restore (`restore [options]`) : Restaure les fichiers archivés avec la commande `dump`.

rev (`rev [fichier]`) : Inverse l'ordre des caractères dans toutes les lignes d'un fichier ou d'une entrée standard.

rm (`rm [options] fichier...; rm [options] répertoire...`) : Supprime des fichiers et/ou des répertoires.

rmdir (`rmdir [options] rép...`) : Supprime des répertoires vides.

rmmod (`rmmod [option] module...`) : Décharge un module du noyau, à condition qu'il ne soit pas en cours d'exécution ou qu'un autre module soit dépendant de lui.

route (`route [options]`) : Affiche ou règle la table de routage IP.

rpm (`rpm [options]`) : Gestionnaire de paquetage Fedora Core. Cette commande installe et met à jour des paquetages de logiciel.

runlevel (`runlevel`) : Affiche le niveau d'exécution du système.

S

sash (`sash [options]`) : Shell autonome possédant des commandes intégrées ; il est très utile pour les réparations du système si les bibliothèques partagées ne sont pas disponibles.

script (`script [-a] [fichier]`) : Enregistre dans un fichier tout affichage sur votre terminal.

sdiff (`sdiff -o fichierdesortie [options] à-partir-d'un-fichier vers-un-fichier`) : Recherche les différences entre deux fichiers et les fusionne de manière interactive.

sed (sed `[options] commande [fichier...]`) : Éditeur de texte très puissant ; il reçoit les données sur une entrée et renvoie les résultats sur la sortie standard.

set (`set Nomvariable` *?* `valeur` *?*) : Établit les variables shell (commande `bash` intégrée).

setleds (`setleds [options]`) : Affiche ou modifie les caractéristiques des leds du clavier.

setterm (`setterm [options]`) : Établit les attributs du terminal.

shred (`shred [options] fichier...`) : Supprime un fichier en conservant par sécurité la zone qu'il occupait sur le disque.

shutdown (`shutdown [options]`) : Réalise un arrêt sécurisé du système et prévient les utilisateurs connectés.

sleep (sleep numéro[options]) : Effectue une pause dont la durée est spécifiée ; cette commande permet de retarder le démarrage d'un processus.

sort (sort [options] [fichier]) : Trie les lignes du fichier texte.

source (source nomdefichier) : Lit puis exécute les commandes en utilisant l'environnement shell en cours (commande bash intégrée).

split (split [options] [fichierd'entrée [préfixe fichierdesortie]]) : Découpe un fichier en de multiples fichiers suivant le nombre d'octets ou de lignes spécifié.

stat (stat [nomsdefichiers ...]) : Affiche le contenu d'inode d'un fichier.

strings (strings [options] [fichier...]) : Affiche les chaînes de caractères imprimables dans les fichiers ; cette commande est indispensable pour extraire du texte à partir de fichiers exécutables ou d'autres fichiers binaires.

stty (stty [paramètre...]) : Affiche ou change les caractéristiques du terminal ligne.

su (su [options] [utilisateur [arg...]]) : Cela signifie *Switch User* plutôt que *Superutilisateur* ; cette commande permet de changer l'identité (UID) de l'utilisateur en cours.

sum (sum [options] [fichier...]) : Compte et affiche la somme de contrôle et les blocs dans un fichier.

sync (sync [options]) : Exécute l'écriture sur disque de toutes les données temporaires contenues en mémoire et met à jour le superbloc.

T

tac (tac [options] [fichier...]) : Concatène et affiche les fichiers dans l'ordre inverse.

tail (tail [options] [fichier...]) : Affiche les *n* dernières lignes d'un fichier ; le nombre de lignes par défaut est 10, mais vous pouvez le modifier.

tar (`tar [options] [fichier...]`) : Utilitaire d'archivage de bande ; cette commande stocke et extrait les fichiers à partir d'une archive appelée `tarfile` ou `tarball`.

tee (`tee [options] [fichier...]`) : Dirige la sortie dans deux directions : la sortie standard et un fichier.

test (`test [expressions]`) : Contrôle les types de fichiers et compare les valeurs ; cette commande retourne l'état vrai ou faux.

toe (`toe [options] [fichier...]`) : Fournit des informations sur les types de terminal configurés qui peuvent être utilisés.

top (`top [options]`) : Affiche un état mis à jour en temps réel des processus en cours d'exécution ; les processus les plus actifs apparaissent en premier.

touch (`touch [options] [fichier...]`) : Affecte l'heure en cours ; si le fichier n'existe pas, il est créé avec une taille égale à zéro.

tr (`tr [options] [chaînedecaractère]`) : Filtre de traduction, de modification et/ou de suppression de caractères à partir d'une entrée standard.

tset (`tset [options] [-m mappage] [terminal]`) : Détermine le type de terminal en cours d'utilisation et l'initialise.

tty (`tty [options]`) : Affiche le nom de fichier correspondant au terminal connecté à la sortie standard.

tune2fs (`tune2fs [options] périphérique`) : Ajuste les paramètres du système de fichiers sur un volume `ext2`.

tzselect (`tzselect [options] caractéristique de périphérique`) : Utilitaire permettant de sélectionner la zone horaire.

U

umask (`umask [options]`) : Cette commande définit le masque de création de fichiers de l'utilisateur (commande `bash` intégrée).

umount (`umount [options]`) : Démonte le système de fichiers de la structure arborescente.

unalias (`unalias [-a] [nom...]`) : Supprime la définition d'un alias de shell particulier (commande `bash` intégrée).

uname (`uname [options]`) : Affiche des informations sur le système.

unbuffer (`unbuffer program [args]`) : Désactive l'affichage dans la mémoire temporaire pour le processus indiqué. En général, ces processus n'affichent rien tant qu'une page complète n'a pas été créée en mémoire ; cette commande permet d'afficher le résultat en temps réel.

uncompress (`uncompress [options] [fichier...]`) : Décompresse les fichiers compressés avec le codage Lempel-Ziv.

unexpand (`unexpand [options] [fichier...]`) : Convertit les espaces en tabulations dans un fichier ou dans la sortie standard.

uniq (`uniq [options] [entrée] [sortie]]`) : Néglige les lignes dupliquées d'une entrée standard ou d'un fichier trié.

unset (`unset [options] [nom...]`) : Libère une variable shell (commande `bash` intégrée).

unzip (`unzip [options] nomdefichier [.zip]`) : Liste, teste et extrait les fichiers compressés au format zip ; en général, ce format est utilisé pour compresser des fichiers sur un système MS-DOS.

updatedb (`updatedb [options]`) : Met à jour la base de données locale, laquelle est destinée à retrouver des fichiers dans la structure arborescente du système de fichiers.

uptime (`uptime`) : Affiche le temps écoulé depuis le dernier démarrage du système.

users (`users`) : Affiche les utilisateurs qui sont actuellement connectés sur le système.

usleep (`usleep [microsecondes]`) : Effectue une pause dont la durée est spécifiée en microsecondes ; cette commande retarde le démarrage d'un processus.

uudecode (`uudecode [options] [fichier...]`) : Décode un fichier généré par la commande `uuencode`.

uuencode (`uuencode [options] fichierd'entrée fichierdistant`) : Encode un fichier binaire en fichier ASCII et le dirige vers la sortie standard ou vers un fichier.

uuidgen (`uuidgen [options]`) : Génère un nouveau UUID (*Universally Unique Identifier*).

V

vmstat (`vmstat [options] [retarder [compter]]`) : Affiche des informations relatives à l'activité des processus en cours, de la mémoire et du CPU.

W

w (`w [options] [utilisateur]`) : Affiche des informations sur les utilisateurs qui sont actuellement connectés et sur ce qu'ils font.

wall (`wall [fichier]`) : Envoie un message sur le terminal de chaque utilisateur qui est connecté.

watch (`watch [options]`) : Exécute un programme périodiquement et affiche systématiquement le premier écran de résultat.

wc (`wc [option] [fichier...]`) : Affiche le nombre d'octets, de mots et de lignes d'un fichier.

whatis (`whatis motclé...`) : Cherche les fichiers de page `man` pour le mot-clé correspondant.

whereis (`whereis [options] nomdefichier...`) : Localise les fichiers de pages `man`, les fichiers sources et les fichiers binaires d'une commande.

which (which nomprog...) : Affiche le chemin complet d'accès à une commande.

who (who [options]) : Affiche les noms des utilisateurs connectés.

whoami (whoami) : Affiche l'UID (ID de l'utilisateur) de l'utilisateur qui a ouvert une session sur le terminal.

write (write utilisateur [nomtty]) : Envoie un message à un utilisateur qui est actuellement connecté ; le message est affiché sur l'écran de son terminal.

Z

zcat (zcat [options] [fichier...]) : Compresse ou décompresse des fichiers à partir de l'entrée standard et redirige le résultat sur la sortie standard ; cette commande est équivalente à gunzip -c.

zcmp (zcmp [cmp-options] fichier [fichier]) : Compare des fichiers compressés.

zip (zip [options] [fichierzip list]) : Compresse des fichiers qui sont compatibles avec PKZIP, logiciel habituellement utilisé pour la compression MS-DOS.

Index

D

E

F

G

H

I

J

K

L

M

N

O

P

R

S

Achevé d'imprimer par Corlet, Imprimeur, S.A. - 14110 Condé-sur-Noireau
N° d'Imprimeur : 113614 - Dépôt légal : juillet 2008 - *Imprimé en France*